正道直行

修涞贵自述创业心路和人生感悟

修涞贵 ◎ 著

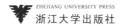
ZHEJIANG UNIVERSITY PRESS
浙江大学出版社

万事德为先——"内圣外王"之道

"德,天地之大本也。"

只有"德",能与天地媲美;只有"德",乃悠悠万事之大。

"修德"是人生修养之最高境界,"修德"是成为"内圣外王"之基石。"修德"既是个人成功之本,也是企业常青之根。

修正药业集团是做药的企业。做药,就是行"天下之大德"。

不论是达官贵胄,还是平民百姓,都得吃五谷杂粮,都会有病痛损伤。无好药,难以解除病痛;无好药,难保长寿健康。由此可见,做药人的责任何其大。

何谓好药? 答曰:"'管用'即是。"

好药哪里造? 答曰:"一心为苍生,好药'修正'造。"

为什么修正能够几十年如一日,造出好药?

因为我一向心怀"三敬畏":敬畏生命、敬畏法律、敬畏自然。

敬畏之一,母亲在世时说过,良心不好的人,不能做药、卖药;敬畏之二,想到病人,就感到我肩上的责任;敬畏之三,制药企业获得的利润,不能只用来发家致富,必须用以再做更多的好药。

心怀敬畏,就是育德。

何谓"德"?

中国自古就用"仁、义、礼、智、信"五个字,来定义人类高尚的道德。五者兼备者,方被称为"有德之人"。

中国自古"尚德"。

《易经》云:"地势坤,君子以厚德载物。"

《资治通鉴》云:"德者,才之帅也。"

《论语》云:"为政以德,譬如北辰居其所而众星共(拱)之。"

……

德,就是最高的智慧。古人云:"德者上智,法为中智,术为下智。"

人的本性失落,就是缺德;缺德就是缺智,缺了最根本的智慧。

我们从"德"这个字的演变过程中,也可以品出这一思想内涵:"彳"这个偏旁也是一个汉字(音"斥")。右边是一个目(眼睛),目上面是一条垂直线,表示目光直射,目下面是一个心。"彳"是行动之义,我们在这里把它引申为做事。那么,我们就可以诠释:一个人做事眼正、心正,这便是"德"。可见,我们的先人,已经把"德"做了最清晰的表达。

世人常说"做人"。此"做"即是"修为"。修什么呢? 就是修德。做人一日,不可一日不修德。修德之道,在于能存道心,去俗念。穷不失义,达不离道。

《左传》云:"太上有立德,其次有立功,其次有立言,虽久不废,此之谓不朽。"此即中国传统文化一向提倡的"人生三不朽"。在"不朽"之业中,首推"立德"。德不立,立功与立言便失其据。功盖天下而鲜德行,定是奸雄之辈;言冠古今而鲜德行,必为狂鄙之徒。

《易经》说"厚德载物",就是指每个人只有以道为体、以德为本,才能像广袤无垠的大地一样容纳万物。人与万物共生、共长、共存,从万物中汲取营养,方能成就一番事业。

古云:"人人可成英雄,人人亦可成圣。"然而举世滔滔,奔竞者多如牛毛,能至者若如麟角。究其原委,盖因"不正其体,不齐其本",又怎可称雄成圣?

正人先正心。这里的"正心"就是以德主心,以善主心。一个人如果不是以德主心,不是以善主心,而是以恶主心,那就叫魔。只有正心,才能群邪俱退,外魔不侵。

德是人的心海,海大能容万物;德是生存的空气,人的生存须臾难离。仁德,是人们最安逸的居所,也是人们最正确的道路。

做企业也一样。企业理念可以有多样性,但最核心的理念应当是厚德、积德。德之所至,市场大开;德之所至,企业常青。

时光荏苒,如白驹过隙。蓦然回首,修正从最初的蹒跚起步,到如今的阔步向前,已然风雨兼程走了几十载春秋。

佛经有云:"万法皆空,唯有因果不空。"正是有了当初对深埋心底的梦想义无反顾的执着追求,才有了今日修正蓬勃发展、蒸蒸日上的成果。

20多年前,当我来到那个破旧不堪的小药厂时,望着那排破烂的小平房和两扇摇摇欲坠的大门,翻着那让人触目惊心的负债账本,看着工人们那一双双绝望、麻木、怀疑的目光,潜藏在我心底的梦想火苗瞬间燃烧了起来。我要像大地一样,负载起这个工厂,用厚积的仁德,打开未知的市场。

从此,我的人生道路铺开了一段崭新的生命征程,修正大业,也从此诞生。

虽是初涉制药行业,但我深知做企业和做人一样,必须要"以德率业、进德修业"。所以,我把以诚立身、以信谋事,当作我引领修正不断前行的准则。

作为制药企业,我们比其他行业都更加了解生命的脆弱和疾病给人带来的痛苦。也正因如此,在面对竞争和挑战时,我们都奉行坦坦荡荡、不欺不诈的原则。正是源于对生命、法律和自然规律的敬畏与尊重,修正事业每每在遭遇挑战和困境时,都能够峰回路转、破浪前行。

对病人负责是修正的宗旨,获取利润,只是为了制作更多的好药。尽管我们不是为了利润而生产药品,但是,正念总是带来福报,利润总是源源不断。

修正的迅速崛起,正是对我坚持"以德治厂"最直接的肯定和鼓励,是对我们全体修正人恪守并践行责任和诚信的最好回报,值得每一个为修正的成长付出艰辛努力的同仁们骄傲与自豪!

说到修正的成长,不能不说我的爱妻李艳华。多年来,她为修正的发展所付出的艰辛和努力,撑起了企业的半壁江山。更让我难忘的是,每当我在创业的旅程中遇到困难和挑战时,她就会在我耳边,轻声唱起那首老歌——《好大一棵树》。她说,这首歌就像专门为我而写的。

我感激她,深爱她。几十年来,我们手牵着手一起走过风风雨雨,同看潮起潮落。无情的时光,在她的脸上刻画着岁月的沧桑,却在我的心里沉积着对她愈来愈深厚的爱恋。真情挚爱,我们共同分享;无论多少风雨,我们一如既往;无论多少坎坷,我们一起跨越;我们共同放飞创新的理想,不断收获喝彩与荣光。

走过了漫漫岁月,经历了挫折与磨砺,才更懂得珍惜生命的可贵,思悟生活的真谛;才更懂得品味狂风骤雨后的甜美与宁静。

同样,岁月在我的脸上也留下了烙印,而生根在骨子里的那份激情,仍让我有许多期盼。

"天理良心,公平正义,初衷不变,永远向上,开心高兴,放松愉悦。"这24字箴言,是我的理想,也是我的写照,更是我的信条。

成功的解释有很多种,我所追求的成功,是境界的成功,"大我"的成功。财富的形式有很多种,又岂止金钱? 金钱的多少,只能反映一个人的经营能力。当一个人在生活需求基本满足或是物质财富达到一定程度时,他的理想就会变成对精神富有和人生价值的追求。我一向认为,一个人一生的最大追求就是能为社会做出应有的贡献,从而能够受到人们的尊敬,得到人们的认可。

　　我对健康的感受，从感性上升到理性的过程，不仅是出于对自身和家人的关爱，也源于对父母至深的孝心。可以说，父母的疾病深深地刺痛了我。"子欲养而亲不待"的遗憾，是我后半生都无法释怀的痛。他们的病与逝，使我在陷入巨大悲恸的同时，开始对人类的健康进行了理性的思考。

　　修正的健康理念，正是这个理性思考的结果。而对于父母的孝心，也成为我长期以来做"良心药""放心药"的心源。

　　据《汉书》记载："修"，本是一位司管道路之神，是水神共工的儿子。因其温和善良，深受天人爱戴，后引义为完美、精进、整合。而"正"，源于中医理论中的"祛邪扶正"，寓意浩然和健康。

　　"修"和"正"的完美结合，演绎和改变了人类的文明史。几千年来人类的进化发展史，本身就是一部不断修正的历史。可以想象，人类的任何一种思想和行为，一旦失去修正而任其发展，后果必然不可设想。

　　在修正的企业发展历程中，正是"修正思想"在企业运营中的应用和践行，才塑造了如今的修正；也正是坚持"在成长中修正，在修正中成长"的理念不变，才实现了修正20多年来一直健康持续的发展。

　　早在2002年，一次企业高层论坛上，我首次提出"修正哲学"这个概念。

　　"修正哲学"认为，古往今来，无论是做人还是做事，大到国家，小到个人，所犯的各式各样的错误，犹如恒河之沙，不可胜数。其实，归纳起来，所有错误的表现形式只有两个：一是"过"，二是"不及"。我们通过修正"过"或"不及"，就能找到做人做事的正确途径——"致中和"。

　　实践证明，每一个"致中和"，都是依靠修正"过"或"不及"得来的。正是在这样的修正之后，真理才来到了柏拉图的身边，来到了亚里士多德的身边，来到了我们的身边。所以，"致中和"，始终与"修正"为友。

　　愿所有人都能通过修正"过"或"不及"，找到"致中和"；愿天下人都能通过抑制"过",促进"不及",沿着"致中和"的路线,走向成功的彼岸。

我们都知道,健康是所有快乐、幸福的源泉,只有健康,才能使生命的瑰丽与美好有所依附。为国人创造健康,让生命的瑰丽常驻人间,永远是修正人最向往、最执着的追求。

为此目的,修正将"修元正本,造福苍生"作为全体员工共同追求的终极目标。每一个修正人从事的都是一项造福苍生、功德无量的善事,是一项崇高而神圣的事业;每一个修正人都忠诚于患者,忠诚于修正,忠诚于自己。正是他们的忠诚和敬业,让修正药在全国市场广为畅销。企业的发展,最终带来的是对社会的回报,对天下苍生的回报,是"兼济天下"的儒家大功利思想的终极实现。

2008年春天,我被邀请赴美国参加"哈佛中国年会",并做有关修正企业发展和哲学思想的演讲。从会场热烈的掌声中,我发现,修正所倡导和践行的"做良心药、放心药、管用的药"的理念已获得广泛认可,这让我由衷地感到欣慰。

母亲生前常对我说:"药,是治病救命的。良心不好的人不能当医生,不能卖药。"10多年来,我觉得她老人家一直在冥冥之中看着我,督促着我以德做药、用良心做药。这就是我和全体修正人,坚持秉承"做药就是做良心"和"做良心药、放心药、管用的药"的初衷。我想,这也是哈佛大学邀请我发表演讲的原因所在。

20多年日积月累的积淀,修正孕育出修德正心的品德文化和造福苍生的实践文化。这种无形的精神财富,春风化雨,惠及员工,并福泽消费者。

随着世界经济全球化进程的加快,修正面临的竞争也会更加激烈。竞争是挑战,也是机遇。修正人不仅善于把握机遇,更善于化挑战为机遇。心胸博大,自然海纳百川;眼光开阔,当然审时度势;勇立潮头,必然独领风骚。当修正人把梦想放在全球化的背景中时,这个梦想就注定超越国界线,成为我们这个民族、这个国家伟大复兴梦想的一部分——国际化的修正,世界的修正。

回顾修正20多年的发展历史,特别是自2003年以来取得的一个连着一个的胜利,正是因为我们坚持了具有修正特色的企业发展道路,做到了不动摇、不懈怠、不折腾。心无旁骛、矢志不移地走自己的路是非常难的。因为这条路前无古人,没有可以学习借鉴的模式和经验。邓小平同志提出改革开放就是"摸着石头过河",修正这么多年来也就是在"摸着石头过河",经过长久的实践积累才形成了现在的模式和体系。

实践证明,我们走的修正特色的企业发展道路是对的,我们独特的思想体系也是对的。现在我们比历史上任何时期都更加相信,只有修正特色的道路,才是强企富民之路。我们坚持"企业发展,员工致富"的总目标绝不动摇,坚持"百姓买药,首选修正"的战略绝不懈怠,坚持政策稳定持续、价格秩序井然、人心凝聚和谐绝不折腾。这样,我们修正特色的道路定会越走越宽,员工的信心定会越来越足,我们的事业定会越做越大!

尽管外部环境充满了不确定性,但是在修正内部,企业一直在为员工创造稳定的经营环境。"企业发展,员工致富"的总目标是确定的,"修元正本,造福苍生"的宗旨是确定的,"做良心药、放心药、管用的药"的经营思想是确定的,"百姓买药,首选修正"的核心战略是确定的。所以说,我们的思想基础是确定的。

已经通过的"医保改革方案"会让老百姓成为最终受益者,医药市场因此而继续大幅、快速扩容,消费者需求会继续放大。所以说,这个市场的前景是确定的。

近年来药品、食品安全事故不断发生,媒体的宣传、政府的监管更广泛地教育了消费者,与此对应则凸显了修正人的责任意识、修正药的品牌价值。老百姓买药为的是治病,为的不是省钱,投机取巧的药厂早晚会失去竞争力。所以说,修正药被患者认可的基础和上升势头是确定的。

有这么多的确定因素,这么大的定数,我们就能把握不确定因素,掌握其间的变数。所以说,修正人从来不缺少信心,也永远不丧失信心。

我写这本书,不是为了写我自己,也不是为了赶潮流,而是想把修正企业发展过程中的阶段性经验和教训总结出来、贡献出来,和大家一起分享。在这本书里,我不只是要告诉大家一个已走过 20 多年的修正,更要告诉大家一个百年后的修正、未来的修正。希望这本书能成为修正人的宝贵财富,更希望修正的成长之路和我的心路历程会给读者朋友们带来收获,为更多希望持续发展的企业做出一点贡献。同时我也想通过这本书,系统地盘点一下自己,以便更好地踏上新的征程。

我誓做人类健康的守护者,牢记做药人的责任,时刻想着病人,做良心药、放心药、管用的药!人类疾病一天不彻底消除,修正的使命就没有完成。"路漫漫其修远兮,吾将上下而求索",人类追求健康的道路永远不会有终点,我将和全体修正人一起求索。

2016 年 2 月

目录

第一章

溯源·梦想·厚德——德者脚下路自宽

　　谋事在能力,成事在做人,有德必有得;先立德,后立身;德不修,人不立。

　　德是一种智慧,更是一种能力。德的最大能力是汇聚资源。

　　人生就是一个通过不断修"道"而达到自我完善的过程。万事人为先,立业先为人。个人的修养不仅是处世的条件,更是成就事业的强大资本。

一　做人要诚实，要有责任心

> 我一直认为，修正之所以能有今天的成就，我能有今天的成就，是得益
> 于父亲的心传。就我们父子而言，不但是血缘上的传承，更是心灵上
> 的传承。

我一直认为，修正之所以能有今天的成就，我能有今天的成就，是得益于父亲的心传。就我们父子而言，不但是血缘上的传承，更是心灵上的传承。

我家祖籍是山东高密，当年，我爷爷带着全家闯关东，在清源县的山脚下开荒种地，安了家。

家父是个讷于言而敏于行的人。他这一辈子对我影响很大，尤其是"做人要诚实，不能撒谎，要有责任心"的教诲，一直鞭策着我。

父亲从小没上过学，直到 17 岁，才在冬闲的时候，去了一家私塾念了两个冬天的书。

父亲一直想去外面体验世界的精彩。但是，直到 24 岁时才走出大山。当时他听说辽宁抚顺的名称是"千金寨"，一个充满诱惑的名字，便带着淘金梦，走进了"千金寨"。

其实，那里既不叫"千金寨"（抚顺真正的名字叫"千家寨"，不知什么时候以讹传讹变成了"千金寨"），也没有黄金，有的只是遍地的饥民。换作别人也许会转身还乡，但是父亲没有，既然走出来就决不能轻言放弃，山东人朴素的倔强让他留了下来。

那里最容易找的工作是去露天煤矿背煤。工钱少得可怜,劳动量却大得惊人。这样的工作,父亲一干就是3个月。

就在父亲的体力似乎消耗到了尽头的时候,他遇到了生命中最大的贵人。而这主要源于他的善良。

父亲每次背煤都要经过一个工棚,有一天,他来回几次都听到若有若无的呻吟声,便顺着声音寻去,发现一个人躺在一个临时搭建的窝棚里。

父亲走进了窝棚,一问才知道呻吟之人叫阎相吉,是一个木匠师傅。严重的痔瘘使他坐卧不安,疼痛难忍,能够治疗痔瘘的獾子油在他的亲戚家里,往返路程有20多公里。

一天的劳累工作已使父亲疲惫不堪,但他这种热心肠的人,知道了就不能不管,他必须帮助这个人。问清了地址后,善良的父亲徒步上路了,到了午夜才返回,为阎师傅敷完药后,时间已是下半夜了。

自此,阎师傅和父亲成了莫逆之交。

几天后,阎相吉的病情有所缓解,就带着父亲离开了煤矿,来到城里的一家木匠铺。父亲虽然没有读过多少书,但生性聪颖、悟性极高,在阎相吉的指点下,没用上2年,就成了"千金寨"里一流的木匠师傅。

阎相吉的病时好时坏,三天两头疼得不能动弹,就得躺着。"一日为师,终身为父。"父亲当时就下定决心,自己走到哪里,就要把他带到哪里,一辈子要像伺候父母一样伺候他。后来,阎相吉一直生活在我家,直到病逝。

九一八事变后,日本人侵占了东三省。他们要修一条从通化到达鸭绿江边的铁路,终点站是"缉安"(现今的吉林省集安县)。日本人开始大规模招工。

父亲得知缉安铁路招工的消息后,有些犹豫不决,为日本人干活,父亲从心里是不情愿的。但又一想,铁路是修在中国境内,而小日本迟早会从中国滚回去,况且参与修铁路的工程不同于做木匠活,毕竟这是个难得的机会,从小日本那里肯定能学到更多的技术。

父亲打定主意后,便带着阎相吉去通化参加了施工队。铁路工程浩大,仅木工就有几百人之多。但只有父亲会写字算账,他能够记下所有工人的名字和钱数,并且账目清楚。于是,工头就让父亲给他当半个文书。可这并不是父亲的志向所在。

父亲对筑路测量、图纸设计等都非常感兴趣,顷刻之间就能默记下来。晚上回到住处,他将所有的东西画在纸上,自己琢磨其中的门道。一年下来,他已经可以画简单的图纸了。

就在当年的年底,那个领着几百人干活的工头,从日本人那里领到全部工资以后,携款潜逃了。工人们拿不到工资,无法回家过年,几百人乱成一锅粥。

父亲镇定地安抚大伙的情绪说:"咱们大家想想办法,要不和日本人商量一下,看能不能先预支2个月工资,让咱们拿点钱先回家过年。"大家一听,觉得有道理。平时父亲在众人心中威信颇高,于是他们一致请求父亲代表大家和日本人交涉。临危受托,父亲义不容辞。

面对日本人,父亲的意思委婉而明确,就是希望预借明年1月份、2月份的工资,好让工人回家过年。日本人同意了,但是要父亲保证,领到工资的人在春节过后必须准时回来上班。如果有一个人不回来,就要把他送到监狱去"顶账"。

父亲回到住处,把话跟大伙转达了。大伙一听,纷纷签字画押,有的跪下来对天发誓:谁拿了钱不回来,天打雷劈。

父亲把大家画了押的账本交给日本人看,日本人最终同意预借工钱,父亲把钱一一发给了大家。

年很快就过去了,父亲忐忑不安地从家里赶回工地,让他惊喜的是,所有的工人一个也没少,全都回来上工了。现在想来,父亲不但是善良的,也是勇敢的、智慧的。

日本人认为，父亲在工人中很有威信，就任命父亲来当木工的"把头"。

当了"把头"，除了能够为工人办事，更有机会接触到施工中的高难技术，比如说道路测量、桥梁建设、涵洞和隧道建设等。父亲在这个工地的所见、所闻、所学到的知识，已经让他成为整个队伍中技术最好的中国技术人员。整个铁路沿线，筑路、筑桥和打隧道等多个工种和上千名工人都归父亲管理。

2年后，缉安铁路的修建结束了，日本人想让父亲继续参与下一条铁路的建设，父亲委婉地拒绝了。尽管日本人给的工钱并不低，但对父亲来说，钱不是最主要的，他已学到了他想学的东西，该离开了。

这一年，爷爷去世了，父亲决定定居通化，把奶奶从山里接来。他在繁华的街口开了一个木匠铺，收了几个徒弟，开始过着靠手艺吃饭的生活。

解放战争胜利之后，为了便于浑江两岸的交通，人民政府根据当时的财力决定建造一座木制的大桥，在通化市开始公开"招标"。父亲闻讯，认为自己有能力设计大桥以解决这个最大的交通难题，为新中国建设尽一份力。父亲没有助手，也没有多少仪器，只凭自己的经验和土办法，一连十几个日夜奋战，完成了标书，参与竞标。

几天之后，一位解放军的后勤部长来到我家，详细询问了父亲的学历和经历。父亲说他的本事都是从日本人那里偷学来再加上自己研究的。

部长拍着他的肩膀说："我都了解过了，你在伪满修过铁路，当过近千人的工长，虽然是为日本人做事，但是你心肠好，从没坑害过谁，有中国人的良心。我们看了十来份竞标的图纸，认为你的设计最符合实际，价格也最合理。我们决定，把修建浑江大桥的任务交给你了。"

父亲不善辞令，感激地握住部长的手，心情激动不已，当即就跟着部长去商量开工事宜。

大桥的正式修建是从冬天开始的。那一年父亲刚好40岁，承担了通化市有史以来最大的工程项目的全权指挥任务，既承受着莫大的压力，也涌动着无穷的动力,他要用自己全部的心力来建造好这一座象征着自由和解放的大桥。

那年的冬天特别冷,一度出现过零下 40℃的严寒,加上国民党要第二次占领通化的谣言,闹得人心惶惶,工程进度不自觉就慢了下来。父亲着急了,他决定扩大施工队伍,把"两班倒"改成"三班倒"。歇人不歇机,日夜不停施工。

为了保证工期,父亲干脆就住到了江边的工棚里,日夜监守在工地。因为每个班里都有现场问题需要他来解决和定夺,一个走了又来一个,那个冬天下来,他没睡过一宿安稳觉。连大年三十晚上的饺子,都是由大哥送到江边的。

在父亲的坚持和督促下,大桥的建设进度明显加快了,终于赶在第二年开江前,如期完工。

通车典礼那天,通化市的党政要员和解放军首长悉数到场,十几辆拉着野战炮的美制卡车徐徐通过大桥,两岸同时燃放起鞭炮。

"修文彬寒冬建江桥",成了当时流行的一段佳话。

这座桥虽然是由木头建造的,但却坚固无比,它在浑江江面上挺立了十多个春秋。直到 20 世纪 60 年代初,新建起一座钢筋水泥大桥后,才把它拆除。

1953 年,为了纪念抗日英雄杨靖宇将军,市委决定修建"杨靖宇烈士陵园"。

工程的开工仪式很盛大,但是进展却不如想象般顺利。由于山坡的土质问题,陵园围墙屡建屡塌,工程无法继续进行,不得不停了下来。众多的设计和土木建筑方面的专家赶来,一连商量几天也没拿出可行的解决办法。

有人建议易地改建。可是,大部分建筑材料都已经运到山上,易地改建,谈何容易?就在一筹莫展的情况下,有人想到了父亲,请他出山来

"会诊"。

如果说建造一座横架大江两岸的桥梁,展现了父亲高超的建筑水平和指挥能力,那么在这一同样重要的工程中,展现的则是父亲对于中国古建筑知识的灵活运用、师古而不泥古的高度智慧。父亲没有什么文凭,但他在实践中积累起来的经验以及专业知识完全不亚于科班出身的高级土木建筑工程师。

父亲察看了地形和土质后,当即提出了一个既简单又出乎众人意料的设想——建造"地桩镂空围墙"。

这个"地桩镂空围墙"的想法,是从建造铁路和桥梁的实践中演化而来的。铁路建设要经过各种不同的地质土层,解决的办法多种多样,地桩固定就是其中一种。修建桥梁更不用说,它是建在水上的,桥桩也是同样原理。这个设想不仅可以解决建造围墙的实际困难,还可以让围墙更加美观。

市领导经过研究后认为,这个想法切实可行。于是把领导"杨靖宇烈士陵园"施工建设的指挥权交给了父亲。

能为杨靖宇将军修造陵园,父亲感到非常荣幸。他在日伪统治时期就听说过杨靖宇将军的大名,从通化到集安的铁路沿线,正是抗联活跃的地区之一。修建铁路期间,日本人对工人实施严密监视,但工程队的工人们还是尽己所能给抗联战士们提供帮助和支持。在父亲的掩护下,他们把粮食和棉衣送给了抗联战士,日本人追查时,作为把头的父亲都机智地遮掩和搪塞了过去。所以,父亲不仅是善良的、勇敢的,而且是正直的。

烈士们用血肉之躯换来了祖国的解放和新中国的诞生,修好陵园便是对烈士最好的尊敬和纪念。

父亲是个精益求精的人,他从东北鲁迅美术学院请来教授,一同研究陵园图纸和装饰图案的设计,进行了切合实际的修改。直到他完全满意,施工才正式开始。

首先开始的是围墙建造。许多人都在关注"地桩镂空"设计的可靠性。依照父亲设计的地桩,按一定的距离深深打入地下,成为围墙的坚固支撑,着力在地桩上的镂空围墙克服了地层条件的影响,牢牢地立在地面上,成为陵园里一道亮丽的景观。

父亲以他的智慧告慰了逝者英灵,"活鲁班"的名声从此传扬通化城。

此后,父亲成了通化市建筑工程公司的土木工程师,参与和指挥了英额布水库、军分区大楼等工程的施工建设。父亲以他的聪明和智慧,不断地解决施工中遇到的难题,成为通化市建筑业著名的领军人物。

就在修建杨靖宇陵园的那一年,阎相吉终因久病不治而去世。父亲将他的牌位长供于家中,与我们的祖先一起,享受着永久的供奉。

父亲就是这样一个做事认真的人,他一直坚持两个字:责任。父亲从不说豪言壮语,从不炫耀自己的功绩,他认为这些都是他应该做的。父亲一直用他淳朴的人生观教育着我们要诚实,要踏实。"坦坦荡荡做人,清清白白做事",这是父亲对我们最重要的教诲,我一直铭记于心,并以此来教育我的儿子和员工。在修正文化当中,我首推的就是责任——制药企业的责任。我认为责任是制药企业的本质,而这种理念的本源就来自父亲从小对我的熏陶。

二 良心不好的人不能做药

> 我一直认为,修正能够靠做药发展得这么快、这么大,不是靠别的,是因为遵守了母亲的为人之道。因果报应,毫厘不爽。做好药,有好报!

在修正本部的大门上有一块牌匾,上书"德配天地,道贯古今"8个大字,这是已故著名相声演员马季先生为修正题写的。

德的本意就是"得",有德必有得。儒家之道就是"在明明德,在亲民,在止于至善"的"大学之道"。

《大学》曰:"知止而后有定,定而后能静,静而后能安,安而后能虑,虑而后能得。"意谓懂得至善之境界,然后才能够有坚定的志向,然后才能够心不妄动,然后才能够所处而安,然后才能够处事精详,然后才能够达到高境界。得,得其所止,止于至善,得到高境界,德也。

荀子曰:"水火有气而无生,草木有生而无知,禽兽有知而无义,人有气、有生、有知,亦且有义,故为天下最贵。"天地万物,天能生,地能养,但它们不能治。只有"德",能与天地媲美;只有"道",可以跨越古今。

德为人的第一需要。修造自己的德行,以德动天。德即人德,人生的行为准则,是道在人的行为上的表现形式。神就是道,道即天道、自然规律,能按自然规律办事的人就是神。

孔子说:"仁者不忧,智者不惑,勇者不惧。"孟子说:"仁者无敌。"在孟子眼里,仁德的人是无敌于天下的。所谓的"仁者",就是有仁德之人;所谓的"无敌",不是指实质上的战无不胜、攻无不克,而是形容一种精神状态、一种无人能及的宽阔胸怀。

家母从我小时起，就教我凡事要多替别人着想。用我现在的话来说，就是"做到严于律己，宽以待人，以诚待人，以礼待人，说实话，办实事，交挚友，不占便宜，不怕吃亏，不偷懒耍滑，更不能损人利己"。

与那个年代大部分的普通妇女一样，家母勤快、聪慧、善良。她中医世家出身，我姥爷在当地是个有名的中医，母亲天资聪颖，又爱求学，从懂事起就跟在姥爷身边，耳濡目染。从辨认药材，到抓药，再到给病人诊脉看病、开药方，母亲掌握了姥爷的全部医术，传承了姥爷的衣钵。和父亲结婚后，就在当地红旗医院做了一名中医。

母亲是勤劳的、善良的。即使是怀着孩子的时候，只要有人求诊，不管多远也要让父亲套上马车送她去。

由于父亲有着一手高超的木匠手艺，我们家的生活比一般人家要宽裕一些，但我们家的饭食却从来不会太宽裕。只要母亲看见有邻居吃不上饭，她柔软的内心就像被拧了一下，她宁肯我们自己少吃一点，也要给揭不开锅的邻居们多少弄点吃的。有时我们兄弟几个不解，她就会说："人不能光顾着自己的肚子，自己吃了填坑，别人吃了扬名。"

这话听着有点粗糙，但话糙理不糙。这就是母亲用她朴素的语言在诠释着"德"。

母亲不仅对认识的人是这样，就是对讨饭的，也从来不会让人家空着手离去，有窝窝头给窝窝头，有饭盛饭。有一次锅里没饭了，只有我还端着碗，母亲就把我碗里的饭给了人家。

母亲的言传身教对我们产生了深远的影响，我们兄弟几人一直勤于劳作、乐于助人，并且安分守己。即使饿着也绝不会去拿别人的东西，而且还会尽量把自己吃的分给那些挨饿的人。

由于母亲从医的缘故，幼年的我就觉得治病救人真好，对医药也产生了浓厚的兴趣，不止一次幻想着自己将来要做个神医，要研制出一种包治百病的药、一种长生不老的药。这虽然只是我儿时的想法,但就是这天真的想法促发了梦想的萌芽。

母亲对于治病救人的虔诚,更是深深地刻在我的心上。她给病人抓药、煎药,常常都顾不上给家里人做饭。母亲经常说,药是治病的,不能出一点差错,抓错一味药可能就是一条命,一味药不足就达不到治病的效果,甚至会加重或延误病情。碾药、煎药更是马虎不得,火候不足,药的浓度就不够;火候过了,药里面的杂质增多,有害成分就会进入药里面。

然而,当我父亲中风病倒时,母亲竟然束手无策了,她心急火燎却使不上力,当时的药没有明确标准,手里拿着治病的药方,要找到一种真正见效的好药却十分困难。

那还是20世纪80年代,记得是国庆节的前一天,我下班的时候看到家门口围了很多人,觉得可能出什么事了,就赶紧往家里跑。进屋一看,我父亲躺在炕上,单位领导围了一圈,原来父亲中风了,半身不遂。当时按照医生的嘱咐是要吃安宫丸,但事实上安宫丸性凉,中风应该吃人参再造丸这样性热的药,才能起到疏通血管的作用。所以,当时的用药是用错的,病情反而更严重了。

父亲病倒了,全家人心情都很沉重,那种痛苦现在回想起来都觉得难受。我们到处求医问药,只要听说有一种药能治疗父亲的病,就要试一试,甚至连电线杆子上贴的小广告都信。那时候我一个月的工资是30多元,经常一抓药就花掉七八十元。有一年春节,和亲戚唠嗑中听说有位老中医治疗中风很有经验,我马上骑着自行车冒雪去找。打听了一整天才找到线索,人家早搬城里去住了。后来又费了很大的周折才把那人请到,可结果也就那么回事,还是没起到多大作用。花钱、出力、受累,我都不在乎,关键是用了药病情不见好转,这就让人心里堵得难受。梦想当时要有一副管用的药,该有多好。

我看着劳碌一生的父亲就这样躺在了炕上,病痛不时发作,满头大汗,却硬忍着一声不吭。这样的情景,我真的不愿再回忆了。

如此几番,我疲于求人,自己买了一大堆医书,对中草药进行分门别类的研究,光是笔记就记了几大本。

渐渐的,我终于找到了能够治疗父亲疾病的可靠方子。为了保证药效,不管多远我都亲自去抓药,回到家亲手熬制。就是靠着我用笨方法找来的那些药,延续了父亲9年的生命。母亲感叹地说:"原来你父亲的病是能缓解的,咱们不是缺药,而是缺少好药啊!"

父亲离去之后,母亲因为受打击过大而抱病不起。母亲最早被诊断为肝病,医生说要增加肝糖原,也就是多吃糖。

那时候买东西要凭票,我托了不少关系才多买到一些白糖。母亲吃什么我都给她加糖,连米饭里面都加。后来却发现,母亲疼的地方不是肝,而是胰脏,是糖尿病引起的胰腺疼。母亲得了糖尿病,我却给她吃了那么多的糖、要命的糖。在得知真相的那一刻,我觉得自己简直就像个凶手。

于是,我又开始了第二轮对中药的探索,但是也没有留住母亲太久。

回想母亲整个一生几乎都在治病救人,没想到最后竟被误治耽误了她的病,这成了我一生永远的痛。

父母亲过早地因病离开了我们,这让我深切地感受到了做药人的责任。老百姓需要的是能够治病的好药,不能治病的药即使再便宜抑或白给,他们也不需要。做药人首先要有医德,要用比较高的道德水准来要求自己。所以,后来我进入医药行业就一直坚持"做良心药、放心药"。这正如孔子说的推己及人,站在患者和家属们的角度上想问题,就能加深自身的责任感,全力以赴地为患者生产出管用的药,减轻病人的痛苦,治病救人。

母亲常说的那句话,"药品是治病救命的,良心不好的人不能当医生、不能做药、不能卖药",时常响在我的耳边。我觉得母亲一直在天上看着我,嘱咐我用良心做药。是母亲冥冥之中的呼唤与鼓励,使我能够有勇气将梦想变成现实,在一路艰难中坚持走下来。我要求修正的员工能经常想想病人,做良心药、放心药、管用的药。正是始终坚持这种理念,才铸造了今天的修正药业。

三　谁家少年不英雄？

> 我打小就是个英雄主义者，所以，几十年的生活经历和心路历程注定了我人生的起伏曲折、不同寻常。我深感"天之机缄不测，抑而伸、伸而抑，皆是播弄英雄、颠倒豪杰处。君子只是逆来顺受、居安思危，天亦无所用其伎俩矣"。

也许是英雄故事听多了，小时候，我十分向往能做一个顶天立地的大英雄。

小的时候，东北的冬天冷得出奇，狂风怒吼，大雪漫天。但我和小伙伴们全然不顾，一溜烟地往外跑。

左邻右舍的小伙伴们，每天都按时集合，人手一把弹弓，兜里鼓囊囊的都是小石子或晒干的泥弹子，见到鸟（最常见的是麻雀）就打。在那个一年到头不知肉味的年代，那些胖得圆滚滚的麻雀极大地满足了我们的口腹之欲。

我的"弓法"在小伙伴中是最准的，只要看准了目标十有八九都能射中。一旦有麻雀应声落地，小伙伴们高兴得欢呼雀跃，佩服之情自不必说。当我们把麻雀烤熟的时候，大家总以一块肥厚的胸脯肉来奖赏我高超的"武功"。每到那时我心中就有种被推崇的感觉，我知道要鹤立鸡群就必须做得比别人好，比别人做得好就会有不一样的回报，比如那块肥厚的胸脯肉。

转眼到了上学读书的年龄。开学的第一天，我早早就起床了。父亲要送我去上学，我拒绝了。我心想，要是连上个学都要大人陪着去，以后可怎么做英雄。回想一下，那时候的我就已经很独立了。

小学前几年，我的学习成绩一直都挺好。那时候，有种读物叫小人书，现在已不多见了。《封神演义》《三国演义》《西游记》《三侠五义》……那一幅幅精美的画面和鲜活的人物形象令我如痴如醉，年纪稍大一些便千方百计地弄来整套的名著细读。有那么几本书，随便讲哪一段我都能说上来。

学校距离我家不远，我经常带着同学回家吃东西。吃完东西，我就给他们讲故事。在他们崇拜的眼神中，我讲得声情并茂，一旦遇到忘记的地方就即兴演绎一段，也能把故事说得像那么回事儿。

就这样，我自然而然地成了孩子中的无冕之王。

小学五年级的时候，"文化大革命"开始了，学校很快停了课，由于我平时在同学中"威信"较高，很自然就被选做了所谓的"军长"。当时，我管辖了160多个队员。我们在大教室里，把课桌排成长龙，我经常坐在前头训话，安排刻钢板、印传单、开辩论会。

少年的我自然没有意识到这种运动所蕴含的深层次的东西，父亲却看出了其中不正常的一面，为我的未来深深感到担忧。那时父亲已经退休了，他怕我这样下去会被毁掉，所以坚决让我跟着他学木匠。父亲的想法很简单，就是想让我离开那个环境，把他一生积累的技术和经验传授给我。

父亲在当地颇有名气，退休之后，还有不少搞基建的来请他做监理。打小我就经常跟着他去工地，早就熟悉了那种忙碌的工地气氛，了解了一些做工匠的基础知识，对木工也很感兴趣。于是，我听从了父亲的劝告，跟着他学木工、学基建。学木工的时候父亲说："要学就好好学，要不就干脆不学，决不能应付了事。"我说："爸，你放心吧！你儿子什么时候应付了事过？"于是，父亲在整个传授过程中对我耳提面命，我对自己要求也格外严格，从使刨子、用斧子到制作模型、画图，我都一一学会了。

就这样，我当起了木匠，直到现在，我的手艺都没有忘，一个外件从制模到放大样、到画图，我都会。我从三级工开始做起，一直做到七级工。我记得很清楚，那时三级工一天能赚 1.86 元，四级工一天能赚 2.21 元，五级工一天能赚 2.26 元，六级工一天能赚 3.62 元，七级工一天能赚 3.72 元。这些钱我都赚过，最多的时候赚到 100 元。

我从小过的就是穷日子，知道赚钱不易，所以从不乱花钱。不管赚多少钱，包括一个月赚 100 多块钱的时候，我都一分不少地交给父亲。

在基建工地，从开挖地基到砌砖抹灰，从打圈梁到高楼封顶，父亲深入浅出的指导再加上我的悟性，不管什么活我看一两次就能琢磨出门道，第三次就完全会干了。

和父亲在一起干活的日子，活儿都是我干，老爷子就是在一边喝着茶水，指指点点，干出来的活质量也都是一流的。

有一次，跟着父亲到离通化几十里的乡下给人家做家具。到了他家，见到一位老人，拄着棍子，在他儿子的搀扶下，告诉我们要打什么样的家具。这个老人，一见面就让人觉得气度非凡，绝不是什么普通的农民。

父亲和他坐在炕上唠嗑。原来这位老人是清朝留守东北看护龙兴祖坟的皇族后裔，当年在通化也是个名人。光绪末年，曾被官派到日本留学。辛亥革命爆发、清王朝覆灭后，就在通化教书。到了伪满时期，他当过一任税捐局长，因为和主管的日本人闹翻了，一气之下辞官回家。

在我干活的时候，两位老人谈得越来越投机。到了晚上，父亲把我喊过去，那个老人把门窗关好，窗帘拉上，从炕席底下拿出一本线装书，这本书就是我第一次看到的《周易》。

父亲对《周易》也有所了解，两个人算是遇到知音了，所以才能谈得那么投机。后来，父亲告诉我，这位老人是个高人，在日本留学时就学过马克思的《资本论》，对于辩证唯物主义有较深的理解。他研究《周易》，是从日本回到通化后，得到了玉皇山一位老道士的真传。

他认为只有把《周易》研究透了的人才能知道，古人用《周易》占卜是探求政治与军事的相互关系，用以富国强兵。这个传奇的老人成了我读《周易》的启蒙老师，正是听了他讲的"太极图"和"阴阳八卦"，我才对《周易》有了初始的了解。回到家里，我跟父亲也在一起探讨过，终因条件所限，加上年纪太小，没有太深的理解。直到改革开放后在书店里能买到《周易》时，我才开始系统地研读。

《周易》中讲的"天行健，君子以自强不息；地势坤，君子以厚德载物"这两句话，对我的启发很深。其实，这两句话就是做人的标准，是做正人君子的标准。要想做君子，就得自强，就得厚德。

从此，这两句话也成为我的人生信条。

四 认准的事就要坚持

《论语·阳货》说:"唯上知与下愚不移。"对理想的追求过程,其实就是对自己心灵探寻的过程。所谓坚持,就是把不可能变成可能,把没有变成有。而这,必须有高度的智慧和倔强的傻劲。

1973 年,我作为通化市的第一批知青,被下放到了郊区的江北养鸡厂。

当时的治安 5 队附近有一条河,河上有一座吊桥。报到后做的第一件活儿是扛豆子。肩膀上扛着 100 公斤重的黄豆,脚下的吊桥忽悠忽悠的,胆小的人看着那水就晕,脚丫子哆哆嗦嗦地伸不出去。

我也是胆战心惊的,但是再害怕活儿总得干,既然怎么都是干,何不大胆一些。我看也不看脚下,扛起袋子就直往前冲,恐惧感也就消失了。

人生很多的时候就是这样,太多的事情你认为力不能胜,可当你有勇气付诸行动时,却并不像想象中那么艰难。

养鸡厂的活儿累脏自不必说,天天穿梭于鸡舍,喂料、捡蛋,身上常常沾满饲料。这个差事没干多久,我就被安排去管生产。生产主管有时需要到外地去采购东西,当时去的最多的地方就是上海。在那时,对我来说,这是很引以为荣的一件事。

"不在其位,不谋其政",这句话反过来就是"在其位,谋其政"。虽然那时我所谋之"政"有些微不足道,可我还是用心谋之。

我们厂的鸡雏孵化器是我亲自设计的,它用木头制成,这种孵化器需要的导电表在当时必须到上海才能买到。所以,我就经常被派去上海洽谈采购业务。

一个 18 岁的山城孩子,突然来到这座绚丽的都市,面对高耸的大楼、拥挤的人潮,我蛰伏心底许久的万丈豪情一飞冲天。原来大山之外的世界是如此精彩,有那么多的新鲜事物我不曾接触过,有那么多未知的领域等着我去探寻,终有一天我要像父亲一样走出来。

拿着介绍信,我找当地的相关部门接洽。在那个特殊的历史时期,去北京、上海等大都市需要开介绍信,去上海的介绍信需要在临近上海的几个省开才可以。我先被安排到共和新路招待所,之后住进上海大厦。上海大厦那时候是上海最豪华的宾馆,相当于今天的和平饭店。由于是开介绍信才被调到上海大厦的,也不增加费用。

白天跑了一天业务,晚上舒舒服服地洗个热水澡,大冬天也穿衬衫、打领带,着实长了不少见识。

那段时间,我最喜欢的就是逛友谊商店。在那个物资匮乏的年代,在友谊商店可以买到很多市面上见不到的东西和稀罕的洋货。很多人眼馋的中华香烟,也只有在友谊商店里才能买得到。

那时,我的烟瘾是比较大的,一般情况下是一天一盒。虽然我用公款买点烟是不成问题的,说是联系业务用也就报销了。但我告诫自己,只能来看一看,过过眼瘾。这虽是公费出差,但那钱是公家的,不是我的,不是我的东西就不能要,不是我的钱就不能花。这是从小父母就教导我遵守的做人准则,从未打破过。后来读《论语》,知道圣人的教导也是如此朴素直白——"君子喻于义,小人喻于利"。就是说君子心中始终持守着一份规矩、法度,不得超越;小人日夜所思的皆是恩惠、利益。

那时候,"返城"是我们这些没有机会继续上学的人的唯一出路。所以,当时的招工转正几乎是我们所有知青的梦想。

在我心里憧憬着未来的时候,忽然来了个文件:养鸡厂要变成农场,我们这一批知青都要变成农业工人。

那是我人生中的一个十字路口,是做农业工人还是做产业工人?

没有人可以商量,家里人不管这事,也不懂这事。当时的情况就是这样:如果我不做农业工人,就得重新下乡。

在我心里,产业工人伟大。当时我们这一批有 30 多个知青,我是个头儿,不仅管生产,仓库、车辆也都归我调配,大家都愿意跟着我干活。

当我第一个说出不做农业工人的时候,七八个知青也都跟着我一起不转正了。立誓不当农业工人,即使重新下乡,也要当产业工人。这就是我当时"认准的事就会一直坚持下去"的性格。

于是,历史又一次重演,我们第二次下乡。再次报到后所做的第一件活儿不是扛豆子,而是挑鸡粪。鸡粪都用大筐装,一筐有 100 多斤重。在那个百无聊赖的年代,人总是千方百计地想寻回一些快乐,尽管这快乐会让别人不快乐。有几个小子故意整我,每次都把筐装得满满当当的。我当然知道他们的小九九,从小就当孩子王的我,岂是这点困难就能被吓倒的?背就背,不仅要背,还要跑得最快。为了示威,每次我都跑着走,每次都跑第一,让他们目瞪口呆。

面子上是过去了,但是一连挑了 3 天的鸡粪,我的肩膀都被磨破了,一沾扁担就疼得像火烧似的。但我想,父亲以前还背过煤呢,一背就是 3 个月,我只不过才背了几天,这点苦还吃不了吗?我咬牙坚持着。

很多时候就是这样,选择不难,而坚持选择却要付出代价,同时也会给你带来意想不到的收获。

一周下来,我被大队、公社注意到了,领导见我有文化、能干又不多言语,就把我调到了公社工作组。

孔子曾说:"修己以敬,修己以安人,修己以安百姓。"好好修炼自己,保持严肃恭敬的态度,并给别人带来快乐。那时我就在想,"修己以安百姓"是圣人所为,"修己以敬,修己以安人"应是我寻求的境界。创办了修正药业之后,我把"修元正本,造福苍生"作为企业文化一以贯之,而这一思想的源头就是那时的思考。

公社的马文里书记非常喜欢我,对我特别重视,很快就任命我为团总支书记。

当时有句话,"个子大门前站,不干活也好看"。我个子高,仗着这先天条件成了基干民兵。当民兵可神气了,配着枪,白天操练,夜间巡逻。这种"保家卫国"的事正好圆了我小时候的英雄梦,我干得不亦乐乎。不久,我就当上了民兵连长,后来又做了治保主任。

我在公社待了1年多的时间,通化市皮鞋厂就来招工了。马书记知道我一直想做产业工人,就对我说,下半年公社就有指标了,党委都很看好我,决定让我当个农业助理。当时的农业助理管的事虽然不大,但是前途无量。只要当上了助理,接着可以升特派员,升科长,一步步上去,一路能干到县委书记。

我那时完全不理会这些,一门心思就想当工人。对我来说,工人阶级无上光荣,他们用自己的聪明智慧、勤劳踏实,为社会主义建设贡献自己的青春和力量。成为一名光荣的产业工人是我的第一个事业目标,这是雷打不动的。这话现在听起来有点空,像口号,可当时就是那样热血沸腾。

我就这样一根筋地被招进了皮鞋厂,在车间工作。开始只是一个操作工,普通得不能再普通了。但是,凭着踏实肯干的态度,1个月之后,我被厂领导发现了。因为压鞋的模压机器得翻砂,我会做模型又会做图纸,于是被调到技术科当上了模型工,做机器的翻砂,管铸铁、铸钢。那时候的模型工是厂里最高级的工人,待遇也是最高的。所以,你要相信"机会永远是给有准备的人"这句老话。

正如父亲所说的,"踏踏实实做事,老老实实做人"。不管你的人生目标是什么,丰衣足食也好,扬名立万也罢,一定要活在当下,着眼于当下,务实于当下,做好当下的每一件事,踏踏实实地踩出自己脚下的每一步路。一个人将消极变成积极、将被动变成主动,工作起来就不会觉得累。

所谓"自知者英,自胜者雄"。其实并不是我们迈出第一步多难,而是我们大胆迈出第一步时自己了解自己、自己战胜自己的过程比较难。大凡做事的根本,一定要先修身。因此,既要有高度的智慧看准事,又要有倔强的傻劲把认准的事做到底。

五　人生每一步都不白走

《列子·说符》云:"大道以多歧而亡羊。"人的一生面临太多的十字路口,每一步都是艰难的,都是重要的,前一步决定着后一步,走好、走对每一步都很关键。

当年由于历史原因中断学业,一直是我心中的遗憾。恢复高考后,终于能上大学读书了,我兴奋不已,选择了吉林大学,进修法律专业。

大学期间,除了上课,其余时间我几乎都泡在图书馆里。读书对我而言是快乐的,我可以在书的海洋中如饥似渴地汲取各种养料。我偏爱文学和哲学书籍,尤其是对《周易》《中庸》《矛盾论》《实践论》等更是爱不释手,很多篇章甚至可以倒背如流。

大学毕业后,正赶上公安局招人,由于我是学法律的,再加上人高马大、身强力壮,就顺理成章地被选中了。我心中儿时就埋下的英雄梦又被唤醒了。人民警察是保护人民群众财产和人身安全的坚强后盾;是维护正义、和平,与黑暗、丑恶斗争的光明之子。这不就是我儿时梦想中的英雄吗?但我的编制还在厂里,厂领导不愿意放我。后来,公安局想出了个办法,队里拿一个老同志去换我。那个警察姓张,由于年龄已大即将退休,于是就把他放到皮鞋厂,这才把我换到了公安局。

我最先在环城公社派出所工作。那里是城乡接合部,问题最多,也最难管。当时所里主要有3个人,所长年过半百,身体也不大好,经常在家休养。而内勤又刚刚结婚,整天泡在新房里。我是外勤,又是光棍一条,于是整个所里就我一个人天天晚上去值班。

在派出所那阵子，我主要负责审讯、做笔录等工作。我平时不大言语，表情腼腆，却自有一份"不怒而威"。那时警察办案并不规范，也缺乏办案程序，遇到不配合的犯罪嫌疑人就得使用一点儿"武力"。我虽然不打人，但目睹这样的场面，心里着实不是个滋味。芸芸众生岂是一个"暴"字治得了的，我更相信仁者的教化力量。

后来我申请调到了交警队。我觉得还是交警队好，大冬天穿着皮夹克、大皮靴，威风凛凛地站在路口，指挥着来往的车辆。另外，交警队也相对清静，不和犯罪分子打交道，顶多是违章，不需要用"武力"。

到了交警队，我先是进了宣传组。那时交警队通过创办报纸和杂志，扩大广大干警的信息交流，使干警们能够及时了解工作情况，增强责任心和主人翁意识。在重大问题的决策上，都要通过各种形式征求干警们的意见，让他们参与提议。

文字让我感觉亲切，我也喜欢驾驭这些有魂有魄的精灵们。我发表的第一篇文章是《自行车十不准》，接着《不准带人为什么》《交通工程学》《停车十句》等文章也相继发表在《红绿灯下》杂志。

现在回想起来，我再次走进校门是我一生中关键的转折点。因此，我宁可让口袋贫穷，也决不让脑袋贫穷，知识能够改变命运。学习是长期的，是与生命相伴始终的。而且，学习的目的在于创造，要学得进去、走得出来，关键还要能用得上。这是一个人能够不断进步的动力源泉。

当交警看似简单，其实不然，最难的不是指挥，而是执法。严格执法是为了交通安全、畅通，这个道理大家都懂，可是罚到谁头上，谁都不乐意。作为政府的执法人，交警在很多时候得不到老百姓的理解，经常有违法人员对执法不理解、抵触，甚至刁难交警。

与韩非子推崇的"务法不务德"理念相比，我更愿意接受荀子的"礼法并用"的思想。面对违章者的刁难，除了严格执法，还当以礼相待，礼为"治之始"，法为"治之端"。

交警工作中，最基本的礼仪要求就是敬礼。通化市的"纠正违章先敬礼"规定，我是第一个贯彻落实的，而且是"双敬礼"——处理违法行为的时候，先向违法人敬礼；处理完违法行为以后，再次向违法人敬礼。在十几年的执法工作中，我深深体会到，做一个严格执法的交警不易，做一个严格执法、又让群众满意的交警更难。要想化解矛盾，耐心、礼貌是一方面，更重要的是诚恳。如果能以诚相待，学会换位思考，就能够得到广大群众的理解。

有一天，一名男子蹬着一辆三轮车在人群熙攘的马路上行进，车上的货摆得很高，晃晃悠悠的，吓得路人直往两边躲，我打手势让他靠边停车。

我对他说："你这么干太危险，万一把谁剐了碰了，可能这大半年都白干了。如果你再有个三长两短，让你一家人指望谁去？"

这位当事人果然是上有老、下有小，全家就靠他挣钱养活，日子过得很艰辛。我这一句话说到点子上了，他感动地对我说："警察大哥，我明白了，谢谢你提醒，这是最后一次。"

面对每一位违章司机，我都是耐心倾听，并且告诉他为什么会被交警拦下，直到说得对方心服口服，我才开罚单。

善待生活，生活也会善待你。

我很快升职为中队长，管理当时的新车站到老车站之间的那一片区域。当时那一带还没有岗楼，我们的中队分为江东中队和江西中队，我分在江东中队。

除了处理好日常的巡逻、监察工作之外，我积极地向老同志学习警务知识，以尽快适应工作的需要。每一天我都感到工作充实、精力充沛、激情满怀，总想不断迎接新的挑战。

送迷路儿童回家、跳冰窟窿救人、帮助店主打退歹徒……这些我都干过，有的至今记忆犹新，有的已经记不起来了。

新站附近有一个集贸市场,熙熙攘攘,好不热闹。

有一天,一辆三匹马拉着的马车从新站的桥上下来,不知为何马受了惊,奔大市场就冲了过去。原本熙熙攘攘的集市顿时大乱,人们纷纷往两旁躲让,马车所经之处,摊货倒翻,行人在躲避时乱成一团。

我从岗台上蹦下来,以最快的速度冲了过去,伸手就去拽辕马缰绳,将浑身的力量集中在手上使劲一带,惊马陡然刹住冲势。我却滑倒在马的身边,地上都是冰雪。我紧紧抓住缰绳不放,那马在刨蹶子,眼看一蹄子就要踢着我,我不得已松开手挺身一滑,躲开了危险的这一蹄子,皮夹克被刮出了一条大口子。这时候的马已狂性大减,周围的人涌了上来,拉的拉、拽的拽,一起控制住了马车,将我从地上拉了起来。

第二天,广播、报纸都报道了这条新闻。记者涌到局里,争先恐后地问我当时是怎么想的。

我平静地说:"当时什么都没想,就想必须拽住它。"

作为中队长,我有吊扣违章驾驶员1个月驾驶证的权力。有那么一段日子,每天都有人拿着驾驶证来请示:"中队长,吊扣1个月。"我问:"什么理由?"答曰:"不服从管理。"不一会儿,又来一个,我问:"什么理由?"答曰:"不服从管理。"

我嘴上嘟囔了一句:"怎么这么多?"心里却觉得这里面有蹊跷。

那时候的每周三下午,我们都搞业务学习;周五下午,搞政治学习。队里的干警与领导干部聚集在一起,讨论工作。

在一个周五的会议上,我决定把心里藏了好久的问题摊开。面对众人,我说:"咱们来讨论一个问题,这些驾驶员怎么会不服从管理呢?"

下面的人听了,一阵沉默。

我说:"咱们就讨论一件事,咱们交警是'为人民管交通',还是'为交通管人民'?"

20世纪80年代初,中国刚有"公仆"意识,也刚有"公仆"这个词。我的这个讨论被当时局里的苏副局长知道了,于是在全局专门展开了大讨论,探讨我提出的这个问题。

两句话,字数相同,却是截然不同的两个概念,还有些哲学的味道。但我当时没有多想,只知道作为一名交警,心中始终要有一杆秤,那就是群众。现在想想,那时的我虽然只是一名普通的交警,却自在快乐、内心丰盈。很怀念那段岁月,它是我实现梦想的又一次历练。所以,我说人生的每一步都不白走,都是一次对生命的积淀。《圣经》上说"万事互相效力",这话我是信的。

六　做人要有浩然正气

> 孟子曾有言："我善养吾浩然之气。"浩然之气，就是一种人生正气，与天地大道相配。正心发正念，正念出正气。内可聚集而成大智慧，外可迸发而成大作为。

1986年，通化市实行交通道路体制改革，交通队重新建支队，择地建新办公楼。支队长选中了我，让我去当基建队的队长。

改革开放后，城市的基本建设步入"快车道"，高楼大厦拔地而起，大小项目纷纷上马。一些不法建筑商为了承揽基建项目，把眼睛盯在分管基建的领导干部身上。基建队长在某些人眼里是个"肥缺"，但我清楚地知道这是个烫手的山芋。虽然从小受父亲的熏陶，非常喜欢建筑，但这样的浑水我不愿蹚。几次拒绝后，支队长找我谈话："全支队200多人，就选了你一个，没有第二个人选，你不干也得干，必须服从组织安排。"无奈中接过了委任书，当了基建队的队长，由我负责管理和监督工程。对我来说，这既是一次实践，也是一次检验。

父亲曾说过："一件事要么不干，要干就得干好。"既然接了委任书，就要为工程负责、为领导负责，当然也要为自己负责。于是每天早上天不亮，我就爬起来，开着车满工地察看。工程正式开始后，我亲自监督工程、指导施工，并在保证质量的基础上尽量节约成本。

到了端午、中秋等节日，有人登门给我送礼，也就是蛋、米、面什么的，大伙觉得送这点儿东西也不算行贿。但是，我清楚地知道，从量变到质变是一个渐进的过程,"千里之堤,溃于蚁穴",我坚决让他们都拿了回去。

你可以认为这是一种职业操守,但这是我应该做的。《圣经》上说:"贪财是万恶之根源。"这话禁得起推敲。钱财是中性的,本无善恶之分,但是一个"贪"字,便可将人推进欲望的沟壑。这沟壑像地狱的饿鬼一般总是饥饿,贪婪的人用欲望喂养它,直到最后将自己的身家性命也投之以食。它饱了,你却不在了。认清了它,也就不敢触碰它。施工期间,我没有动过工程队的一袋水泥、一颗铁钉。一个亲戚曾找到我,说:"四哥,给我弄点水泥回家抹墙呗,不多,就三四袋。"三四袋水泥,也就我一句话的事,但我宁可去水泥厂给他买,也绝不会拿工地的。在我的带领下,队里纪律严明,没有人敢小偷小摸。

基建队长工作的特点,就是繁杂、琐碎,一些问题如果不及时处理就会影响到工程的正常运转。在工作中,我经常放弃节假日的休息时间,坚守在工作岗位上。

办公楼竣工了,总的花费比原先预算的节省了 200 多万元,而且,工程验收质量全部合格。

庆功宴上,支队长诚挚地敬了我三杯酒,并且要给我涨工资,但是我把这个机会让给了一个家庭条件比较困难的老同志。

基建工程结束之后,我被调到了车辆管理所,管理车辆登记、机动车检测和驾驶员审验等工作。虽说职位不高,但权力不小,在某些人眼里仍是个"肥缺"。

当时,走私车特别多,如果管理车辆登记的人睁只眼闭只眼也就放过去了,但车辆到了我这里,如果手续不齐全,不管是谁,一律查办,亲戚朋友也不例外。我的工作宗旨就是不让一辆走私车登记,这是我的职责,谁也别想在我这儿钻空子。在公事方面、在国家利益方面,没有什么情面可讲。

我有一个老同学一直没有正式工作,不知是谁给他出的主意:"你既然和交警队的修涞贵是老同学,办个车务中介公司,不就赚大钱了吗?"这位老同学听说后,急不可待地找到我,郑重许诺说:"赚了钱咱俩分,决不亏待你。"

我当即打断他的话:"这种事你想都不要想,根本行不通。生活上有难处你尽管找我,做生意我也可以帮你,这件事儿就别想了。"

类似这样的事情我记不清经历了多少次,反正因此得罪了不少人。很多人都说我死脑筋、不开窍、不近人情,但我始终按照原则办事。手中的权力是人民给的,它的唯一功能就是为人民服务,决不能让手中的权力成为个人牟取私利的工具。"君子爱财、取之有道",钱是要赚的,但是赚钱一定不能靠歪门邪道,要坚定不移地走正道,财路才能宽广无限。私心是万恶之源,急私近利的人不配当领导。小气的人也做不了领导,有多大的胸怀就能干多大的事儿。什么是做人的快乐?范仲淹说过,"先天下之忧而忧,后天下之乐而乐",这才是君子之乐,是大乐。《涅槃经·梵行品》中有云,"为诸众生除无利益,是名大慈;欲与众生无量利乐,是名大悲;于诸众生心生欢喜,是名大喜;自舍己乐施与他人,是名大舍"。一句话,就是做事要从利他的角度出发。一个人有没有德,关键得看他发乎外的东西是利己还是利他。内修上德以管好自己,外结良缘以经营世界。

中国古人无不以"修身、齐家、治国、平天下"为最高理想。"修身"即"做人",是读书的首要宗旨。孟子把做人的原则阐述得更加准确——"吾善养浩然之气"。

那一种气,最盛大,也最刚强。以正直去培养而不加妨碍,就会充满在天地之间。那一种气,要和义行与正道配合,没有这些,它就会萎缩。它是不断集结义行而产生的,不是偶然的义行就能装扮成的。如果行为让内心不满意,它就萎缩了。要培养此气,有三个条件,第一是"直",包含真诚和正直两个意思;第二是"义",义者,宜也,代表在各种情况下,随时要用理性做判断;第三是"道",人生的光明大道。培养浩然正气说穿了是一种道德实践。有此浩气,就可傲立于天地间,成为"威武不能屈,贫贱不能移,富贵不能淫"的大丈夫。

我觉得"做人"的最高境界就是"浩然正气"。"浩然正气"的培养要"集义所生",必须循序渐进,由小到大,由远及近,终年累月。慢慢做,每天做,长期做下去,自然有所成。这也是我一生之求索。

我始终秉承"做事先做人"的理念,坚信自己的良心是好的、信念是对的。我坚守住自己的品德和情操,坚持好的思维方式和行为习惯,并学会用一定的哲学思维对事物加以辨别、分析。实在看不清、摸不准的,就用良心这杆秤来称,想一想自己到底该不该做。

第二章

机缘·抉择·逢生——人生的拐点很重要

做人讲原则,做事讲方法。对人,要宽一度,再宽一度;做事,要进一步,再进一步。

企业家的道德水准、思想水准决定了企业最后的凝聚力。

无论前面是万丈深渊,还是荆棘丛生,我都会奋不顾身,前进,前进,再前进!既然前脚踏上这条征途,后脚就不准备退出。我生要战斗在这条征途上,死也要死在这条奋斗的道路上!

一　机遇偏爱有心人

> 我深爱《宋史·岳飞传》里的一句话："阵而后战,兵法之常,运用之妙, 存乎一心。"这是大将之风。做市场,做任何事,能否成功,甚至反败为 胜,关键在于心思的巧妙。只有深刻地洞察,缜密地分析,果敢地决 断,坚决地行动,抓住稍纵即逝的战机,才能先于别人成功。

1990 年,我在通化市交警大队任职,并已经升任为设施大队大队长、 三级警监,收入稳定,职位体面。许多人都羡慕我拥有稳定的工作和幸福 的家庭,我也由衷地感到欣慰,但时不时还是有一种莫名的失落感。

就在那年,创业和下海热潮席卷全国。直觉告诉我,一个崭新时代的 到来已经势不可当。"超越自我、实现自我"的创业激情燃烧着我,内心涌 动着万丈豪情,我要去做时代的创业英雄。

1991 年,我迈出了创业的第一步。当时我就想到了医药行业,因为母 亲那种悬壶济世、治病救人的信念从小就深深地刻在了我的心中。虽然未 能传承母亲的医术,但是做药不同样也是治病救人吗? 不也是延续母亲的 理想吗?

为了医治双亲的病痛,我对中药进行了长达 10 年的探索,对于医药行 业已经有了一定的了解。我虽然把目光定在了制药行业,但在当时,制药 行业是受国家严格控制的,没有机会进入,所以,我先选择了房地产行业。 选择做房地产行业也是因为曾经跟着父亲学过多年的建筑,有经验,加上 自己也有兴趣。于是我南下进了珠海一家房地产企业(三家国有企业组成的联营企业)当包工头儿,负责建筑工程。在企业做事和在支队一样,我没有半分懈怠,当年工程项目结算时,总共赢利 2700 多万元,比预算高出了近 1000 万元。老板一高兴,就兑现了答应给我们的 20% 的提成。

这次小试牛刀按说很成功,并且也很赚钱。但是刚有了一点成绩,就有很多有背景的人争着要坐我这个位置,我的很多经营思路莫名其妙地被否决,我根本放不开手脚。正所谓"道不同,不相为谋",我在珠海只做了 1 年,就又回到了通化车辆管理所。

从珠海回来不到半年,也就是 1993 年春天,我又第二次下海。这次是在通化本地开了一家"台湾饭店"。经过大半年的努力,饭店开始赢利了。开饭店对我来说得心应手,但我逐渐感到这个平台和我期望的那种在商海搏杀的理想相去甚远。所以,在饭店平稳运营之后,我就将它交给妻子来经营,自己又回到交警队上班去了。直到我接手药厂,妻子艳华才把这家饭店转让出去,过来帮我。

下了两次海后,我已渐习商海水性,我喜欢商海中不断制造财富的感觉,在那片充满挑战和未知的广阔天地里,能够最大限度地激发人的潜能,那是每时每刻都要调动脑细胞的探索。那里永远有欣喜和挑战,却永远没有终点,胜负的关键在于你如何运筹帷幄。这不正好符合我的性格吗?一颗激情奔放的心、一颗总想做出成就的心、一颗总想寻找人生价值的心,不正好可以在那风云变幻的天地里尽情翱翔吗?我欲乘风起,风浪奈我何?

在等待机会的日子里,我一直在汲取国学的智慧、中医学的精华。我相信机会永远青睐有准备的人。

1995 年,通化市进行国有企业体制改革,制药企业打破了国家控制的单一经营模式,可以承包给个人了。我一直苦等的机会终于来了!

4 月底的一个周末,我到通化市的长征路一带办事,在一家小饭店吃饭,碰巧遇到通化市医药局的张局长和省医药局的刘局长,他们刚好到通化来检查工作。因为与张局长有过几面之缘,我就主动走过去和他们坐到了一起。

席间,我对张局长说:"我想做药厂,不知有没有机会?"

张局长马上说:"现在正好有一家药厂想对外承包。"

我一听大喜过望,真是天赐良机啊,就细问起那厂子的情况。

张局长沉思了一下,说道:"下周一上午来找我吧,到时候再具体说情况。"

当时张局长瞬间沉思的表情给我的感觉就是希望不大,因此也没太往心里去。周一上午,我仍然忙着画道线、安设备。上午9点多钟的时候,队里来人告诉我,张局长打电话要我去一趟。

到了医药局,局党委几个人都已经坐在那儿了,张真没想到他们会这么重视这件事。

张局长跟我说:"听说你在交警支队管盖大楼,吃住都在工地,精打细算,给公家节省下来200多万元。那工程我看了,质量是一流的。"

张局长用几句话评价了我近20年的工作和为人情况。

接着,他告诉我通化医药研究所制药厂要对外承包。这是全通化市唯一一个由高级工程师管理过的工厂,干好了前途无量。

我问起厂子的具体情况,有多少资金?

张局长说:"资金没有,就是一个工厂,有设备、工人,还有一个研究所,也一块给你了。"

谈话的整个过程让我感觉情况并不乐观。张局长叹气说:"正常运转的厂子用得着你吗?"

我意识到这个厂可能是个烫手的山芋,虽然自己很想从商做药,但也不能贸然打无把握之仗,不能太草率。于是推脱没干过管理,对医药也不太懂,这个担子怕挑不起来。连高级工程师都管理不好的厂子,一个交通警察能管理好吗?

张局长笑道:"没干过管理? 你主持建造的大楼给国家省的那200多

万元是怎么省的啊？对医药不懂？你不是从老人一生病就开始研究中草药了吗？"

张局长说的这番话让我感到惊讶，这说明他注意我已经不止一日了。

张局长郑重地说："选定你去做这个厂长，不是心血来潮，而是经过深思熟虑的，我们觉得你能行。"

我说："那也行，但我有四个条件：一是我不当一把手，只管经营；二是得帮助我贷款50万元，作为启动资金；三是允许给企业改名；四是允许办一个医药公司。"

对于我提出的这四个条件，张局长说："你不当一把手绝对不行，副厂长我都不任命；局里用下属企业担保，帮助你贷50万元启动资金；关于企业改名的事先缓一缓再说；可以办一个下属医药公司。"

我听得出来，局里也是先看看，能不能成功还在两可之间，一上来就改企业的名字为时过早。

接着，张局长表情凝重地说："要你去做厂长，不是要立刻做出多大的成绩，只要这个厂能恢复生产，能收支平衡，就算打了翻身仗。"

我低头陷入了沉思。张局长说得对，就是因为不能正常运转，才有了我的机会，而我不就是冲着挑战、想干一番大事业才来的吗？这恰恰是我的一次机遇，没准儿这厂子就是我人生的转折点，也许不久的将来它就能让我开拓出一片天地。正所谓"士为知己者死"，我在张局长的认可中被推上了风口浪尖，东北汉子的豪爽劲上来了，那就干！

现在回想起来，人生的机遇确实偏爱有心之人，如果我不是一直坚持着做药的梦想，如果我不是一直研究中草药，如果我不是主动地去寻找机会，那么我很有可能就与医药行业失之交臂了。

二　40岁了,还要不要去冒险?

> 曾子说:"士不可以不弘毅,任重而道远。仁以为己任,不亦重乎? 死而后已,不亦远乎?"这种对责任、道义的执着,是支持我的精神力量,越是艰难的时候,越是强劲。

1995年5月9日,这一天是我一生中最刻骨铭心的日子,我一生的轨迹从这一天开始转折。

我穿着警服,踌躇地走进通化医药研究所制药厂的大门。站在院子里,我先望了望这个传说中曾经辉煌一时的厂子。

这一片厂房是20世纪50年代建造的,刚过人高的院墙,低矮的平房,两扇破烂的大门,经过几十年的风雨冲刷,已是一派斑驳。院子内杂草丛生,看样子好久没有人锄过了。墙角的旮旯里堆满了陈年的垃圾,挨着墙边堆放着层层的纸箱,上面盖着破毡布,不用问就知道,那准是积压的产品。

车间的门关得挺严,我走到车间的窗前向里面望了望,机器设备凌乱地堆在那里,一些原材料和半成品散放在地上,上面蒙着一层厚厚的灰尘,空中结着蜘蛛网,一股潮湿的霉味钻进我的鼻子。看样子,这里面至少有几个月没有人走进去了。

只是看了几眼,我的心里就觉得发凉。这一切远比我想象的还要糟糕,我不敢相信这里曾经是个药厂,如果说是废品收购站我会相信。

几个干部和工人来到我的身后,我回过身来面对他们。很多人都认识我，因为他们上下班不是要经过转盘街，就是要经过玉皇山脚，对于我这个在那一带站了 10 多年大岗的"活塑像"，恐怕没有人没有见过。

有人问："听说医药局要给我们派来一位新厂长，不是你吧?"我的点头似乎令他们很不屑，外行领导内行总会让人感到无奈和不解。

何玉源是这家药厂负责生产的副厂长，当时在那儿负责看守。我向他问起厂子的具体情况，他说："工厂已经放假 1 年多了，没有活儿干，7 个月没有发一分钱工资了。"

我说："我想把它承包下来，但我对这个行业不太懂，何厂长你就继续在这儿干吧。"他不冷不热地说："用我就干，不用我就拉倒呗!"我跟他当时也不太熟，也不好说太多。他是挺实在的一个人，挺直爽，说的是实话。

然后，我问他经营状况和财务状况，有没有贷款? 他说有。这个厂是 1989 年成立的，1992 年开始投产，一直在亏损，欠银行 170 多万元的贷款。

最后，我把财务人员找来，一核实，厂的固定资产是 24.5 万元，还没有算折旧，其中光是锅炉就占了十几万元，而拖欠的外债却已高达 425 万元。房子也是租用的，门口还贴着封条，已经欠了 1 年的房租。

其实，在来之前我已经有了思想准备，但是眼前这幅景象比我原来想象的要可怕得多。我意识到，说这个厂陷入瘫痪状态，那是一个误诊。因为瘫痪的厂至少还有生命迹象，只要对症施药，也还有康复的可能。而事实上，这个小药厂已经死亡了。

回到家里，我把当天的事儿讲给妻子艳华听。我的理想，她比任何人都了解，她也一向很理解并支持我的决定。

她一边听我说，一边凝视着我，直到我讲完了，她也没有表示支持或者反对，只是对我说："无论你做出什么样的决定，我都支持你。"

我当时想，国家改革开放，以经济建设为中心，我要顺时而动、顺势发展。那时候，我已经 40 出头了。当时的想法很简单，就想真正去做点事儿，体现一下自身的价值。人生最大的失败就是害怕失败，就是战胜不了自己。

悬壶济世一直是我的梦想，而梦想只有转化为现实行动才有价值，不然就是痴人说梦，只能留给自己无限的遗憾。我不能轻言放弃。

但我也明白，这种为了追逐梦想采取的现实行动必须要具有可行性。我仔细地思索着，中国是世界上最大的中药材基地，药源产量占全世界90％以上，而长白山是中国五大药库之一，生长着千百种药材，药物资源得天独厚。守着这样一个大宝库，何愁开发不出好的产品来呢？

尤其是工人们那一双双麻木中透着希望、怀疑中带着期盼的眼神，一直在我脑海中闪现。

我噌地站了起来，拿起电话打给张局长。张局长一听是我，马上就开门见山地说道："这个企业什么也没有，外债400多万元，固定资产20来万元，只不过有这么个牌子，产品也没有，你看怎么样？你是知难而退，还是试试？"我说："我答应的事儿，就干呗。我就当一把手，我不当一把手，还体现不了我的价值呢。"

然后，我郑重地对他承诺："我一定会把这个厂子经营好，不仅要让工人有工资，还要让这个厂成为通化市最好的制药企业。"

我那时就想，做企业必须先有个立意，而且立意要高远。开始的时候就要设想到位，规划要有前瞻性。企业要做到什么程度，做到多大，都要大胆构思，敢于想象。目标决定你的方向，立意决定你的高度。

换作现在，我可能不会做出那样的承诺了。真君子应该"讷于言而敏于行"。表面上可能是木讷的，内心却是无比坚定的。要等把事情做成功了，目标达到了，再娓娓道来。那时候的我还达不到这个层次。

要想成功，就得有一种冒险精神，就得敢想敢干、敢于放弃。所谓先"舍"才能后"得"。而这次舍"皇粮"而下海，可以说是我第一次、也是最大的一次"舍得"之举。

我当时已经40出头了，不惑之年毅然决然地脱下警服走进了并不"在行"的医药行业,不仅仅是为了淘金和证明自身价值,还为了实现我由来已久的理想。我坚信靠自己的智慧和执着,一定会有所收获。

第二天早上起来,天灰蒙蒙的,接着便淅淅沥沥地下起了细雨,但这样的天气并未影响我的心情。

前一整夜,我清醒地将一个个问题在脑中阅兵似地过了一遍:所欠的债务虽然巨大,但还不需要立刻全部偿还,还有一段时间的回旋余地。其实,我是承包经营,以前的债务和我没有关系,完全可以不还,但我从心里就没有那样想过,人家把厂子都交给我了,我不还谁来还呢?

我把药厂要走的路在心里预演了一下,每一步怎么走,达到什么程度,都设计得清清楚楚。尽管那些纸上谈兵的想法还不一定成熟,但是所有的问题我都想过了,感觉成功的把握还是很大,再加上我这个人生来就爱挑硬骨头啃,越是有挑战性的事儿越能激发我的斗志。于是我陡然多了几分信心,准备大干一场。

选择放弃是创业者需要跨过的第一道坎儿。想重新开始就必须先选择放弃过去,选择放弃实际就是选择了从头再来,必须退回到一无所有的境地。放弃是智者面对生活的明智选择。舍得、舍得,不舍不得,大舍大得。只有懂得大舍的人才能有大得。适时的放弃,会将你推向下一个辉煌。

我毅然离开了工作20多年的岗位,踏上了前途未卜的创业之路。

当我和医药局的领导来到工厂时,已经是上午10点多钟了。厂办公室里坐了一圈人,手上哗哗啦啦,嘴里吵吵嚷嚷,正在打麻将。几个人见到我这个新厂长来都愣住了,一时不知道说什么好,有机灵一点的马上起身相让,请我坐上来玩几圈。我没有多说什么,只说了一句话:"把麻将收起来,通知所有的人,马上召开全厂大会。"

一直到了下午,人才陆陆续续地到齐了。

整个工厂总共五六十人,干部将近40人。因为它是医药研究所下设的药厂,所以很多人都是市里、局里一些官员的亲属。7个多月工资没有发了,全厂职工就如同一盘散沙。有能耐的自个找事儿做,没能耐的就在家里待着。

面对这五六十双既疑虑又期待的眼睛,我开始讲话:"大家都在这个厂子干了很长的时间,对这个厂从兴到衰的过程比我清楚。我知道大家有7个月没拿到工资了,厂子还欠外债400多万元,而这个厂的资产只有20多万元,是一个资不抵债的企业。医药局的领导很关心大家,希望这个厂能够尽快扭亏为盈,让大家有工资发、有饭吃。"

这五六十人都静静地望着我。

"领导派我来,就是要我完成这个任务。我是外行,但大家都是内行。我来就是要依靠大家,把大家的积极性调动起来,我们这个厂子就一定能搞好。我在会上跟大家交交底,别看我是承包,既然来了,我就是要和大家一起干到底了。"

尽管我说得很慷慨激昂,却没有换来预期的反响。工人们只是静静地望着我,没有掌声,也没人喝彩。

这种近乎麻木的反应,多少有些出乎我的意料,但也在我的承受范围内。估计他们都在想:"就你一个交通警察能有什么本事?局领导估计是病急乱投医。"

我理解他们的心思,他们觉得我一个小警察不可能扭转乾坤。然而什么叫不可能呢,"不可能"3个字只出现在不自信的人的字典里,我要用自己的行动告诉他们,一切都有可能。所以,当时的情况反倒激起了我更多的斗志。

我接着对大伙说:"你们要是能够离开这个地方,早就走了。既然走不了,就在这里好好干。我们不找市长,而找市场,按照市场规律来运作企业,大家拧成一股绳,准能行!我死也要死在这条奋斗的路上,我肯定跟大家一起干到底。要想让企业产生效益,光靠我一个人是不行的,需要大家一起努力。我有一点要求,要是我的决策是正确的,希望大家听我的,谁要是不听,也是不行的。"

接着我宣布了几条纪律,厂部、车间工作时间一律不允许打麻将,每个人上岗都要签到,无故旷工、迟到、早退,要给纪律处分。

不论与会的人对这一席话有多少不同的理解和认识,有一种感觉是相同的,那就是惊愕和震撼,也许是我的决心震撼了大家。

当时的我就如同大石头下拱出的小苗,承受着巨大的压力,也涌动着无穷的战斗力。

一番言语稳定了人心,想共同把企业救活的人们留了下来,开始了艰难创业的日子。

今天看来,我的体会就是:痛苦其实并不可怕,可怕的是我们在突如其来的困境和挫折面前不知所措。一家企业,看似困难重重,其实机会无穷。我们可以从低处做起,只要不违背规律,只要全力以赴,就一定能干成。

三　领导就要当前锋

"夫为将之道,军井未汲,将不言渴;军食未熟,将不言饥;军火未然,将不言寒;军幕未施,将不言困;夏不操扇,雨不张盖,与众同也。"我一直把诸葛亮在《将苑》里说的这段话作为带队伍、搞管理的重要思想。带队伍带的是人心,做市场经营的是人心。人心在哪边,胜利就在哪边。人心定,大局定;大局定,天下定。

有一则哲理故事是这样说的:

一位父亲和他7岁大的儿子在整理花园,他们遇到了一块埋在土中的大石头。父亲要孩子将大石头移开。

孩子推了半天,用尽了全身的力气,小脸憋得通红,石头仍然不动。孩子告诉父亲他办不到,父亲在一旁看得很清楚,但冷冷地说:"你要调动你所能调动的一切力量。"

孩子在大石头旁边挖了个洞,找来一根木头插进洞中,把另一块小石头垫在底下,使劲地往上撬,但大石头仍然纹丝不动。显而易见,以他的力气是不能够搬动大石头的。孩子喘着气,颓然坐下。

父亲和蔼地走到他身边,问道:"你确定你真的用尽所有力量了吗?"孩子说:"当然了。"

这时父亲温柔地拉起孩子的小手说:"不,儿子,你没有。我就在你旁边,可你没有向我求援。"

是的,孤胆英雄只有电视剧里才会出现,要搬动挡在路上的巨石就要选择与别人齐心协力。

要想让企业产生效益,光有宏图大志是不行的,光靠一个人忙也是不行的,要发动所有的人一起使劲才有希望。

一切伟大的行动和思想,都有一个微不足道的开始。我要求工人们从第二天起按时上班,和他们一起动手清理车间、调试机器、准备开工生产。

无论是治国,还是做企业,"上行"的力量是巨大的,只有"上行"了,才会有"下效"。

我第一个拿起了扫把,工人们见我动手了,也待不住了,纷纷拿起工具,清理垃圾。虽然在他们心里对我的许诺还不敢相信,但是在行动上毕竟不再落后。我要的就是这种效果,这是一个好的开始,接下来的事就好办了。

厂里的房子都是几十年前的老旧平房,房顶被风雨打得坑坑洼洼的,一下雨就从瓦缝里往下漏雨。每到这个时候,工人就先用盆子接,准备天晴了再修理。可是天一晴,漏雨的事就被忘到脑后了。这已经是厂里工人们的惯性思维了。

这种惰性是我无法容忍的。它一旦根深蒂固,人们就会得过且过、不思进取,更别谈创新了。那样,企业也就根本不会有明天。企业要想告别过去、迎得新生,就得让每一个人都摒弃这种惰性。

我绝不能让这种惰性再继续下去。

就在车间里的人忙着接雨的时候,我已经带着人冒雨上了房顶,揭开房瓦,铺上油毡纸,再把房瓦铺好,足足忙活了半个多小时,下来的时候已成了"落汤鸡"。

不管厂子大小,好歹是个"一把手",我有权力下个命令,让别人上房。可我没有这样做,而是自己先上去了。这件事在工人们心里无疑产生了震撼,也让不少干部感到汗颜。

厂里的垃圾、废弃物拉出满满 10 多车。车来了,我和工人们一起装车;车走了,我和工人们一起清扫;我身上流的汗、滚的泥,一点不比工人们少。

我进厂后的一举一动,工人们都看在眼里,谁不盼着企业活起来,自己好有碗饭吃?看到新来的厂长这样卖力气,谁还有脸再混下去?

几天之后,院子干净了,车间干净了;再几天之后,机器的转动声响起来了,工人们开始工作了。

领导好当,也不好当。领导就是吃苦的人,凡事要带头去做,身先士卒,才能领导他人。用我们今天修正推崇的理念来说就是,轻财足以聚人,律己足以服人,量宽足以得人,身先足以率人。

通过几天的观察,我对工厂有了大体的了解,摆在眼前的主要是这些问题——

厂里干部太多,一定要砍,但是砍多少?如何取舍?

从银行可以贷款 50 万元,是全贷还是只贷一部分?贷来的钱干什么用?

启动生产之后,具体该怎么做?选择生产什么产品?

要考虑的事情太多了,像钉子一样刺痛我的大脑,又像千万个小兵在我脑子里踢正步。

勇气和决心我有,但我也曾不止一次地问过自己,是不是真的有胆子来接这个烂摊子?要是一无所获怎么办?要是得不偿失怎么办?要是彻底毁了这个企业怎么办?这不是我一个人的事,而是关系到五六十人生存的大事。一旦那样的话,我该怎么面对我的工人?怎么面对我的亲人朋友?怎么面对交警队?

其实按当时的环境来说,这些顾虑都是多余的。那时干部下海都有一定的保障。即使呛一两口水,也不用担心回不到岸上来。到企业工作的机关干部,在原单位中的级别、编制、工资、职称评聘等方面都不会因为下海而受到任何影响。实在干不好,还可以借着"3 年内保留级别与待遇"的优惠政策,重返机关。

在机关待了那么多年，我当然深知这其中的潜规则，我也可以和那些人一样，捞一把就走，即使捞不到什么也不会损失什么，大不了回支队当交警去。但是我不想那样做，那样做对不起我自己的良心，对不起药厂的那几十名工人，更对不起国家和社会。那样的话我就成了一个彻头彻尾的失败者。

尽管心中闪过种种失败的可能，但也构思着种种成功的可能。在一次次失眠中，理出了一条条思路——

用现有的资源生产能和市场对得上号的产品，用成本价销售积压的库存。

经过反复核算，重新启动生产30万元已经足够，那就减少20万元贷款。

原厂长王怀玉仍有干劲，就是思路较少，我觉得他毕竟做了多年的厂长，在某些方面的经验比我足，我肯定有需要他指导的地方。还有主管技术的副厂长老何，他也不能走。厂里的行政人员过多，但是按照当时的机制，他们都是事业编制，不能随便开掉，那就得想出办法让适合的留下来，让不适合的自己走人。

我选择了让他们走进市场去销售产品和清欠账款的办法。全厂40多名干部，除了领导班子5人、化验室3人、财务3人以及兼司机、保卫和人力于一身的1人以外，其他人全都出去清欠账款。我给所有外出清欠账款的人开了1个月的工资，买了单程车票。收回欠款来，他们就可以用回款买票回来，我还给他们提成——本市提成为20％，省内提成为30％，省外提成为50％；收不回欠款来，返程车票就得他们自己掏腰包；收不回欠款又没有合适说法的，视为自动离职。我给他们开了个会，把政策讲透，做好会议记录，并形成文件存档。

一家正常的企业不但需要人性化的管理，还要有制度的约束。这是荀子在几千年前就提出的"礼法并用"的思想，先贤的思想穿越时空仍放射出智慧的光芒。

事实上,当时很多人领了工资后压根就没出去清欠,而是自动离职、另谋出路了。最终,只有两个人回来了:一个没有要回来钱,拿着对方付款凭证的复印件回来了,因为对方根本不欠钱,而是药厂当年的销售人员并没有把收到的钱交给药厂;另一个人要回了 8000 元,我兑现诺言,给他的提成就有 4000 元。

我把这两个人留了下来,班子成员基本上还是原来那几个人。一直到 1997 年,包括财务在内的班子都是原来的。我相信只要我真诚地对待他们,他们就能以努力来回报我。这一点我深信不疑。

在现今的修正企业文化里,有一条理念就是:做事要深一步、再深一步;对人要宽一度、再宽一度。海纳百川,有容乃大。对人,我选择宽容,有容人之量才能容天下,容人亦被人容,这样才能做到人和而不断扩大,才能形成核心力量而不断扩展,事业才能长久兴旺。

我们东北人从来就不缺干劲,缺的只是观念变革。我在那段时间里重点做他们的思想工作,要他们转变思维,主动进取。

我们厂的干部和工人本身就欠缺商品经济意识和科学管理理念。要想救活这个厂子,就得大跨度构想、深层次挖掘、超常规运作。但我知道一定要有度。

我提出一个口号:要不断地启动解放思想、更新观念的总开关。把它制作成条幅悬挂在厂子最明显之处。那段时间我们一周开一次会,就是不断洗脑,树立商品经济意识。

很快,生产恢复了正常,厂里人全都忙了起来。

我把所有机关干部(包括我自己)的工资调到了 200 元,工资向一线工人倾斜。产品是由工人生产的,工资的倾斜就是为了激励一线工人,使他们有更大的积极性,生产出更好的产品。工人的工资提高了,看似增加了成本,但他们的积极性上来了,工作效率大幅提高,残次品减少了,实际成本却降低了。并且我承诺，从我接手起，无论如何也要按时给大家发工资。到了快发工资的日子，还没有卖出过一件产品，用什么给工人发工资呢？我把希望寄托在了银行贷款上。

银行本来同意贷款 50 万元，我自己缩减到 30 万元，本以为这是板上钉钉的事了。可是，到了要取钱的时候，银行又变了卦，说我根本不懂医药行业，贷了款肯定还不上，银行不能冒这个险。要贷款必须要有担保，而原先医药局允诺的用下属企业担保的事儿也是东推西推，成了泡影。

这是一次信任危机，也是我有生之年受到的最大一次打击。

子曰"主忠信"，做人就是应讲求"忠信"两字，无信则不立。这件事无疑会让全厂工人都知道一个事实——银行不信任我修涞贵。贷不出款，直接影响了我在工人心目中的信任度，那就是我说的话不一定能兑现。如果连按时发工资的承诺都兑现不了，还谈什么复兴整个工厂？

银行的"撤兵"让我又急又气，却又无计可施。人家说得也有道理，我确实不懂制药，不贷给我，理由很充足。这件事不光会影响我在工人心目中的信任度，还打碎了我复兴工厂的全盘计划。这件事实实在在变成了横在我面前的一道坎儿。

在这种时候，人是最容易动摇的，如果我的意志再薄弱一点，可能真就双手一摊，借这个台阶走人了。可如果这样，我又和银行的"言而无信"有何区别呢？

人生在世，成功都是有理由的，失败都是有原因的。敢于面对才敢于挑战，敢于挑战才可能有所收获。

我在心里下定决心：贷款不要也罢，我靠我自己。

下定了这个决心，我就回家和妻子商量拿钱，前两次的下海从商使我有了一定的积蓄。但在那个年代，在我们那儿还没有谁从家里掏钱给工人发工资的事。妻子还是什么都没有说，默默地把钱递给了我。

我把 5 万元钱交给会计，给大家开了支。我没有拿第一个月的工资。

这件事在干部和工人中间产生了不小的反响。有人说我太"傻帽"了，大家都知道，厂里没卖出一件货，不开支工资也在情理之中，何必自掏腰包。说我傻的有，但更多的人还是从这件事情里看到了我的为人。

"他不是搂钱来了，要不，为什么自掏腰包给大伙开支工资？"

"就是嘛，搞不好，一拍屁股就可以走，何必这么认真？"

"看来，这个新厂长的心眼儿还挺正，说话算数。"

"心眼儿正"是一个极为朴素的评价，有了这个评价，也就有了威信和声望，也就说明我已经赢得了职工的信任，我的话开始有了分量和力度。

一潭沉寂的死水被搅活了，随之沸腾起来，席卷到工厂的各个角落，车间的每台机器都转动起来了。那机器的叫声尖锐刺耳，又蕴涵着无限的生机和希望。

这个坎儿就这样过去了，厂子全面运转起来。

后来，有许多人问我：1995年，接手的是一个负债累累的药厂，最初的资金问题是如何解决的？其实刚开始需要的资金并不是太多，我本着这么一个原则——低投入，高产出，滚动式发展。当时另外一家银行看到我们运转起来了，看到了希望，就主动找上门来，给了50万元的贷款额度。我反复测算了一下，最后贷了35万元。虽然当时工厂还不赚钱，但我仍然坚信自己的判断，于是开始投入自己的钱，除了那次工资开支的5万元，后来一共又拿了三次：第一次10万元，第二次50万元，第三次100万元。就这样，厂子逐渐滚动了起来。

"诚信经营，有诺必践"，这是我从一开始做企业就坚持的理念，我要求企业各级员工在经营活动中，必须诚信经营。在日常生活、工作中，要保持良好的形象，注重自身的修养，不得对外乱承诺，一经发现，追究直接责任人的责任。我们倡导"良心药、放心药、管用的药"的理念，于内而言是对我们自己的严格要求，于外而言是对患者的庄严承诺。

四　逆袭在原点

> 《诗经·大雅》中说："投我以桃，报之以李。"这是对舍与得非常到位的辩证认识。所谓"投桃"，就是给别人以利益。所谓"报李"，就是自己也得利益。办企业是要"得"的，要得到利益、得到信誉、得到发展、得到强大。但是"将欲取之，必先予之"，"得"和"舍"是同一事物的两个方面，有"舍"才能有"得"。大舍大得，小舍小得，不舍不得。

1995 年，那一年国家紧缩银根，经济急速滑坡，卖方市场大于买方市场，许多大型企业纷纷倒闭，下岗工人剧增。残酷的市场状况让厂里许多人失去了信心。

尽管如此，但我认为，只想着眼前困难的人多是不自信的人，自信的人想的更多的是以后的发展。眼前有困难的不止我们一家，就看谁能坚持住，这坚持已不单单关乎我的梦想，更关乎那么多人的生存、那么多工人的信任。为了这个厂，为了让工人们能吃上饭，我决定全力一搏。努力地过好今天，明天才会更美。我那时树立了"生存第一，发展第二"的经营理念。

生产恢复了，可是单靠过去的治疗头疼脑热的老品种过日子，就算卖得出去，也挣不了几个钱，弄不好连本钱都赚不回来，大伙还得饿肚子。

企业要想有活路，就得占有一定程度的市场份额。要想占得市场份额，就得靠品牌说话。而打造出知名的品牌，至少要有两个武器：第一个是新产品的开发，第二个是营销策略。

开发新品种，周期很长，又需要很多资金。当时厂子根本没有这份资金，远水解不了近渴。我们当时最迫切的就是活下来，尽快扭亏为盈。

重新开始生产的医工所制药厂一共有 6 个品种,都是普药。经过几次研究,大家一致认定,只有天麻丸可以启动生产。天麻丸是我们小药厂生产多年的老品种,疗效确切,工艺简单,属于销量比较大的产品。

通过对市场的调研,成本 2 元左右的天麻丸,在市场上的价格只卖到 1.7～1.8 元。有人告诉我,现在市场上卖的天麻丸里面都没有天麻,因为天麻太贵了,放了就亏本,低价的天麻丸都是偷工减料做出来的。我买回一些其他厂生产的天麻丸一化验,果然如此。

我非常气愤,这还是制药吗? 这是欺骗,是谋财害命。

想起父母得病时,我到处找药的那份急切心情,那是我一生中最痛苦、最无力的时刻。推己及人,我发誓一生不制假药,决不违背自己的良心。

母亲常说:"良心不好的人,不能当医生。心术不端的人,不能卖药。"如今母亲一定在天上用期盼的目光看着我。

良心是一个人之所以为人的基本标准,没有了良心的人与禽兽何异? 药是用来治病救命的,若是没有了质量来支撑,就是毒药。

利聚以时,德聚以世。万事德为先,做事先做人,品德才是最好的品牌。企业只要生产出消费者需要的货真价实、可以治病的药品,就不怕找不到市场!

于是,在全厂职工大会上,我郑重地告诉大家:我们要生产天麻丸,但不能生产没有天麻的天麻丸,必须真材实料。

工人们听了先是一愣,接着纷纷提出意见。有人算了一笔账:天麻,市场上有三种价,分别是每公斤 70 元、80 元、110 元。天麻丸只能卖到 1.7～1.8 元。如果加进 80 元/公斤的天麻,每盒至少得卖到 2.5 元,那就没人买了。我们加了天麻,要是还卖 1.7 元或 1.8 元的话,就得赔钱。

我明白工人们的心意,他们也不是不想做好药,关键是怕产品价格提上去,消费者不认同。但我仍坚持我的意见:"我不担心,市场上不是缺钱,而是缺好药。只要我们的产品质量绝对过硬,就不愁卖不出去,就不愁提不起价钱。"我果断地进了 110 元/公斤的天麻。

为了和这些伪劣产品竞争,同时创出自己的品牌,我们坚决保证药品质量,同时运用价格策略占领市场。

经销商看重的是价钱,而老百姓需要的却是疗效。药品最终是要通过渠道(经销商)才能到达患者手中的,为了和同类产品竞争,争取天麻丸的上架机会,我们一开始以低于市场 0.05 元的价格供货,这样天麻丸很快占领了市场。又因为极佳的药效得到了患者的全面认可,医工所的天麻丸很快在广大用户中声名鹊起。

思路不同,看问题的角度不同,最终导致解决问题会有截然不同的出路。对领导者来说,他的思路不仅决定着自己一个人的前程,更决定着组织的出路和存亡。一旦他认为自己不可能做到,那么他心底便已列出成千上万条做不到的理由。可是只要相信自己确有这种能力,由心底发出坚定的信念,那么这种信念便会发挥意想不到的作用。

我们的第一批货很快销售一空,接着第二批、第三批货相继出库。

在卖到近 1000 件时,凭借天麻丸货真价实的良好口碑,我们厂所生产的红盒天麻丸开始供不应求。

经销商的车子开始在厂里排起了长队,以前我们的门槛几乎被要债的人踏破,现在是被订货的、等货的人堵得水泄不通。要求发货的订单一份接着一份,工人们每天都忙得陀螺似地高速运转。我觉得提价的时机成熟了。药品和其他商品不一样,消费者看中的是疗效,企业只要生产出消费者需要的货真价实的产品,就不怕找不到市场。要先舍而后得,不舍就没有得。先用低价占领了市场份额,成为市场的领导者,之后自然而然就有了话语权,就可以调整市场价格,找到利润空间。

天麻丸的价格一路攀升,1.85 元、1.9 元、2 元……卖到 2 万件的时候,我就提到 2.8 元了,那是当年天麻丸在全国的最高价格。但是并没有降低人们购买的欲望,产品依然常常脱销,因为我们的天麻丸是市场上最有疗效的。我们昼夜不停,三班倒,可还是供应不上。没办法,就找别的药厂委托加工。这样一来,我们按时完成了任务,兄弟厂也能分到一部分利益,增加了效益。

在我的意识里,时间已经不是时针、分针的转动或太阳的起落,而是一些其他的信号——早晨工厂大门拉开的声音,车间里机器开动起来的声音,办公室订货商的电话铃声,发货车辆来去的鸣笛声,夜晚加班时透出的明亮灯光……它们像大地上跳动的音符,伴随着我们的生命,谱奏着我们的梦想。

很快,飘落的秋叶变成飞舞的白雪,转眼到了1995年底。

经过核算,财务亏损已经全部填平,425万元的外债全部还清,还补齐了从前拖欠的全部工资,除去纳税,纯利润竟有100多万元。

这个结果一宣布,工人们瞬间就欢呼起来,进而喜极而泣。在这半年的时间里,奄奄一息的药厂在我们的共同努力下,活了过来,彻底翻身了!

企业是个经济组织,首先得赚钱。赚钱的企业不一定是好企业,但不赚钱的企业一定不是好企业。

实际上,我不是用计谋卖出不好的产品,而是用智慧卖出好的产品。由亏损到赚钱是我们企业创业成长路上的第一个突破,是企业起死回生的关键。

在天麻丸的质量和价格之间存在着这样一道藩篱,是被藩篱困死,还是冲破藩篱,虽然只是一念之间,却影响着一个企业的命运。当时我悟出一个道理,一家企业看似困难重重,其实机会无穷,只要能不断修正,就一定能成功。

经营一个企业,需要资金,需要人力,需要产品,需要市场,需要很多很多,但是对于一个领导者来说,最关键的就是:有没有抓住机遇,有没有选对方向,有没有把梦想变成现实的魄力。

一个社会学家说,在我们的周围有三种人,80%的人活在过去,他们懂过去,做过去,我们称他们为"古董";有15%的人活在现在,他们知现在,做现在,在搞竞争;有 5% 的人活在未来,他们知未来,做趋势,是富翁! 我要做的就是趋势。

穷人之所以穷,是因为有三座大山压在他们头上,那就是脑袋的贫穷、观念的陈旧、不良的习惯。

其实,想成功很简单,就是要敢于抛弃旧的观念,及时更新旧的思维,改变普通人常有的生活习惯,抓住眼前一闪而过的机遇。

20 多年前,当人们对上班族投以羡慕和嫉妒的眼光的时候,有一个声音说"让一部分人先富起来",于是出现了地摊经济,又叫个体户经济。他们成了万元户,他们赢了。

当人们羡慕和嫉妒万元户的时候,又有一个声音说"胆子再大一点,步子再快一点",他们走进了股票市场,他们成了百万富翁,又赢了。

随后,再有一个声音说"不管白猫黑猫,抓住老鼠就是好猫",这些人在完成了资本积累之后,走进了房地产开发的巨大市场,很快成了千万富翁,又赢了。

当时,这些人摆地摊只用了几百元的资本,买股票只投入了几千元的本钱,开发房地产只用了几万元的投资,就成了支撑中国经济发展的一支中坚力量,并逐步改变着中国的经济结构。而在今天,你还想用几百元、几千元、几万元达到那种效果是绝对不可能了。为什么? 那是因为机遇有两个特性——时限性和唯一性,正所谓"机不可失,失不再来"。

我看准了眼前的机遇,就要把握住眼前的机遇,把这个机遇看作自己的一个梦想、一个自信、一个起点、一个奋进、一个超越。正因为我跟上了时代的脉动,领会了古圣先贤的智慧,才给了企业生存的理由、发展的希望。

五 奇迹始终与坚持为友

> "云飞月走天不动,浪打船摇道不移。"成就大事业,必须有大的格局、坚定的方向。这个格局、方向一旦确定,就要无怨无悔地去坚持、去追求。我极度钟情于理想的追求,怀抱的信念是"一息尚存,别无所好"。因为,奇迹始终与坚持为友!

　　尽管心中有梦想千篇、豪情万丈,但我没有被初战告捷冲昏头脑。我知道企业要发展,产品要畅销,必须夯实科研的基石,打造出一条有着自身特色的产业链。安全、有效、稳定、可控,才是现代企业应具备的金指标,具备了这个条件,才能在发展的大道上加速度奔跑。

　　我们的企业是靠天麻丸翻身的,天麻丸那时已经火遍全中国。但是天麻丸只是"应急丸",不是"长生丸"。天麻丸的利润太低,就算每盒能挣1元钱,每个月最多的赢利也就几十万元,靠天麻丸只能维持生存,不能帮助企业实现做大做强的目标。

　　经营之道,必须破旧立新。一种产品的产生,一个行业的形成,一个潮流的兴起,往往都是由标新立异而起。而标新立异者就是这个潮流的先锋,往往会以绝对的优势在这个潮流中获胜。我们要引进新的专利技术,给企业生产输进新的血液。但这就需要投入更多的资金和实力去竞争,我们的小药厂在这一点上还没有足够大的优势。在药厂进入良性发展之后,我把所有的事项安排好,就踏上远行的征程。根据已掌握的信息,我和几个销售员全国各地跑,推销我们的产品,并寻求新药方。坐火车的时候,我们以买硬座票为主,实在路程太远或者有年纪大的人,才买卧铺票。

每到一地,我们都选择最便宜的旅馆,虽然企业已经从破产边缘走了回来,但还远远没有资格搞奢侈,即使有条件了,也绝对不能奢侈。为了节省一个床位钱,我要求自己打地铺,业务员见了,坚决不同意,于是我们几个人轮流,每晚都有一个人打地铺。

有一次下了火车,天已经黑了,我们只好先找一个地方住下来。进了一家小旅馆一问,住宿费结算是从零点开始,如果那时就住进去,到天亮得算两天的房钱。为了省下这一宿的住宿费,我们几个就在火车站熬过了前半夜。

为了节约开支而又多接触业务单位,我常常天刚亮就出发,跑完一个地方,又赶着去另外一个地方。早餐有时要挨到下午两三点钟吃,返回住地时,常常已是深夜。

天道酬勤,经过努力,我们终于发展了几个大的业务单位,这让我们觉得之前所受的那些苦都值了。

艰苦的推销工作不但提高了我的工作能力,更磨炼了我的意志,我对人生价值开始有了更深刻的认识和更高的追求。在我前40年的人生里,经历过许多的风雨坎坷,但是在任厂长这1年多的时间里,我感悟到的东西比以往任何时候都要多,最重要的两点就是:第一,不论你从什么时候开始,重要的是开始之后就不要停止;第二,不要害怕失败,还没有哪种失败比失去自我信念更惨。所以,如果一个人想在一个领域取得成就,千万不要只做空想家,遇到困难就放弃。世界上没有什么事情是不行的,只要坚持到底,胜利永远等待着你。

在那个漫长的过程中,我的面前涌现过许多的困难,后浪推前浪。但无论是小浪还是大浪,都没能浇灭我对未来的愿景,反而激发了我征服一切的斗志。

一种新药的开发,要经过复杂的审批和多年的临床实验。同时,每年也都有一些等待进入市场的新品种。一个新品种一旦审批合格,就会有几家甚至十几家乃至上百家制药厂去抢,你出几十万元,他出几百万元,甚至上千万元……这种竞争是极为残酷的。

我多想争取到一个新药配方投入生产,可真的是心有余而力不足。当时我们药厂的经济实力根本不具备这个竞争能力,只能眼睁睁看着自己看中的几个新药配方被别人以高价抢走。

如此几次,但我没有放弃。我觉得钱并不是全部的砝码,有些专家、教授研究和发明某种配方,并不只是为了钱,多数人的真正目的是为了体现自身价值、造福人类。

这是远胜于金钱的高风亮节,也是用多少金钱也无法买到的。我理解知识分子的这种品格,他们最崇尚的是人的诚与信,金钱固然是一个砝码,但不是第一位的。看透了这一点,我决定调整战术,就以我的“诚”和“信”作为竞争资本。

肝炎是我国的高发病症,死亡率居高不下,而中药在防治乙肝方面优势明显。中药不仅能够治疗肝炎,还能保肝护肝,但是国内还没有疗效非常显著的治疗肝炎的中药品种。这是一个潜力巨大的市场,于是我将重点转移到寻找肝药新方上。

1996 年初,我听说北京有一位专门钻研肝药的资深专家,用毕生精力研究出了一种治肝良药。于是,我立即去北京登门拜访,希望老专家能够与我的药厂合作,共同开发这种新药。

我费了很大的劲才找到那位老专家,我迫切地告诉他,自己刚接手一个小制药厂,刚还完几百万元的外债。我急需开发一种新药投放市场,让这个濒临倒闭的药厂走出危机。我没有钱,不能像某些大企业那样用几十万元、几百万元来买一个配方,能掏出来的钱也许不够补偿研究经费。我唯一能够保证的就是能够按照配方,选用最好的原料来制造这些新药,从而保证研究成果得到百分之百的兑现。

老专家倒是认真地把我的话听完了,默默不语,只是礼貌地将我送出门。

我没有放弃,再一次登门,对方仍不同意合作。

我铁了心每天去拜访,与他谈医论药。每一次空手而归时,我总是在心中不断地提醒自己,今天没白来,又学到了许多医药知识,别灰心,明天一定能行。

果然,功夫不负有心人。一个月后,老专家拍着我的肩膀,感慨地说:"你可真有韧劲啊,看来你是真有大志向,就凭你的这份执着,我跟你去药厂。"

专家看中了我的"诚"和"信",将他付出多年辛苦研制出来的、已经得到批准的新药"太和圣肝",无偿地转让给了我,希望我用这个处方生产出他想要的药,以此来造福苍生。

"身不正,不足以服;言不诚,不足以动。"行为不正的人,不被人信服;言语不诚的人,不必与他共事。在市场经济的今天,诚信品质尤为珍贵。

我捧着这个凝结着老专家多年心血和智慧的配方,内心的感激无以言表,激动得有些哽咽,我真诚地说:"大恩不言谢,我用你的药方去救病人、救工厂,将来一定报答您。"老人摇头笑了。是啊,一个胸怀宽广的智者需要的岂是这些!

"诚"和"信"是我最大的本钱,也是我的企业能够翻身的最大本钱。

几个月后,"太和圣肝"胶囊终于批量生产了。手里捧着那一个个小药丸,我的心如熊熊的篝火,如奔腾的江水,承诺的话语回荡在耳边。

"太和圣肝"胶囊一推出,当年就实现产值3700万元。1997年,销售额突破了1亿元。

雨果曾经说过,信心只是第二动力,意志才是第一动力。

我的心得是,有了机会要上,没有机会,制造机会也要上;有了条件要去竞争,没有条件,寻找条件也要去竞争。

六　人和更重要

中国文化的关键词之一就是"和","和"既是动词,表达了相处的美好愿望;也是名词,表述了相处的最佳状态。《论语·子路》上说,"君子和而不同,小人同而不和"。君子靠什么"和"? 靠的是共同认可的道德、责任、操守。和则合,合则利,利则无坚不摧、无难不克。成大事,要靠天时、地利、人和。

天时,就是党的改革开放政策。凡是通化的制药企业,没有哪一家不是沐浴在改革开放的阳光雨露中,从土地使用到银行贷款,从缴纳税收到政策支持,一应俱全。生而逢时不是人的意志所能左右的,我是幸运的。

地利,就是我所处的长白山这个中药材的大宝库。长白山是我国三大野生动植物资源宝库之一,地域辽阔,资源丰富。野生名贵药材有人参、党参、细辛、木通、贝母、黄芪、五味子、天麻、瑞香、杜香、东北刺人参、草丛蓉等 670 余种。在通化的土地上,长得最旺的植物是人参,长得最壮的动物是梅花鹿。关东人家的三件宝——人参、貂皮和鹿茸角,都产自这里。

我之所以敢于向医药专家们承诺做疗效最好的药品,就是依托长白山上的千百种药材。有了这些本地资源,就可以降低生产成本,保证产品质量,满足患者需求。这是这一片灵山秀水给予通化所有制药企业的恩赐。

天时、地利都有了,剩下的法宝就是人和。我们都熟悉中国的那句古话,"得民心者得天下"。

第一批"太和圣肝"出厂了,我跟着送药的车一块去销售。我和业务员把药一件件装到车上,到了药店,我再和业务员一起把药卸下来。只要我不张口说话,没有人知道我是领导,只要他们不叫我厂长,没有人我是一把手。

有一次在长春,我骑着"倒骑驴"(东北独有的一种交通工具)给一个药店送药。走到半路的时候,好好的天忽然下起雨来。我没有带伞,也没有带雨衣,我以最快的速度冲进一家商店,买了一块塑料布盖在药品箱上。到了药店,我狼狈得像只从水里捞出来的鸭子,几箱药却完好无损。药店老板见了,直夸我敬业,是个好业务员,说明天见了我的老板一定要好好表扬我一番。

过了几年,当他知道当年常常骑个"倒骑驴"挨家送药的大个子就是修正董事长的时候,他非常愕然,逢人便说:"我卖了十几年的药,进过百十个厂家的药,连供销科长都没见到几个,更不用说厂长、经理了,可修涞贵当厂长还亲自蹬车送药。就冲这一点,人家修正发展这么大,是有道理的。"

一个深冬的夜晚,我坐着运货车给销售商送药,车走在崎岖的山路上,颠簸得厉害,车上的药散了,撒落在地上。我和司机一起把药卸下来,足足忙了大半夜才把药重新装好。

司机已经累得体力不支了,其实那个时候我也不行了,浑身酸软,只要精神稍微一松懈下来,站也站不起来了。我咬紧牙,让司机坐到后边去,由我开车,翻过崎岖的山路,把药品及时地送到了客户手中。

企业是一个集体,是一个有自己发展战略的经营实体。作为这个团体的领队人,任何老板都希望公司各部门、各个人能够协调一致,共同向前。就像很多马拉着一辆车,如果这些马谁也不服谁,各朝各的方向,结果马车哪儿也去不了。

所以,我要求人和心、马和套。在厂子里,新老领导共同主大事。众所周知,新老领导在一个单位里是不好处的,弄不好就成了两驾马车,甚至三驾马车。在工作、生活中,难免有因分歧而产生的鸡毛蒜皮,这是不可避免的。但在我的工厂里,这些不良现象是不存在的。

　　原领导以为我来了,一朝天子一朝臣,可是我没有踢开他们,还对他们敬重有加,有事总是和他们商量。对此,原厂长王怀玉也颇感意外,总是对外人说:"我们的厂子今时不同往日了,这都是修涞贵的功劳。工人们发自内心地佩服他,我更佩服他,我佩服他不仅是因为他救活了厂子,还感激他对我们两个老家伙的态度。我以为他来了,一切都得重新开始,我们两个就得回家抱孙子了,可是他没有踢开我们,还对我们敬重有加,有事总忘不了跟我们商量。现在,老何管生产、管质量,我管行政、管原料,一天到晚忙得不可开交,可是心里高兴、痛快。"老何的话更是干脆,拍着我的肩膀说:"跟着你干,再累也乐意,只要你不撵我走,我跟定你了。"

　　这就是办企业最需要的"人和"。新老领导要这样,新老人才也要这样,工人和干部要拧成一股绳。

　　人心总是相通的。人与人之间互相宽容,就会形成一个团结的集体。企业领导者与员工之间的沟通,是形成信赖关系的关键,也是维持员工和睦的关键,这些都将主宰企业在市场中的命运。

　　"和"就是和谐、和睦、和平、和顺、人和、谦和、家和、和气生财、和衷共济。在修正,"和"就是团结,就是希望,就是力量,就是胜利。只有内和,才有外顺;只有内和,才有外强。

第三章

借鉴·创新·超越——由外而内需要极大的勇气

企业之"道",永远是"软"的管"硬"的、"圆"的管"方"的。道,就是规律。我们要按规律办事。

我们能够持续发展的重要原因之一,就是我们站得高,立意高远。

修正所有的制度都是由下而上,取之于民、取用之于民、适之于民。制度能定准的就定,定不准的就不定,等到能定准的时候再定;制度能执行的就定,执行不了的就不执行,等到可以执行的时候再执行。

一　破茧而出的康威

> 《庄子·逍遥游》里写道:"北冥有鱼,其名为鲲。鲲之大,不知其几千里也。化而为鸟,其名为鹏。鹏之背,不知其几千里也。怒而飞,其翼若垂天之云。"大鹏是我最喜欢的一种鸟,因为它寄托了我的理想。"大鹏一日同风起,扶摇直上九万里。"这是我最喜欢的两句诗,更是我向往的境界。当我们企业的标识被设计为大鹏时,我深信,冲天而起、翱于九天的那一刻就要来了。

在商海航行,要用望远镜瞭望社会趋势,用显微镜观察市场,用放大镜寻找机会。

正如彼得·德鲁克所说:"管理者如果不能有意识地去觉察外部世界,则组织内部的事物必将蒙蔽他们,使他们看不见真正的现实。"

一般的企业经营者往往十分看重眼前的利益,并尽一切可能以最快速度、最大限度谋求利润。因此,他们常常注重"术"的应用,讲究权谋路数。而真正的企业家往往更有眼光和谋略,并且懂得为长远利益放弃眼前利益。企业家本应"重道而不重术",讲求按照企业发展规律做事。

对于企业发展来说,不仅要洞悉市场趋势,更重要的是面对这种市场趋势应该有什么样的内部调整,这才是一个企业的成败关键。

1996年企业复活之后,我们的发展战略就是狠抓产品质量,开发新产品,扩大产品销路,提高企业知名度。

随着规模的扩大、经营方式的转变,原来的体制已经不适合企业的发展需求了。

1996 年初秋,药厂改制成股份有限公司。改制时,由于药厂的经营状况刚刚有所好转,员工们处于观望阶段,认为仅仅 1 年还不能说明问题,都不愿掏钱认购股份。机会对每一个人来说都是平等的,但并不是每个人都能抓住或者愿意抓住机会。别人不认购,我来认购。就这样,我多方筹资认购了所有的股份,并拿出一部分股份(4%左右)赠予了那些对企业有重大贡献的人。

更名改制的时候,全厂的人都开动脑筋想厂名。面对"宏运""吉祥""广发"等 100 多个喻义平安、发展的名字,我始终没有找到感觉,拿不定主意,我希望找到一个有自己特色的名字。

我的第一个想法就是叫"修正",因为当时我已经有了很深的修正情结,意识到了修正在人类生活中的巨大作用。人类进化的历史本身就是一部修正史,真理与谬误永远并存。适时、准确、恰到好处的修正,是人和企业走向成功最重要的力量。

这个名字一直在我心中萦绕,但我本身就姓修,我儿子叫"修正",如果我把企业的名字改作"修正",员工会不会以为我要搞家族企业?企业刚刚有好势头,这样一来势必会影响团队的凝聚力。权衡再三,我虽心有不甘,但也只好暂时放弃了"修正"这个名字。

1996 年 12 月,改名正式提上日程。那时全国上下正在为庆贺香港回归做准备,全国人民都很兴奋,我们还特意资助圆明园建了一个鼎。当时,我题的词是"康威是中国人民的需要",意思是中国人若想永不挨打,就一定要健康威猛。

当企业欲改名为"修正"的想法暂时搁下后,我的脑子里就蹦出"康威"这个词。因为我们是做医药健康产业的,目的就是要使国人健康威猛,希望通过我们的努力真正达到"修元正本,造福苍生"的愿景。

于是,康威药业诞生了。康威制药股份有限公司在地方工商行政管理局顺利注册。至于产品商标的名字,我没太在意,用了大多数股东和员工喜欢的"红利牌"。岂料就是我的这个疏忽，让康威付出了巨大的代价。当然，这是后话了。

一个成功的企业需要一种文化的支撑和一种精神的引领，否则就是一盘散沙，毫无战斗力可言。康威人赋予"康威精神"8 个字——敬业报国，追求卓越，"康威作风"也是 8 个字——迅速反应，马上行动。

企业的标志设计也让我们大费脑筋。碰巧这个时候大哥修涞荣从外地回来了，大哥自幼就喜舞文弄墨，一直为我们所敬重。他思索良久后，对我说："咱们中国人起名字一要图吉利，二要表示对未来的希望，三要有士气。设计标志也是如此。"

他这一句话启发了我，那就用斧子吧。在我们东北农村，"斧"和"福"同音，新娘子嫁进婆家，首先要在炕上坐福，就是在炕中央放着两床红绿被子，被子夹层里放着一把乌黑锃亮的新斧子，每个新娘子都得坐上去，这样才有福气。有了福气，才能和和美美。斧子自古也是宅中避邪之物，我不迷信，但却欣赏它所象征的正气。

于是我选定两把并立的斧子作为我们企业的标志，一把斧子劈山开路，创新求变；一把斧子砍向人间病魔，造福苍生。这个标志既洋溢着吉祥喜庆，又有势如劈山的正气，更像一只展开双翼的大鹏，翱翔寰宇，扶摇九霄，引领着我们一起去翱翔、去飞跃。从另一个层面而言，这个标志也象征着我们的事业蓬勃发展，象征着我们企业的创新精神永无止境。

标识由红蓝两色组成。红色象征着员工们敬业的诚挚、服务的热情，代表蓬勃向上的时代精神；蓝色象征着生命，表示我们企业的胸襟像大海一样广阔、像天空一样高远。

"康威"这个名字很快在当地就家喻户晓了。

又是一年草返青，康威势如其名地壮大起来，我们相继推出了肺宁冲剂、康威双效、斯达舒等几种新药。

我们一直是凭良心做药，凭借着天麻丸和太和圣肝的疗效和口碑很快打开了市场。这些新药一投放市场就受到药商和各大药店的关注,订单纷至沓来。

医药市场很快刮起了一股"康威"旋风。我们没有花1分钱去做促销广告,产品照样供不应求。尽管我从一开始就定下了一手交钱、一手交货的销售方式,但来厂要货的批发商照样趋之若鹜。

1996年,太和圣肝和肺宁冲剂在北京的中国科技新产品、名优产品博览会上,双双获得金奖。这个金奖捧回来后,我们的产品更加畅销了。

1996年深秋,天刚冷的时候,两个年轻的药商从哈尔滨来厂里购买太和圣肝。他们要的数量虽然不多,但用现金结算,生意顺利成交。他们临走时留下一句话:"这药要是好卖,我们就长期从你们这里进货。"

10多天之后,他们果然又来了,见了我就一脸兴奋地说,上次进的货很快就销售一空了。这次他们要了更多的品种,不但有太和圣肝,还有天麻丸等10来种药品,还是当场现金结算。

下头场雪的时候,他们中的一个人又来了。这一次定了近10万元的货,大部分都是畅销品种。不过他提出了一个要求,由于现金带得不够,需要我们把药送到哈尔滨,到了那里,一手交钱、一手交货。

老客户提出这样的要求,也并不过分。我跟大家商议了一下,同意送货。毕竟这一车货价值近10万元,又是长途运货,我嘱咐送货的小陈:"第一,路上一定要小心,安全第一;第二,不交钱,不卸货。"小陈点点头,说保证完成任务。

车走了整整一夜,第二天早晨天放亮的时候到达了哈尔滨。上次没有来的那个人坐着一辆出租车,在102国道口接车,并径直把他们带到一个空车库,看样子这就是他们的药品仓库了。他们要求把药卸在这里,小陈按我的指示坚定地说:"你们把钱交了吧,钱清了就卸货。"

那人说:"钱在存折上,现在才6点多,银行得8点半才上班,这一耽误就是2个小时。我们先把货卸下来,完事之后你跟我一块到银行去提钱,一分钱也不会少你的。"

骗子若要存心骗你,设计的陷阱总是天衣无缝,唯一可以躲避的方法就是"别动",坚持你的原则别动,微微一动就掉进去了。

小陈动了,他觉得这样也合情合理。于是他们开始卸货,塞进仓库。等到所有的货都卸完的时候,才刚过8点。那人带着小陈来到附近的一家银行门口,他下了车,指着不远处的一个路边电话,对小陈说:"你先在这儿等着,我去打个电话,告诉他们一声,货到了,要付款。"

毕竟这是两个人的生意,互相打一声招呼也是应该的。小陈没有多想,坐在车里远远地看着他。

那时正是早晨上班高峰,路上车来人往,一个个身影从货车前走过,不时挡住了小陈的视线。也就是一个短暂的瞬间,等他再看电话亭的时候,发现那里已经没有人了。

人干什么去了呢?是上厕所了,还是买早餐了?小陈这样想着,便接着等,10多分钟过去了,那个人还是没有出现。小陈这才感到有点蹊跷,继而产生了不祥的预感,他叫司机马上开车赶往刚才卸货的仓库。

仓库很快找到了,门是悬着的,仓库里面空空如也!从卸货到现在也不过20多分钟的时间,怎么就变成空的了呢?是在做梦吗?他狠掐了一把大腿,这不是梦。

小陈意识到,他遇到了骗子——高明的骗子。这是一个精心设计好的骗局,一个天衣无缝的圈套。

从最初到厂里买药,他们就做足了铺垫,再到要求把药送来,把货卸到仓库里,领小陈到银行取钱,再借故打电话,让小陈在银行门口等候,另一个人把药拉走,逃之夭夭。这一环扣一环,一步跟一步,设计得何等精密、巧妙。这可是价值近10万元的药啊,这下可怎么交代?

无法交代也得交代,小陈硬着头皮给我打电话,告诉我药品被骗的经过。我立马血往上涌,觉得好像被人踹了个窝心脚。我只怪自己平时只关注厂里的防火、防盗,偏偏疏忽了防骗。这个时候责怪是没有用处的,我让小陈立刻报案。

在民警的闪电行动中,那家仓库的出租者找到了,查清了租者的姓名和地址,开始有目标地查找犯罪嫌疑人的下落和药品的去向。经过连夜侦察追击,第二天凌晨两个犯罪嫌疑人落入了法网,他们对犯罪行为供认不讳,并供出了药品的下落。

消息传到厂里,员工们一片欢呼,我也松了口气。

做企业有三怕:一怕骗,二怕拖,三怕亏。这里面的第一怕就是怕骗,被骗就等于血本无归。做企业不要怕慢,慢搞好了就是快,快搞不好就是慢。俗话说得好:不怕慢,就怕站。对企业发展来说,重要的不单是速度。

在市场经济的大潮中,企业必须认清新形势,把握大趋势,理解新规则,创造新能力,先追求生存,再图谋发展。既不能惊慌失措、急于求成,又不能无动于衷、墨守成规。结果不是一朝一夕形成的,也不会一朝一夕可改变。只有未雨绸缪、水到渠成,才会有好的结果。

企业战略的核心是"取舍",要懂得有所为、有所不为。企业的生存发展高于一切,企业的和谐共赢高于一切。

二 顺势者而为之

《孙子兵法》曰:"不谋万世者,不足谋一时;不谋全局者,不足谋一域。"
企业领导人必须要有长远的战略规划和全局观念。特别是在企业发
展的初级阶段,能否定位准、站位高,就要看一个人的定力如何、心智
如何。关键时刻,敏锐的洞察力和良好的大局观相结合,你就能抓住
战机,乘势做大。

哈尔滨的那起被骗事件,尽管后来骗子被抓到了,损失也挽回了,可这
件事在我心里却留下了一道深深的阴影。这起被骗事件让我深刻地认识
到,要防止类似事件的再次发生,必须组建自己的营销队伍。

要有自己的销售队伍,说起来容易,做起来难。要想把销售人员分布
到全国各地,每个省至少也得有百八十号人,全国合起来一算,就得有几千
人之多。古语说得好:"家有梧桐树,何愁凤不至?"就我当时那个巴掌大的
小厂、破烂的厂房,哪个愿意来? 哪个又敢来?

拥有自己专属的销售队伍,是企业做大做强的关键一步。要想迈上这
一台阶,就得硬件先到位,这个小厂房到了该淘汰的时候了。我思索再三,
决定舍弃那个租借来的小厂房,另筑新巢,在一个理想的地方新盖一个现
代化的厂房。

从我 1995 年接手工厂到 1996 年底,除去纳税,康威已经积累了 1500 万元
的纯利润。1500 万元做发展资金足够了,但要重建工厂,盖符合标准的现代
化制药厂房是远远不够的。

怎么办? 向银行贷款是一条路。现在的康威毕竟不同往日,找银行求

助是没有问题的。但款不能轻易贷,权衡再三,我最终放弃了贷款的念头。

目前有很多企业家是非常喜欢冒险的,他们愿意用借贷的方式发展自己的企业,而我在这一点上却总是量力而行。以李嘉诚为首的香港四大家族企业之所以能成功渡过1997年的亚洲金融危机,恰恰就是他们都遵守着共同的准则——量力而行。当危机到来时,银行会拒绝对企业放贷,关键时刻得不到银行的支持,还要支付先前贷款的利息,企业会雪上加霜,甚至会被拖垮。所谓"人无远虑,必有近忧",破釜沉舟固然勇气可嘉,但也是无奈之举,匹夫之勇逞不得。

我仔细地盘算着。新厂房是否建成,关键要看1997年的销售情况。如果销售顺利,产品卖得好,异地改造的钱和发展投入的钱就都有了。

想到这里,心里有了底。

有人告诉我,市区有一块地,足球场大小,挨着繁华地段,交通便利,地价也不贵。我去看了看,觉得那块地建厂房够用,可今后要发展,就得动迁民房,不划算。我把目光转向了市郊。

浑江的两岸,山峦起伏,四季如画,一条金厂河静静地流淌在群峰之间。河边有一座大山,叫元宝岭,坐落在神奇的长白山麓,掩映于青山绿水之间。这地方好!

1997年春天,新厂房的施工开始了,元宝岭的向阳坡上建起了四个大平台。第一层,办公楼和综合楼;第二、三层,厂房;第四层,库房;空闲的半面山坡作为预留地。厂房设计得不仅宽敞实用,而且美观大方。

新厂房建筑方面的事情安排妥当之后,我带着技术人员外出考察设备选购。为此,我专门请了两个专业人员来把关。对每一件设备,我都要问个仔细,功能、年限、缺点等都逐一问个明白,在价格上也是对比之后再做决定。选择性价比最高的,用最少的钱买最好的设备。

一转眼到了1997年年底,这一年的纯利润近1个亿。

1个亿,连我自己也吃了一惊。从负债425万元到赢利1亿元,简直是一个神话。而且这个数字是在一个破旧不堪的小药厂里,用最原始的方式,在不到 2 年的时间里创造的。

有人好奇地问我的生辰八字,是不是带着大富大贵。我不知道我的八字是不是不凡,我只知道事在人为,修正的今天是我和我的员工们一起打拼出来的。检验能力的标准不是口号,不是誓言,而是成果。

1998 年春节刚过,药厂乔迁。那一天,新办公大楼和生产车间都挂起了灯笼和横幅,全厂一片喜气洋洋。

企业的现代化未必就能实现企业的全面发展,企业的发展是由市场份额决定的。我当然懂得这个道理。尤其是那次被骗的教训一直提醒着我,必须组建自己的销售队伍。

我决定组建一支素质好、水平高的团队,我们最终是要向国际化标准迈进的,从现在开始就要提高队伍的专业性。我只要品行优秀、专业对口、有志气、做实事的青年,而药厂则会给他们提供一个发展的平台。

近千名新员工就这样从四面八方不同的地方踏进了元宝岭,来到新"军营"。对这批新招收进来的员工,我要求按照不同的岗位进行培训,工人要在现代化的机械设备前面实操,销售人员则去开疆辟土。

一个鲜为人知的袖珍小厂,在动迁之后迎来了她 4 岁的生日。她没有华丽的外表,却有质朴坚韧的品格;她没有骄人的业绩和显赫的声名,却为以后的惊天动地积攒着力量。

修正的发展观是与势俱进,而不仅仅是与时俱进。与时俱进是跟着时间后面跑,而与势俱进则是紧跟形势的变化,在新形势下采取新方法、新措施和新手段。对于形势发展应看清苗头性的问题,把握倾向性的问题,对规律提前掌握,进而转化为生产力。这既具有前瞻性,又具有稳妥性。所以,我们是与势俱进。

三　以退为进所需的不只是勇气

> 唐朝契此和尚是得道高僧，他身背布袋，又被称为布袋和尚。他曾写过一首禅意盎然的诗："手把青秧插满田，低头便见水中天。心地清净方为道，退步原来是向前。"

好一句"退步原来是向前"，它使我在处理企业发展的重大问题上有了深刻的启示和体味。

孔子曾说过："君子怀德，小人怀土；君子怀刑，小人怀惠。"君子和小人每天所思考的事情是不同的。君子关心的是德行，小人在乎的是产业；君子注重的是规范，小人担心的是利益。在品牌上，总有见利忘义、不劳而获的小人，他们根本不会在意产品的质量和为人的道义。

太和圣肝的成功带来了一大群"跟风者"，通化城硝烟弥漫的肝药大战因此而开始，进而引发了全国的肝药大战。同样的资源、同样的成本，许多小厂在价格上、营销上、品质上各显"神通"，搅得市场混乱不堪。

在市场经济中，如果只是进行同质化竞争，最终结果必然是拼掉了小企业的销量和大企业的赢利能力，导致整个行业利润微薄，大伤元气。

经过这次教训，我体会到，产品疗效再好，如果没有品牌，就很容易被别的企业跟进、模仿。一个企业，不仅要有好产品，还要塑造好品牌。

面对竞争日益加剧的状况，我适时调整战术，决定减少对肝药市场的投入，开始寻找一个新的拳头产品，并决定倾力打造出一个驰名品牌。我就是要找差异化的市场，生产出别人没有的产品，这个产品一定要是独家的、有知识产权的,我才能站得住脚。

傍名牌、吃名牌现象的猖獗,反映出我国大多数企业在保护品牌问题上的无助,伪名牌的存在大大减缓了好不容易才建立起的知名企业的发展速度,将那些好不容易积累起来的品牌名声吞噬殆尽。这实质上就是劣币驱逐良币。

放弃一个赚钱的产品很痛苦,很难下决心。我也觉得很不舍,但这是必须的。做大事就要往长远看,一时的不舍很可能把自己引入绝境,不舍一时哪来一世。我狠了狠心,决定舍弃太和圣肝。

同时我清醒地看到,树立良好的品牌是提高企业形象最有效的手段,对于提升一个企业的知名度大有益处,否则将很难长远地在市场竞争中站稳脚跟。

这件事给我的启示就是:做企业要有长远眼光,千万不要为眼前一时的成功或挫折所迷惑。

经济快速发展的大环境为中国企业创造了少有的历史性机遇,实现快速甚至超速成长的企业不在少数。对于优秀的企业家和优秀的企业来讲,实现快速成长似乎已经不是很难的问题,只要有足够的成长冲劲和组织资源的有利条件,短时期内就可以使企业迅速发展。但快速成长不等于可持续成长,关注成长的可持续性,实际上是一个企业家必须面对的核心课题。可持续成长是一个过程,是企业在一个较长的时期内由小变大、由弱变强的不断变革的过程。可持续发展实质上意味着企业要和谐、均衡地发展,而和谐与均衡则体现了中国传统文化的精髓思想。

太和圣肝的成功使我们进入了成长初期阶段,但那时我们还没有驾驭市场的实力,无法由卖产品上升到卖品牌。文武之道,有张有弛,选择退出,成就了我们在斯达舒品牌营销上的大业。由卖产品到卖品牌,由生产导向到营销导向,我们企业实现了成长道路上的第二个突破,由此真正进入成长阶段,企业也真正起飞了。

四 精华取自谦逊

《周易·谦卦》的注释《象传》中这样写道:"地中有山,谦。"说的是唯有大地才会长出高山,这是大地谦的缘故。

大地给企业的启示就是:一切高于我们的东西,我们都要积极去争取,拿来的前提是"低",拿来的结果是"高"。《老子》中讲道:"是以圣人后其身而身先,外其身而身存。非以其无私邪?故能成其私。"老子此处所言的"私",并非私心,而是指人的自身,"成其私"即成就人自身。老子这段话所体现出的哲理具有一种普遍的意义,无论做人还是做企业,皆可适用。企业永远不要小视竞争对手或合作伙伴,只有把自己放在一个较低的位置,才可能看到和学到可以使自己变成高山的真经。

如果我们站在山峰之巅,会出现这样的现象:无论往哪个方向走,我们都面临着走下坡路的现实。在"风光无限"的背后,等待我们的是无路可逃的下坡。这不能不说是一种悲哀。我们做企业永远不要认为自己的经营、管理或决策已经完美,自己把自己推向顶峰的结果就是跌入低谷。做企业一定要脚踏实地,才会步步登高。

对很多经验丰富的企业经营者来说,最困难的往往就是忘记——过去愈成功,忘记过去成功的经验愈难。

人类正在进入一个快速淘汰式的速度社会。当你希望尽可能地得到能够让自己更快成长和进步的方法时,首先要学会的是把自以为是的观念暂时抛开。这就是老子所主张的"致虚极,守静笃"的深刻含义。

　　人应该充满激情,但不可以膨胀。对做企业来说,就是永远不要自满,永远不要停止武装和补充自己,进步是一个永无止境的过程。对一个企业而言,昨日的成功经验也许会成为今天的失败教训。时移势异,倘若墨守成规、抱残守缺,那么离死期也就不远矣!

　　三株的失败就是一个发人深省的宝贵案例。三株是 20 世纪 90 年代最受人瞩目的企业,其产品三株口服液曾一度家喻户晓。但最后三株也毁在自己的广告宣传和技术缺失上。

　　三株所创造的奇迹,并不是年销售额从 1994 年的 1 亿元,猛增到 1996 年的 80 亿元;也不是 1993 年注册时资金仅区区 30 万元,4 年后净资产就高达 48 亿元,且资产负债率为零。三株创造的真正奇迹在于,其在中国辽阔的农村市场上的极大成功。强有力的宣传攻势让数以亿计的农民无论生了什么病,首先想到的就是服用三株口服液。

　　遍布全中国的销售网络加上强有力的媒体宣传攻势,让三株口服液一夜成名,由此带来了销售额的急速上升。从表面上看这正是企业梦寐以求的事情,但事实却不尽然。

　　1996 年 9 月,湖南省常德市 78 岁的老汉陈伯顺服用了三株口服液之后死亡,此事经 20 多家媒体报道后造成极大的社会影响。尽管官司最后三株胜诉,但名声却已无力挽回。

　　三株总裁事后进行了深刻的总结,得出了三株失败的 15 大失误。企业的飞速扩张、单一的产业结构、疯狂的营销手段、疏漏的内部管理,等等。即使不出现常德事件,三株的失败也在所难免。

　　在企业飞速发展的时候,决策者最容易犯的错误就是双眼会看不见除他以外的事物,双耳会听不见除他以外的声音。这样的一个人如何能看得远,如何能听得见,又谈何发展?

　　在营销人员培训大会上,我深刻地总结了三株留给制药企业的教训。广告可以在短期内让许多人掏钱购买你的产品,但最终长久维护企业名声的还是疗效。三株口服液作为保健品,原本可以维持它的市场地位,但一旦把它吹成医治百病的灵丹妙药,就注定了没落的结局。

营销人员对我的理论大多也表示赞成,但他们更关心的是康威推出什么样的药品?用什么样的武器向市场出击?

我要推出的拳头产品是一种治疗胃病的药品,名叫斯达舒。斯达舒胶囊是我引进数十位医药专家苦心研究的成果,是 50 年胃病治疗史上的重大突破。一般胃药往往只针对胃病的单一症状,而斯达舒胶囊对胃胀、胃酸、胃痛都有效。

我在弟兄中排位老四,有位员工把这个药品换了个谐音,称为"四大叔"。我听后哈哈一笑:"好,四大叔就四大叔。"

1997 年,斯达舒胶囊推向市场,即使我自信它的疗效是最强的后盾,但依旧不敢乐观,毕竟近 10 年来胃药市场已形成了众多的品牌。

于是,我准备在全国先设 10 个省级销售点,做开路先锋。我自己亲自招聘省级销售主管,再由省级销售主管自主招聘营销人员。

这一年的秋天,一位曾在三株任职多年的高级营销主管姚总来到通化找我,表示愿意为我扛起康威的营销大旗。

姚总用了大半个晚上向我阐述了他的营销理念,他认为,当今要抢占药品市场,广告是一个不可或缺的重型武器。不仅电视广告要铺天盖地,连各地的报纸也不能放过。只有广告随处可见,才会对消费市场起到震撼作用,才会被广大用户接受,才能打开市场的销路。

我一直饶有兴趣地听着,心里着实不敢苟同。广告什么时间打,打多大的规模,这都是需要策略的,里面有极深的学问。三株的辉煌是短暂的,失败是悲壮的,教训是深刻的。但它毕竟是在营销市场上第一个吃螃蟹的企业,仅从这一点来说,"三株药业"的名字就应当为后来人所牢记。

做企业就应该具备谦而思进的精神,从高位到低位,从低位到空位,从空位再到持续地精进。只有具备了这种思维,企业才能有快速而持续的大发展。

我将三株的失败案例铭记于心,并嘱咐自己绝不能重蹈覆辙。

许多营销人员都要求,尽快给予广告支持,尤其是中央电视台的广告支持。我一直没有明确予以答复,我知道广告的重要性,但我更认为,一个好的销售人员应当是依靠产品打开销路,一味依靠广告,只能培养懒汉。

1997年,康威药业没有打任何电视广告,几十位省级销售主管在全国各地拼了力气在推销。

孔子说过,"德不孤,必有邻"。一个人品好的人,有君子之德的人,就不会孤单,他周围一定会聚足人气,受人尊重,被人信赖。我自信是个有德之人。

一个真正有仁德、有道德光彩的人,他会先付出艰苦的努力,至于获得的结果则放在后面不予计较。这样的员工你会不放心吗?记得有位心理学家说过:"你不必管理自觉的人,如果他们的心投入了,做任何工作都会有动力。"自觉就是德啊!

五　大浪淘沙，洗尽铅华无数

《孟子·告子下》说："故天将降大任于斯人也，必先苦其心志，劳其筋骨，饿其体肤，空乏其身，行拂乱其所为，所以动心忍性，增益其所不能。人恒过，然后能改。困于心，衡于虑，而后作。"可见，做一件大事是非常难的，而做一件大事的开头是难上加难的。然而，我和员工们始终都相信：艰难的条件磨炼人，艰苦的环境成就人。

　　我决心要找到一条属于自己的特色之路，康威药业要造就的是一批以德行走天下的营销者，我们不缺"送药的"。

　　在营销人员的培训大会上，我明确地告诉大家："各位走上各自的岗位，首先要寻找客户，利用批发、零售和医疗等多种渠道，推销我们的药品。也就是说，每个市场都要靠你们自己通过努力去开发和启动，半年之内要见成效，做不到就请让贤。我要你们做的就是，销售出去一个不够知名的企业生产出的不知名产品。至于大家热切盼望的广告支持，我可以明确地告诉大家，在短期内不会有，也不应当有。因为我们要培育自己的、能在市场上经受风吹雨打的营销队伍，而不是只能送货的思想懒汉。"

　　会议结束后，我和姚总又进行了一次长时间的谈话。然而我们两个人都想说服对方接受自己的观点，最后还是无果而终。

　　1998年秋天，康威药业第一批派出的营销人员，在我坚持不打广告的前提下，怀着复杂的心情，走进了一线的营销市场。他们没有任何营销优势，没有广告推介，也没有谁知道远在通化的山沟里还有一个康威药业，更没有谁知道有一种胃药叫斯达舒。

我不动声色地观察着、等待着。1个月下来,各地都有无法适应这样艰苦工作的人溜之大吉。要求广告支持的声浪又传了过来,姚总再一次和我探讨广告支持的必要性。而我依然还是那句话:没有广告,继续坚持。

"君子和而不同。"有人格的君子讲求和谐,但绝不会盲从附和。姚总的人格我是敬佩的,他没有因为我是老总而附和。理念的对错我们姑且不谈,作为朋友,我欣赏他这种坦荡。

各地的营销队伍开始缩水。为了巩固阵地,我带着姚总等人离开通化,到各地看望大家、鼓励大家。

第一站是北京。北京的销售队伍面对销售困局,一筹莫展。我与他们开会座谈,企图说服他们接受这样的销售理念——不依靠广告,靠自身宣传去打开销路。北京的一批年轻人显然不理解我的意图,甚至怀疑来自山沟里的康威药业根本打不起广告。

从北京去武汉,我们一行三人,只买到一张下铺。我把下铺让给了一位年纪大的人,自己钻上了上铺。

在武汉的营销会上,与在北京的年轻人一股脑地要广告不同,这里让我看到了希望。很多人支持我的观点,既然要打造自己的营销队伍,就应该这样一盒一盒药卖起,只要对自己的产品有信心,总会被消费者认同。武汉的销售形势也证明了这一点,当月比上个月的销量翻了好几倍,不少"老胃病"到药店指名就要斯达舒,说明它的疗效确实很好,已经有了"回头客"。只要再干些日子,不愁打不开销路。

这种呼声让我感到欣慰,接着我来到了郑州。这里大多是从通化出来的人,有的是以前厂的老员工,他们几乎是无条件地相信我。他们觉得,既然修涞贵能把一个小厂做到今天这样的成绩,斯达舒就一定能打开销售市场。

老员工的信任与北京新人们的抱怨,让我想起子夏的一句话:"君子信而后劳其民;未信,则以为厉己也。"君子要先取得别人的信任,然后再让别人为我所用，如果没有信任，所用之人就会不理解和不认同。老员工之所以能如此支持我，是因为他们与我一同经历了康威的化茧成蝶。我们之间的情感岂是一个"信"字了得。而那些北京新人们却不曾见证过这些，让他们信任我、理解我，也许是为难他们了。

我在营销队伍中继续大浪淘沙。时间，是对每个人最好的考验。3个月过去了，还是没有任何广告支持，一部分人已经熬不住了，纷纷选择了离开，这其中包括姚总。

大浪淘沙，方显英雄本色。而能坚持到底的，才是与企业发展同甘共苦的真正勇士，才是我想与之同行的营销战士。对于离开的人，我只想说随心随缘吧！

在创业上，照抄照搬别人的经验，决策上拍脑袋，执行上蜻蜓点水，管理上虎头蛇尾，都将对我们的事业造成不可估量的损失。尤其是在创业团队的建设上，我们不要试图找到最好的人，而是要找到最适合的人。

六　"渗"者为王

> 我一直说，"做药就是做良心，做企业就是做人心，做市场就是做民心"。消费者的心在哪边，市场主权就在哪边。做企业几十年来，我一直把民心向背作为一切工作的出发点和落脚点，用人心来检视产品、策略、管理等。

1998 年的冬天来得很早，一进冬月，北方大地已是滴水成冰，严寒引起的感冒和气管炎成为多发疾病。我们适时地推出了治疗感冒的康威双效和肺宁冲剂两个新品。

此时的市场已经了过半年多的整合，营销人员大体稳定了下来，以省为单位的营销布局基本建成。斯达舒经过全体营销人员的努力，在市场上逐渐打开了局面，部分省、市的月回款额已经达到近百万元。我觉得这时用广告推动销售的时机成熟了。

人吃五谷杂粮，都要经过胃来消化，苦、辣、酸、甜都得胃来承受。胃病，俗称"心口疼"，自古以来就是多发疾病，世上有"十人九胃病"的说法。

胃药是医药市场竞争最为激烈的领域之一，在斯达舒之前，就有多种比较成熟的品牌占领了中国胃药市场的大半江山。要想分一杯羹，谈何容易？

实际上，无论竞争多么激烈，市场都是永远存在的，关键在于你的营销能力。不管是产品的特点，还是品牌的基础，要想杀出一条血路，还靠原来那种简单的营销模式肯定是行不通的。于是，一套完整的品牌塑造计划出现在我的脑海里。

斯达舒在古汉语中有"迅速舒缓"的意思,一语点出了药效。然而在正式投放市场以后,发现消费者很难记得住这个拗口的名字。斯达舒首先要解决知名度的问题,必须让消费者先记住这个名字。当时很多创意公司给我们设计广告,我们都不满意。他们当中并不缺乏有创意的广告,但对我们而言,最好的广告是能够带来销售额的广告。

经过反复斟酌、论证,最后我们选定了这样的广告:在紧张的节奏下,一位年轻的母亲焦急地翻着抽屉,丈夫的胃病又犯了,找不到胃药,年轻的母亲急忙让儿子去找斯达舒,结果儿子却找来了四大叔,还好妈妈最后找到了真正的斯达舒胶囊。

自 1999 年上市,我们用了近 1 年的时间,利用"斯达舒"和"四大叔"的谐音,在电视广告里反复强调这 3 个字。我们当时花了 300 多万元的广告费,就为了让人们记住"斯达舒"这个名字,并且直接带动了销售额的增长。斯达舒以"四大叔"的形象,在二、三级市场很受欢迎,不少消费者认为这个广告很幽默、很好玩。然而,许多大城市里的人却不认可,甚至认为有些恶俗。但不管怎样,这个广告协助斯达舒从年销售额几千万元很快成长到了年销售额超 8 亿元。

在斯达舒打出知名度之后,我在 2001 年将斯达舒的广告诉求修正为"胃痛、胃酸、胃胀,请用斯达舒"。

我的策略是直指胃病的几个常见症状,而不像有的厂家要让消费者分清自己的病是胃寒还是胃热。对病理的判断是医生的事,消费者通常只会依据自己的病症来服药。归纳起来,不论是十二指肠溃疡还是急慢性胃炎,症状都是酸、痛、胀。经过缜密的思考以及和广告制作商深入讨论之后,最终确定了广告语直接针对胃病的三大症状——酸、痛、胀。在人们的印象中,"四大叔"版已经家喻户晓了,现在又推出"症状篇",带来了两个广告的心理重叠效应:当人们感觉自己"胃痛、胃酸、胃胀"时,下意识就想到了"四大叔"。

简单明确的诉求带来了天文数字的销售额,斯达舒迅速跃居国内胃肠药销售排名第一。

到了 2002 年,我们又把斯达舒的广告修正为"胃,你好吗?",开始了品牌传播沟通的过程。从战略上来说,就是从大众印象、到功效诉求、再到深度沟通的完整传播策略。

生活中,每一个人都希望自己一生平安,希望得到他人的祝福,此乃人之常情。我们紧紧抓住了人们的渴望意识,将自身产品斯达舒的功效、治疗对象,升华为"胃(喂)! 你好吗?"的亲情化诉求理念,巧妙地将产品和企业形象融入亲情之中。

尽管画面在变换,却只有"胃(喂)! 你好吗?"这一个相同的声音反复出现,轻叩消费者的心弦,使目标受众在观赏广告画面的同时,得到了亲情化的心理寄托,从而在内心深处产生共鸣,强化受众的记忆,同时取得了整合传播诉求的效果。

其实,每一个人都渴望被爱,当我们可以给予别人爱的关怀时,请不要吝啬。

画面最后,一位历经沧桑的中年男子的一声充满磁性的声音——"胃(喂)! 你好吗? 斯达舒,关心就在身边,修正药业!"——在山野间反复回荡。一声久别重逢的问候,一道温暖心脉的呼唤,一缕万千牵挂的情怀,充分展示了个性化的人文关怀,诉求清新、凝练、简约、得体,使受众耳目一新,百看不烦。

在对产品斯达舒的诉求中,我们将产品形象诉求和企业形象诉求结合为一体,在全面推广产品形象的同时,没有忘记企业形象的广泛树立。

当然,检验药品优劣的最终评价权,是掌握在消费者手里的。许多人反映,斯达舒不论是治疗急慢性胃炎还是治疗胃溃疡,疗效都十分显著。

那时候,秦池以标王而闻名全国,但因渠道不畅,许多地方买不到秦池产品,导致假货泛滥,冲击了正常的销售。秦池的悲剧使我认识到了"渠道为王"的重要性。

与广告相配合,我们迅速在全国建立了30个省级分公司、350个地级办事处,各县设立工作站。当时我们已有7900多位营销员服务于各级渠道,建立了一个覆盖全国的三级市场营销网络。我们同时成立了企划中心,建立了目标管理机制,层层制定切实可行的企划方案。

斯达舒的销量快速增长,通化的生产车间满负荷生产也无法满足市场的需求,总部不断接到断货的告急电话。斯达舒真是卖火了!

第四章

智慧·信用·初心——从康威到修正

　　修正的发展总体来说还是比较顺利的,但也出现过几次大的危机。每一次危机都暴露出修正不成熟的地方,同时也提高了修正的抗风险能力。

　　十年树木,百年树林。品牌如同树木一般,其塑造绝非一朝一夕之功。有了好的企业品牌,企业才可能最大限度地赢得市场的认可。

　　成功的企业大多拥有成功的品牌,成功的品牌要靠不断的积累。

一　意料之外的麻烦

《周易》中《乾卦·九三》所说的"君子终日乾乾,夕惕若,厉无咎"和《艮卦》所说的"时止则止,时行则行,动静不失其时,其道光明",其深意就是"因时而惕""与时偕行"。企业的健康发展,除了正确的经营管理之外,更重要的是居安思危、防微杜渐。

"过亿战"的胜利,只是解决了企业的立足问题,标志着企业暂时渡过了生存关,要想成为中国医药行业的主力军,还必须快速做大做强。只有实现由一个产品过亿到多个产品过亿的飞跃,才能成为一家有话语权的强大企业。

斯达舒那时已通过瓶颈突破战,销量从 1 个多亿增长到 8 个多亿,当时的品类老大地位已无人能够撼动。

然而就在 2000 年春,斯达舒正如日中天的时候,忽然掀起的一场轩然大波,给企业的发展带来了前所未有的挑战。

这一切都是从康威商标的注册开始的。

当年,康威药业股份有限公司的名字在地方工商行政管理局顺利注册,产品商标的名字只是随便注册了一个多数员工喜欢的名字——红利牌。随着市场的拓展,我逐渐意识到了商标的作用。人们买东西的时候,不光注意是什么厂子生产的,还注意是什么牌子的,这个牌子就是商标,商标是产品传播的符号。

有了这个意识之后,我开始对"红利牌"不满意了。毕竟企业不能只追求利润,而且营销人员也反馈,在推广上有些麻烦——跟人介绍的时候,既要说厂名,又要说商标名。

有人跟我商量,是否可以把商标和厂名都注册成"康威",既好记又好叫,跟人介绍时也省劲。我觉得这是个好建议,便同意更换商标。于是,马上派人到国家工商行政管理总局去注册。

孰料,"康威"早就被人抢注了。稀里糊涂地用了好几年,没想到这个名字已经被山东潍坊的一家药厂注册了。当时康威的广告做了好几年,已经有几个亿的无形资产了。但没想到注册商标竟然不是自己的,如果再往里投钱,损失岂不是更大? 最好的办法就是把这个商标买回来。

我派人到山东实地调查,看看这家注册"康威"商标的药厂境况如何,探知一下他们有没有转让商标权的打算。

被派人员到了山东,果然找到了这家制药厂。药厂不大,厂房是新建的,在周边县市的药店里还能买到他们出产的"康威"牌药品,药厂的老板也是东北人。

被派人员几经辗转,终于在黑龙江找到了这个厂的实际负责人。这位负责人得知来意,随即就说:"你们那个康威药厂有多少资产? 不就是个把亿吗? 卖给我吧。"

我想买人家的商标,人家连我的厂子都想买。这件事从1997年一直拖到2000年,从1000万元谈到5000万元,始终没有达成协议。

就在谈判期间,那家药厂也开始卖产品了,他们也卖"康威"牌药品。最后,他把厂名也变成了康威药业。这样,他的产品不打广告,卖得也挺好。

这下他的"康威"商标就更不卖了。最后,他让我大哥捎回来这么一句话:"将来我们要收购你,把你的康威制药厂收购过来。"

买回"康威"商标的想法,彻底泡了汤。

经过几年的苦心经营,康威药业已经成为医药市场上响当当的一个品牌。如果放弃它，就等于放弃了价值几个亿的无形资产；如果还继续使用这个商标，每年巨额的广告费无异于白白给别人做了嫁衣。

在 2000 年的时候，公司的资产总额达到十几亿元，康威药业的品牌估值有几个亿的无形资产。放弃，无论是对经销商、合作伙伴，还是对公司，在感情上都有点接受不了。但一个企业要生存、要发展，必须得有点决断精神，再不能割舍也得割舍。

其实在我的内心深处，一直对几年前搁下不用的"修正"情有独钟，于是"修正"两个字又一次叩开了我的心门。第一次放下它的时候，我就说过有缘还会相见，看来我与"修正"真的是有缘啊！

什么是家族企业，这东西很难界定。我并不排斥家人在我的企业上班，但企业本身并不是家族式管理，我会运用现代管理方式对企业和员工进行日常管理。也就是说，在管理上，在股权设置上，我都会非常谨慎。另外，包括我的家人在内的所有员工，都必须按照企业的规章制度办事。同时，我还要求制定科学有效的制度和体制，在利益分配上一视同仁。

然而，在更名"修正"的过程中，我还是遇到了很大的阻力。这个想法提出来以后，很多人都不理解。我大概跟自己斗争了三五天的样子，等到我做出决定的时候，领导班子没有一个同意的，大家都怕重新注册一个名字会影响销售。

我这个人，认准的事就一定要办成。为了最终在集团确立"修正"的品牌与理念，我不厌其烦地挨个做工作，讲"修正"的内涵，讲品牌的重要性，为"修正"正名。

"修"字的来源很早。据汉代《风俗通义·祀典》中说：在远古，水神共工的儿子就叫"修"，是掌管道路的神，也称"道神"，又称"祖神"。按现代的理解，就是主管道路和旅游之神。他性情温和，为人善良。因而，后人就把"修"字引申为完美、精进、整合之义，譬如，修身、修养、修德、修理。把"修"和"正"组合到一起，其意义不言而喻。修是手段，正是目的。世界上没有永远正确的理论,只有不断修正的理论。

"修"是个动词,没有什么其他意思,你可以往这边修,也可以往那边修。通过修的动作,把错误的变成正确的,就叫修正。做坏了的事,修正了,就是一件好事。在我看来,一家医药企业被命名为"修正",能充分体现数千年来中药的内涵。因为我们生产的是药品,就是驱邪扶正,就是修元正本,就是治标治本。

为了企业的长远发展,我毅然决定舍弃"康威",将企业更名为"修正"。

此言一出,全厂哗然!

有人说得很形象:你就是改个电话号码,也得一段时间才能顺溜过来,更不要说一个厂名了,轻易动不得! 再说,这个称呼叫了好几年,在市场上都已经深入人心了。说起"康威"这几个字,员工都是拍着胸脯,多自豪!"康威"的药卖得火,品牌不品牌也无所谓,至少目前看不出什么危机来,何必大动干戈?

这不能责怪大家,大家对"康威"两个字已经有了一定的感情,想要重新来过,当然牵动着所有人的神经。但所有人都能看得出,尽管有那么多反对意见,我仍然下定了的决心。

不能及时改弦更张,将来必定给他人作嫁衣,会造成更大的损失。我必须得舍弃它!

壁虎在面临生命威胁时,会自断尾巴以求全身而退,许多自然界中的生物都具备这种令人敬佩的求生本能。断尾之时不仅肉体是痛苦的,精神上也会是一个不小的打击,但如果因此而保住了性命,则是一个聪明的选择。

21世纪是一个快速变化的时代,我们只有适时地改变自己,才能适应快速变化的形势。

个人在试图改变社会之前,首先要学会改变自己。对于企业而言,不仅要学会做"加法",还要懂得做"减法",为长远目标弃一时之利。世上没有移山之术,唯一的方法,就是山不过来、我就过去。

公司的名字是企业的金字招牌,事关公司经营的整体运势。一个好的名称是企业财富的"吸盘",是企业发展壮大的根基。

改名之前我先做了一件事情,到派出所把儿子的名字由"修正"改为"修远",取自"路漫漫其修远兮"的含义。因为我担心以后进公司的新员工,一听董事长的儿子叫"修正",企业也叫"修正",就会猜测董事长是不是要搞"世袭制"。其实,我更希望修正能成为一家市场化的企业。

儿子"修正"这个名字已经叫了十几年了,大家都习惯了,改名几个月后,有人喊他"修正",他还条件反射地答应。我来气了,就在他的 T 恤后面写上"修远"两个字以后老师、同学再叫他"修正",他都不再答应。

"修正"商标在注册时也出现了难题。我到吉林省工商行政管理局咨询,省工商行政管理局说需要省经贸委审批。到省经贸委审批的时候,省经贸委的人对"修正"这个词很有争议:"那不是我们吉林省出了一个修正主义集团吗?这怎么能行?"我解释说:"'修正'是驱邪扶正的意思,国家改革开放这么多年,从计划经济到市场经济,已经没有人议论'修正主义'了。再说从法律角度,企业叫什么名称,只要不违反法律,都应该给予注册。"最后,省经贸委终于同意了注册。

就这样,修正药业正式诞生了,企业的标识还是那两把斧子。

2000 年 5 月 26 日集团公司的更名大会上,我讲道:"经过董事会和集团公司领导长期酝酿、慎重研究、广泛征求意见,将康威药业集团公司正式更名为修正药业集团公司。我希望大家能够懂得这样一个道理,世界上的一切事物都是在变化的。变是永恒的,不变是暂时的。我们原来的厂名就变过很多次,从通化工业研究所制药厂,变为通化康威制药厂,后来改为通化康威制药有限公司,又改为吉林康威集团股份有限公司。同志们都有亲身感受,我们每改一次名称,我们的企业就进入了一个新阶段、经历了一次新蜕变。同志们,市场是无情的,是不以人们意志为转移的。我们修正药业就是要不断地创新求变,以适应时代的变化和市场的需求。"

2000 年 5 月,"修正"商标注册下来以后,我们立即发出更名信函,推出一系列的新品牌推广活动,包括广告的调整、包装的变化。我们所有广告产品的品牌、设计都没有改变,但都以"修正药业集团"出现,然后在其后标注"原康威药业集团",并保留了原来的厂址,以便消费者将两个品牌联系起来。

2000 年底,用"修正"替代"康威"仅仅半年的时间,以"修正"为商标的斯达舒就迅速地占领了全国的胃药市场,修正药业全年的营销收入达到了12 亿元。1999 年,康威药业在全国百强制药企业的排行榜中是 40 多名;到了 2000 年,也就是由"康威"变成"修正"的第 1 年,名次就上升到了第9 名,名正言顺地步入了中国十大制药企业的行列。

一切事物都是这样的,穷则变,变则通,通则达! 舍弃并不是害怕,更不意味着投降,而是转换一种发展形式。现在回过头来看"康威",我认为它的个性不鲜明,而"修正"则非常鲜明且好记。修正集团的"修正"就是要把错误的东西,通过修正的动作,达到正确的结果。事实证明,我对"修正"的理解是正确的,修正品牌也逐步被大家认可和接受。

从"康威"到"修正",我的事业完成了一次凤凰涅槃的转折,"修元正本,造福苍生"也成为修正的企业理念。

二　不利的突变 or 有利的种子?

> 《菜根谭》上有这样一段话:"天薄我以福,吾厚吾德以迓之;天劳我以
> 形,吾逸吾心以补之;天厄我以遇,吾亨吾道以通之。天且奈我何哉!"
> 要想在挫折、失败中做到泰然处之,就要学会修德、养心、遵道。经历
> 多大的挫折,就将拥有多大的智慧。

挫折可以增长经验,经验能够丰富智慧。伊丽莎白·库柏勒·罗斯博士曾说过:"人生在世难免经历种种苦难、挫折,经历得愈多,你就愈有智慧,心灵愈成熟。"

PPA(苯丙醇胺)事件是我和修正面对的第二次大的危机。

美国的一项研究表明,PPA 会增加患出血性病人中风的危险。2000年 11 月 6 日,美国食品药品监督管理局(FDA)发出公共健康公告,要求美国生产厂商主动停止销售含 PPA 的产品。

10 天之后,国家食品药品监督管理局(SDA)发布了《关于暂停使用和销售含苯丙醇胺药品制剂的通知》,并且是以红头文件的形式发至中国各大媒体。

当时,中央电视台播报的名单里并没有我们的康威双效。康威双效是我们继斯达舒之后培养出来的第二个拳头品种,具有独立的知识产权,疗效明显,是当时感冒药市场的一大新品。康威双效的 PPA 含量只有0.1 毫克,主要起收敛的作用,血管收敛了可能会对高血压患者起反应,但并没有出现什么问题。当时市场上康威双效有将近 2 万件,库房里有 1 万

件。突然来了这个通知,我内心也有过斗争和挣扎。但最终我还是按要求把市场上全部的康威双效收回,加上库存的 1 万多件,在吉林省药监局的监督下,烧了两天两夜,直接损失上亿元。

我们为此专门成立了危机领导小组,分成生产、沟通、财务管理、新产品开发、市场开发几个部门,处理公司的上下游、内外部关系。坚决执行政府暂停令,暂停生产和销售;通知经销商和客户立即停止销售,取消相关合同;停止广告宣传和市场推广活动。对于经销商,没有回款的不用再回款,已经回款的以 100% 的比例退款。

直到现在,我不后悔做出这个销毁所有康威双效的决定,我不能让消费者对我的药不放心。

但紧接着发生的事更是让我始料不及,同时也让我看到了国内药厂与国际公司的差距。

2001 年 9 月,因 PPA 事件已经遭封杀的康泰克,忽然摇身一变,以"新康泰克"的身份重登市场。原来,中美史克早在产品封杀之前就已经开始了新产品的研制,此次他们正好借机把 PPA 拿掉,换成了伪麻黄碱,变成了"新康泰克"。

一个新药的批准,一般要 3 年的时间,最快也要 2 年。这件事给我的震撼是深刻的,我们不但要走路,还要看路。我们中国企业必须学习国际公司的战略性眼光和前瞻性决策。

安迪·格鲁夫曾是英特尔公司的 CEO,他有一句名言:"优秀的企业安度危机,平凡的企业在危机中消亡,只有伟大的企业在危机中发展自己。"

当遇到危机时,是把它背在身上当作一种沉重的负担,还是把它垫在脚下作为进步的阶梯? 其实,绝望与失望是可以靠智慧转换的。我在 PPA 危机的处理过程当中似乎显得迟钝了,这种处理方式顶多只能说明我们是一家优秀的企业,还必须学会如何将它变成一家伟大的企业。

三　一条广告惹的祸

老子说："祸兮福之所倚,福兮祸之所伏。"这种福祸相依、相互变化的辩证思想,既警示我们要有忧患意识,居安思危才能防患于未然,又提醒我们要临危不乱,处变不惊才能化祸为福。在企业发展纷繁复杂的局面里,我始终坚持化消极为积极、化被动为主动。

事物的发展变化都是有其内在规律的。修正本身就是一种哲学,这种哲学一点都不神秘,可以说,它就是一种思考和做事的方法。有了正确的思维方式,才会有正确的行动;有了正确的行动,才会有正确的结果。

2001 年的广告危机,是我和修正面对的第三次大的危机。经历了两次危机的锤炼,当我们再一次面对危机时,就比以前成熟得多了。

那是 2001 年 3 月 6 日,农历正月初八。

修正药业自成立以来,就有一个惯例,每年的正月初七、初八,地级办事处经理以上的员工,都要赶回通化参加一年一度的营销大会。就在初八那天中午,大家正在食堂吃午饭。中央电视台午间的《新闻 30 分》节目忽然播出一条令人震惊的新闻,内容是修正的斯达舒广告与其他几家药品广告,被吊销广审文号。

撤销广告文本批号,这对任何企业都是非同小可的大事。这意味着今后你将永远或是在一段很长时间内,失去在国家药监局申请广告文本的权利。这不论是对一个产品还是对一家企业,都无异于遭到封杀。

这个消息仿佛五雷轰顶,不少省分公司总经理当时就懵了。因为当时的胃药市场竞争非常激烈,不少厂家平时就没少采取"特殊"手段,这回有了这个消息,不炒翻天才怪。尤其是当时斯达舒已经是胃药的领军品牌,是众多同类厂家主要的竞争对手,更容易遭到攻击。

大家都撂下碗筷,往我办公室跑。有人和我研究对策,有人急忙打电话跟国家药监局和中央电视台、省电视台了解情况。

我坚信这一定是一场误会。自我接手药厂以来,一直按照法律、法规办事,产品说明书上药物的所有禁忌都写得清清楚楚,不存在夸大疗效、虚假宣传的问题。

经过调查,初步得到的情况是这样的:我们在国家药监局申请了广审文号,同时也在各省申请了地方药监局的广审文号。我们在一家地方电视台播出的广告带子与中央电视台播出的广告带子都放在这家地方电视台,而这家地方电视台在广告播放时把当地药监局批准的广审文号打成了国家药监局的广审文号。国家药监局一看根本没有批准过,就把修正和其他几家药品企业一起报给了中央台。

我知道,当时斯达舒的广告一旦被停,就会产生一连串的负面影响。一些媒体对此事做了报道,市场上出现了各种猜测,甚至有经销商提出退货要求。如果修正不能尽快澄清事实,巨大的损失将不可避免。

有人提议:"错误是电视台犯的,向药监局做个说明就可以了。"我摆手:"处理问题可不能这样简单。"这样解决问题会留下隐患,虽然错不在我们,但消费者不知道,他们在知道真相之前不会再买我们的药。我们必须从被动变成主动,彻底根除病根。

我这次吸取了 PPA 事件的教训,决定要把危机转化为前进的垫脚石。

我们将有关情况以最快速度上报相关部门。相关部门经过认真调查,发现的确冤枉了修正,便重新下文,进行了更正。与此同时,我找来各大新闻媒体,反复重申斯达舒之所以卖得好并不是夸大疗效,而是它的确解决了胃病患者的痛苦。斯达舒仅仅单方拿出来没有什么特别,而组合配方可以治胃酸、胃痛、胃胀,消费者吃过之后的确有疗效。

接着,全国各大媒体纷纷报道斯达舒是 50 年来胃病治疗的突破性产品,修正等于做了一轮免费广告。这样一来,不但澄清了错误,还扩大了修正"和斯达舒的影响。

这一仗打得漂亮,也使我明白:无论是顺境还是逆境,做事都要满怀激情、冷静沉着。

四　前车之鉴，后事之师

> 苏洵在《心术》里写道："为将之道，当先治心。泰山崩于前而色不变，麋鹿兴于左而目不瞬，然后可以制利害，可以待敌。"这就是所谓的大将风度。越是在危机、困难、失败面前，就越要保持冷静、沉着。保持心静如水才能分清有利因素和不利因素、主要矛盾和次要矛盾，制定正确的处置策略。历史是前进的，可是在前进中，有时会出现惊人的相似。

美国的泰诺止痛片由于疗效独特，产品问世后迅速占领了 40％以上的市场份额。但一段时间后，芝加哥传出有 7 人服用该产品而死亡的消息，产品中发现剧毒成分氰化钾，一时间舆论大哗。

泰诺是如何渡过难关的呢？

第一个星期，公司积极配合警方调查，在全国铺天盖地地播放广告，警告人们不再使用泰诺产品。后来警方查出，60 份收缴来的含有氰化钾成分的泰诺上面均有针孔，由此可以证明是遭人故意陷害。第二个星期，公司又铺天盖地地发布广告，说明情况，并且租用卫星频道在 20 多个州同时举行新闻发布会。会上，该公司出示了他们新研制的有异物接触就不能保持原样的新泰诺胶囊。第三个星期，公司再次铺天盖地地做广告，并采用发送优惠券、设立热线电话回复病人咨询、设立专家组巡回演讲等方式挽回民心。

经过 3 个星期，泰诺不但没有因此关门，反而赢得了更多人的支持。

历史惊人地相似，修正当时也遭遇了一件类似的事情。

这件事发生在西部地区，一位大伯的家属把我们告上法庭，说老人服用斯达舒后身亡,要我们赔偿 100 万元。

我接到报告后,立即派法务中心的律师赶到当地,一边应诉,一边调查老人的死因。很快,调查结果出来了,这位老人的死因是胃癌。我们从来没有说过斯达舒能够治疗胃癌,我们广告表达得很清楚:"胃痛、胃酸、胃胀,请服斯达舒。"

毫无疑问,这场官司我们赢了。

我让当地的销售员到老人家里表示慰问,毕竟他是我们的一个顾客。孟子推崇以民为本、仁爱为怀,我希望能把仁爱的思想根植于我的企业文化中,代代不息。

在日常工作中,许多人的眼睛只能看见成功的光耀,而看不见深藏在失败阴影下的宝贵经验。殊不知就是这些不起眼的经验才是大智慧,这些不常被人提及的失败才是成功路上的助推器。

我们每个人都追求成功、渴望成功,但许多时候,我们并不明白成功的真正含义。其实,一个成功者常常曾经是一个失败者。正是一次次失败,在他通往成功的路上立起一块块路标,指示着他前行的方向,带他走向最后的成功!

其实,成功的经验和失败的教训都是人生宝贵的财富。但人们通常珍视和宣扬成功的经验,而回避、漠视失败的教训。因为经验是对人生奋斗的肯定和赞美,而教训则是对人生行为的否定与摈弃。经验会告诉人们,哪些思想和行为符合、顺应了客观事物与规律;而教训则是以另一种方式告诉人们,哪些思想和行为不符合、不适应客观事物和规律。对于一个成熟的个人及其人生而言,成功的经验让人自信,失败的教训让人冷静,而自信和冷静都是智慧的线索。

"使人疲惫的不是远方的高山,而可能是鞋里的一粒沙子。"很平实的语言,却包含了很深刻的哲学道理。在当今瞬息万变、竞争激烈的社会里,只有在失败的教训中积累了足够的经验,才有能力去迎接更大的挑战。

五 人无信不立,业无信不兴

孔子曰:"人而无信,不知其可也。大车无輗,小车无軏,其何以行之哉?"这句话非常形象,表达的意思就是不讲信用的人寸步难行。

中国人历来信奉诚实守信,人无信不立,业无信不兴。古人用一言九鼎、一诺千金等成语来比喻承诺的分量和贵重,"诚"与"信"可以说是中国传统美德的基石。我认为,做企业不但要有诚信的教化,还要努力创立诚信的机制。诚信机制是核心机制,是分配机制的基础。

随着社会的进步和经济的发展,诚信将成为市场经济的基本条件,信用将成为一个企业的立身之本。

修正的诚信体系,第一落实在严把质量关上,第二落实在营销政策上。要想赢得销售成功,首先必须赢得顾客的信赖。这是一流企业必须具备的功底,因为赢得人心才是最高明的销售策略。

齐桓公曾问管仲,我想把国家先治理好,然后去谋求天下,行不行? 管仲说,没问题。齐桓公又问,治理国家应从什么地方开始呢?"始爱于民。"管仲肯定地说。爱护百姓是历代贤王圣君都应遵循的法则。管仲甚至告诫君主应"以百姓为天",他深知民心向背对国家意味什么,我也深知民心向背对企业意味什么。

在诚信建设上,我告诫全体修正人,要牢记以下三点。

一是客观。客观地介绍自己的产品。乔治·亚当斯曾说过:"最聪明的推销总是诚实地对待顾客,坦言其所有规章,告诉对方各种优劣点。"在介绍产品时,企业有义务让顾客对产品形成一个客观的认识。这也就意味着必须客观地描述产品,既不夸大优点,也不粉饰缺点。在介绍产品时,只讲优点、不讲缺点,是不明智的。因为一个产品不可能没有缺点,回避缺点的做法只会引起顾客的怀疑和反感,认为我们是在撒谎。诚实是从事销售事业的人必须具备的。

二是肯定。肯定竞争产品的优点。如果对竞争产品的优点视而不见,或是一味指责,可能会引起顾客的反感。适当地肯定同行,反而会让顾客觉得我们有气度,也更真诚可靠。

三是规则。在修正,我们一般不用"诚信"这个词,更愿意用"规则"这个词。中国是有 5000 年历史的文明古国,有很多好的传统,但无一不是建立在规则、制度、法制基础上的。

建设百年修正,就是要修正品牌永不倒,这也凝聚着永久的信誉要求。信誉是市场经济中一个企业的精神财富和生命动力。企业一旦失去了信誉,纵然一时得利,日后也必然自吞苦果。

六　深闭固拒，抵制假药

《红楼梦》中有这样一句话"假作真时真亦假"。若假的东西在外表上与真的毫无差异，那么真的也就无从分辨了。别的东西，也许可以糊涂些，可对于治病救人的药品来说，那真是可怕至极，那是人命关天的大事。假药，既害患者，也害企业。

斯达舒的疗效确切，成为许多胃病患者的首选药物，在全国的销售也越来越火，甚至一段时间内出现了供不应求的局面。于是，假药制造者自然也就盯上了。

为了保护企业的信誉和患者的健康，我们对假药的打击极为重视。从制假刚露苗头的时候，我们就开始全力以赴地追查。为此，我们专门聘请了十几位退休的经济警察，组成"打假"工作组，长年配合公安、药监、工商部门开展"打假"工作。

几年来，由于打击及时，许多假药在制假、售假过程中就被缴获，避免了大量流入市场产生的危害。

以北京的一起打击假药行动为例，犯罪嫌疑人制定了一个具有相当规模的造假计划。他们购置了先进的设备，为了让造假的药品逼真，甚至不惜花30多万元购买了和修正药业一模一样的打码机，造出的药品几乎可以乱真。

但是，由于修正的销售网络管理流程十分先进、缜密，一旦有假药流入，立即就可以发现。这个造假团伙造出的第一批假药刚刚运进北京，就被修正药业的销售人员发现了。接到报告后,我们马上向北京市公安局报案,公安机关立即对几个销售假药的人进行了严密监控。经过一连几天的监控,办案人员基本上掌握了这伙人的行踪和具体交货时间。就在这伙人把假药运到交货地点的时候,埋伏的办案人员一拥而上,将他们人赃并获。

公安机关一边对犯罪嫌疑人进行审讯,一边对缴获的药品进行化验,发现胶囊里装的全是劣质淀粉。

据犯罪嫌疑人交待,制造假药的地点设在内蒙古自治区的赤峰市。办案人员连夜赶往赤峰市,一举摧毁了这个造假团伙,收缴了价值近 60 万元的设备和原材料,使这个团伙想要到年底打造 1000 箱假药投放市场的计划彻底落空。

假药一旦泛滥,足以毁掉一个真品,哪怕是最优秀的品种。试想,如果让假药充斥市场,人们买了装着淀粉的斯达舒,不但不能治病,还会耽误治疗,这该是何等严重的后果。

修正药业的"打假"工作组,严格遵照防微杜渐的指导精神,注重清除"第一袋垃圾"。在大多数假药还未扩散,甚至还没有落地的时候,就把它们全部收缴,从而保证了斯达舒在市场上健康有序的销售。

我们就是要让消费者看到我们的诚意,我们要做到在每一个环节都绝不疏忽。这是本分,也是职责。

第五章

质量·疗效·良心——修正的良心制药

药品质量关系患者生命,产品质量关系企业生命。

质量压倒一切,疗效压倒一切,做药就是做良心。

疗效不确切坚决不生产,质量不合格坚决不出厂,做良心药、放心药、管用的药。

时刻想着做药人的责任,每个修正员工都心系病人,用自己的工作质量来保证药品质量。

一　良心是制药人的根本

> 从进入医药行业那天起,我就把母亲常说的话——"不是好人,不能做药,不能卖药"——作为自己经营企业的基本原则。良心是制药人必备的,良心不好的人不能做药。

在太和圣肝的原料购买上,我们就曾发生过一次不小的风波。

君臣佐使,是中药方剂组成的基本原则。简单地说,君药是主药,针对疾病主症,起主要的治疗作用;臣药是辅助君药和加强君药功效的药物;佐药是对主药有制约作用或是能协助主药治疗次要症状的药物;使药大多为引经药或起调和诸药的功效。

柴胡,是我们生产太和圣肝的主要原料,也是君位的药材。柴胡有南柴胡和北柴胡之分。

在疗效上,南柴胡与北柴胡存在着不小的差距。生产太和圣肝需要的是铁杆北柴胡,这是柴胡中的最上品。当时柴胡的市场价是南柴胡10元/公斤,而铁杆北柴胡则要30元/公斤。

从我接手药厂以来,一位河南的药商一直给我们供应药材。当初生产天麻丸所需要的上等天麻就是由他提供的,质量很好,我很满意。生产太和圣肝需要的铁杆北柴胡也同样是由这位药商提供,我要求是一等品。

第一次他送来的铁杆北柴胡,果然都是一等品,顺利通过验收。第二次、第三次的货也都很好,交易很顺利。

可是,就在第四次供货时,这位药商竟然多了个"心眼",给我们药厂送来了 20 吨质量较铁杆北柴胡稍差一些的南柴胡。

检验员小陈一眼就看出了品质的不同,二话不说,就让他拉回去。这位药商于是想了各种办法"摆事":降价一半,小陈不通融;给小陈塞钱,小陈坚决不收。他还神通广大地找到了我在交警队时的老领导,让老领导打电话来替他说情。

我对老领导一向很敬重,但是这件事没有情面可讲。我还是对那位药商说:"拉回去,否则以后就别合作了。"

这位药商见我态度坚决,怕因小失大,影响以后的生意,再不敢耽搁,把 20 吨南柴胡拉走了,又给我们送来了一等品的铁杆北柴胡。

这次更换药材的时间差,给我们造成了不小的经济损失。但是我们用上好原料制造的肝病新药太和圣肝,因其疗效确切而轰动全国医药市场,需求量急剧攀升,我们即使加班加点生产也供不应求。

这时候,有人主张"萝卜快了不洗泥",质量差不多就行了,太较真了步子怎么能迈得更快呢?这话没道理,我坚决反对。

病人抗击病魔的主要武器是药品,医生治病也得靠药品,你说药品的质量重不重要,做药人的良心重不重要?在药品生产中,质量和疗效是第一位的,我们始终坚持"质量不合格的药品坚决不出厂,疗效不确切的药品坚决不生产"。作为药品生产企业,我们必须承担起让患者放心用药的责任。

1997 年 10 月,当时还没有异地改造工厂,一场暴雨使多年的库房渗漏,一批太和圣肝的外包装出现了轻度发霉。

资深技术员告诉我,这种情况并不是多大的事,换一下包装仍可出厂,也不会影响药品质量。我想了又想,如果这么做了,尽管消费者不会知道,但对不住自己的良心,更谈不上诚信守法。我当即决定一粒也不准出厂。后来,在通化市医药局的监督下,我们将这批价值 179 万元的太和圣肝就地销毁了。

不让产品有任何瑕疵,虽然企业因此会增加成本,但好的质量会得到患者的认可。正是这个理念使得我们快速地发展起来,当年,我们单单太和圣肝一个品种年销售收入就突破了亿元。

可以这么说,我们企业的复苏,依靠的是天麻丸;我们企业的壮大,依靠的是太和圣肝;我们企业的强大,依靠的是斯达舒;而我们企业的长久发展,依靠的却是良心。

二 好药来自好原料

沈括在《良方》自序中说:"药之所在,秦、越、燕、楚之相远,而又有山泽、膏瘠、燥湿之异禀,岂能物物尽其所宜?"可见,古人就已担心中成药原料药的质量问题。修正生产的药之所以疗效好,是来自好原料、好设备、好工艺,是来自企业高标准内控程序。

信用对于企业好似人格对于人,其重要性不言而喻。

2000 年前后,企业正处于生产交货旺季,我们的一批货虽然达到了国家标准,但就是达不到企业的内控标准。我们反复检查、研究问题到底出在哪里?设备运转,没有问题;质量监督,没有疏忽;生产环境,完全达标。所有这些都一一排除,最后确定了一个环节——原材料。

我们的原材料都是从正规药材公司采购的,有的是从种植地直接运过来的,在质量把关上应该说是非常严格。那么,又是什么原因呢?经过反复思考,症结找到了。

随着医药企业生产规模的逐步扩大,很多野生草药资源紧张,家种草药随之增多。如果将两者混合在一起,用肉眼是难以发现差别的,可外形没有差别并不代表药效没有差距。

调研发现,表面上,野生草药分布广、数量大,但实际上,由于其种源生长环境竞争能力较弱,一旦被采挖后更新较慢,一般至少要 3 年以上才能恢复。而制药厂越来越多,资源争夺越来越激烈,有的地方已经出现了资源枯竭的苗头,不仅产出量大幅减少,且药材质量均一性也开始下降。

就拿我们修正研制的独家药肺宁冲剂来说,主要原料是返魂草。返魂草有着很强的抗菌作用,对治疗肺炎、肺病和哮喘有着独特的疗效。它的生长环境很特殊,主要分布在长白山海拔 500～900 米的山沟里、湿草甸子上。因为生长地域狭小,长期供不应求。

要想保证中成药的质量,就必须从中药原料药上抓起,使中药栽培规范化,提高中药材的产量和质量,让药材不失本真的疗效,为中药生产企业提供优质原料药。

早在 1999 年,我们就开始进行了一批中药材种子筛选和种菌培育工作,并与通化县、柳河县部分乡镇签订了建立中药材基地的协议。

我们认真考察了市场需求和自身条件,将建立 GAP 药材示范基地列入了集团当年首位发展计划。中药材示范基地于 2003 年建成。从那时候起,修正中成药的产品质量就可以从生产原料上得到保证。

在此期间,我们又和中国农科院特产研究所、吉林农业大学、通化园艺研究所,共同合作研究、开发基地的中药材,制定了操作规程和品种的选育、提纯、复壮等标准,还包括农药残留和重金属检测的标准。同时,总结推广了人参、西洋参等农药低残留栽培技术,平贝母半硬底水平畦播栽培技术,细辛林下栽培技术,轮叶党参、龙胆草、返魂草栽培技术,大缸培育野山参技术等。这些栽培技术的推广,不仅提高了中药材质量、降低了农药残留量,中药材产量也有了大幅度提高。如平贝母半硬底水平畦播栽培技术与传统栽培方式相比,其产量提高了 1 倍。还魂草的产量也满足了肺宁冲剂的生产需要。

我们早在标准化、规范化方面做了大量的工作。之所以下大气力抓GMP、GAP 的建设,正是为了修元正本、造福苍生,而这个苍生不仅仅是中国之苍生,更是天下的苍生。

GMP(good manufacturing practice),其原意为"良好作业规范"或"优

良制造标准"。此项制度注重生产过程中产品质量与卫生安全的自主性管理,是一种行业规范。只有通过 GMP 认证的产品,在国际市场上才会有一席之地。世界卫生组织于 20 世纪 60 年代开始组织制订药品 GMP,我国则是从 20 世纪 80 年代开始推行。1988 年中国颁布了药品 GMP,并于 1992 年做了修订。国家药品监督管理局自 1998 年 8 月 19 日成立后,十分重视药品 GMP 的修订工作,在 1999 年 8 月 1 日发布、施行了《药品生产质量管理规范》(1998 年修订)。

1997 年底,当时国家还没有强制进行 GMP 认证,但我们主动斥巨资,严格按照 GMP 标准进行厂区厂房的异地新建。修正引进了国外具有高科技生产水平的先进设备,完成了 9 大系统、1300 多项、8 万余字的 GMP 规范操作标准的编撰与实施,开展了 13 个硬件项目的整改以及近千人次的岗位培训和考核。2001 年 1 月 24 日,修正顺利地通过认证,成为吉林省首家整体通过 GMP 认证的企业。

2001 年 12 月,修正又通过了 ISO14001 环境管理体系国内、国际双认证,再次成为全省同行业首家通过该认证的企业。

2003 年,修正的子公司——通药制药公司和长春高新制药公司也双双通过了 GMP 认证。至此,修正全面实现了药品生产 GMP 标准化。

在药品生产上,我们始终坚持"药品质量关系患者生命,产品质量关系企业生命"的理念。药品的国家标准有上限和下限之分,无论按照上限还是下限投料,都是合格产品。药品中关键的贵重药材,上下限之间的成本相差很大,修正药业一直坚持上限投料,内控标准一直高于国家标准。这是硬性规定,是全公司员工都知道并且坚决执行的。

修正正是依靠技术和科技创新来保证产品质量和疗效的。修正的高端产品科技含量高,投入的研发成本和科研力量都很大,投入额达到销售额的 15%,每年的发明专利、独创技术等超过百项。

我敢拍胸脯说,我们在生产的每一个环节上都用尽心力。比如说中药提取，别人可能是水提取，我们采用的是酒精萃取。酒精萃取中药，其有效成分会更多一些，疗效自然会更好一些。对重要的药材，我们使用高压爆破提取。同时，我们还采用膜过滤，将提取液中的有害物质全部过滤出去（特别是重金属和残留农药），药品的安全性得到了保证。

就拿修正牌六味地黄丸来说，组方中的 6 种药材全部采用地道药材，按照上限投料，采用最先进的自动化设备和工艺技术。当时我们一直没打广告，但消费者的购买率非常高，凭借的就是消费者之间的口头传播。疗效，是药品的根本。

药品决非普通商品，它直接关系到人们的健康和生命。优质药品能够治病救人，劣质药品却能致病杀人，全体修正人不敢有丝毫侥幸心理或疏忽大意。

我们严格按照 GMP 生产，坚持"保证质量、提高效率、降低成本、满足市场"的 16 字方针，从原辅料上把好四道关：

第一关是采购关。在日常的采购当中，供应商必须合法。由供应部门对采购关负责。

第二关是检验关。物料进厂以后，首先应向质量部门报检，供应部门接到质量合格的报告书以后，物料才算过关。检验必须及时、准确、公正，质监人员不得与供应商有不当接触，凡是与供应商有特殊关系的质监人员都要回避。由质检部门对检验关负责。

第三关是投料关。生产部门凭生产质量标准领取物料，生产使用的物料必须从仓库里领取。所有的物料必须供应商资质合法，采购渠道正规，购销证明有效，质检合格。由生产部门对投料关负责。

第四关是出厂关。生产过程中严格按照 GMP 管理规定，每道工序都要进行检验，不合格的产品不能入库、不能出厂。由质量、生产两个部门对出厂关负责。

药品推向市场之后，我们还有跟踪部门收集市场上的反馈信息，总结疗效,对药品做进一步的调整和完善。

　　修正生产出厂的药品,从原料采购到成品销售都必须通过严格的质量管理程序,有77道检验和控制工序,每一道程序都由手握处置权的质检人员把关,保证了产品的质量和疗效。可以这么说,尽管广大消费者并不知晓医药生产的内情和门道,但是只要能想到、做到的,修正都竭尽所能为消费者做了,修正用自己的行动实现"放心药、管用的药"的承诺。

三　用心研制放心的好药

> 制药企业是特殊行业，其本质是责任。企业不仅要体现出经济属性，更要体现出社会属性。因为药品是特殊商品，它是人类同病魔做斗争、获得健康的主要武器，不同于普通商品。责任是制药企业的本质，利润只是附带的，是为了让更多的人得到救治所必需的。

2006年，是医药企业的伤痛之年。一桩桩医药事故，把医药企业和药监部门都推到了风口浪尖，医药企业面临前所未有的信任危机。

药品是攸关人命的特殊产品，保障药品质量安全，就是保障生命安全。相对于重大医药事件的责任人被处理，老百姓更关注药品安全。

我一向认为，正因为修正不是为了利润而生产药品，所以利润才源源不绝。将做药人的责任深记于心的医药企业才对得起老百姓的信赖，才能够长久不衰，才能得到真正的"利"。

药品安全是制药企业在市场经济时代的底线，不容触犯。制药企业只有始终坚持凭良心制药，制作放心药、管用的药，把解除患者苦痛当作自己义不容辞的神圣责任，路才能越走越远、越走越宽。

从"良心药、放心药、管用的药"到"做药人的责任"，修正永远都站在病人的角度想问题。

药品实行的质量标准都是统一的，为什么同样的配方，不同厂家生产的药品疗效却会不同呢？

这要从两个方面来看待这个问题——

一是药品标准是药品质量必须达到的一个基本水平,低于国家规定标准的药品是不合格的、是不能上市的,但国家标准以上则是每家企业的自由选择。

二是药品疗效与药品质量并不是同一概念。质量是药品安全的基本要素,疗效则与产品质量、原材料使用、生产工艺、技术水平等密切相关。

在处方、配比一定的前提下,产品质量标准越高,药品疗效越好,安全性也越高。而产品原料越好,疗效越好,生产成本也就越高。

什么是良心药?用一句话来概括,就是真材实料。真材实料是指挑选最好的原料,用一等品或优等品作原料,每一粒(片)药都装足量,绝不偷工减料。我们凭着"做药人的良心"向消费者郑重承诺:只用最好的原料,坚持上限投料。

一等的原料生产一流的产品,三等的原料生产三流的产品。对于中药生产来说,原料的优劣直接影响着产品的品质和疗效。为此,修正一直坚持使用地道药材,特别是尽可能地使用长白山的野生药材。野生药材具有成分足、活性高、药效强等优点,而且不存在农药残留等问题,由此生产的药品副作用小安全性高。

修正在原料检测方面的工序多达22项,通过切实控制药材质量,确保有效成分高于普通药材,独创气象色谱检测法,保证药品不含重金属和农药残留。

修正自己种植的中草药,与市面上的同类药材相比,独具四大特色:

一是最合适的生长条件。生长在不同海拔高度和不同土壤上的同类药材,质量是不同的。修正的中草药种植园依托长白山海拔高的优势,根据各种药材对气温和空气湿度的需求,科学分配种植区域,保证各种药材在最科学的海拔高度和土壤条件下生长。

二是最合理的栽培方法。同一种药材用不同的方法繁殖,所获药材的质量会有一定的差异。如桔梗可用种子繁殖,亦可用芽头繁殖,前者药材条直、质实、分叉少、质量好,后者药材根细、扭曲、分叉多、质量较差。栽种深度也是影响药材外观质量的重要因素之一。如元胡浅栽时,获得的药材块茎较大,但个数较少,产量较低;若栽种过深,则会影响出苗,药材的块茎较小,不易采收,也难获得较高的产量。

三是最科学的采收时间。对多年生药用植物来讲,不同年份采收的药材,药效也有很大不同。如黄花种植 6~7 年时采收,根体坚实饱满,药材的质量较好;而芍药则在栽植后 3~4 年采收为好。此外,收获季节、收获时间、干燥方法和干燥时间等,对药材的质量均有影响。

四是最适宜的储存方法。储存是保证药材品质的重要环节,许多中药材应在特定的条件下储存,如质地疏松的药材易受潮,应放在干燥的地方;淀粉含量高的药材易被虫蛀,要做好防虫工作;花类药材要避光存放;等等。修正的科研人员根据不同药材的不同特点,制订分类别的储存方案,保证药材在最适宜的条件下储存,确保药材天然地道,有效成分含量高,从而保证药品的疗效和质量。

根据原料来源的不同,分为进口原料和国产原料两种。进口原料的特点是纯度高、杂质少、人体吸收较快、副作用小,但价格相对较高。由于化学合成技术、工艺、装置等方面的差距,国内生产的原料略差一些,但价格低廉。为了降低成本,不少厂家都不用或者尽可能少用进口原料。但修正为了确保药品疗效,在许多西药和中西药中仍坚持大量国外进口原料。

那么,放心药又是什么呢? 用一句话来概括,就是药品安全性高。任何药品都有副作用,这些副作用往往都来源于药品的杂质、无效成分和毒性成分。

中药产品传统工艺的最大弱点就是难以完全清除药品的杂质、无效成分和毒性成分,并会在药物生产加工过程中损失部分有效成分和药物活性。为此,修正对传统中医加工工艺做了改进,采用膜分离提取、超声波提取回流、微波干燥、微波灭菌、超微粉碎、一步制粒、喷雾干燥、均质乳化、大孔树脂提取等先进生产工艺技术。

膜分离提取技术是国内医药行业一种新兴的高效分离技术,该技术采用化学高分子膜透析技术对中药进行提取,可从分子级别筛选有效成分,过滤出杂质、无效成分和重金属,从而提高有效成分的含量,降低副作用。该技术目前被广泛应用于修正中药产品的提取过程中,如修正生产的颗粒剂、合剂。

超声波提取回流技术是利用超声波提取产生的强烈振动,在常温条件下进行中药提取。此技术的好处是避免了传统中药提取中常有的加热过程,避免了有效成分的破坏。修正科技人员实验证明,利用超声波提取回流技术和普通提取方法对同一种药材进行提取,提取到的有效成分前者是后者的 2 倍。我们在丸剂、片剂、口服液、栓剂生产中广泛采用了此项技术。

与超声波提取回流技术类似,微波干燥技术也是一项现代科技手段与传统中药的生产加工工艺相结合的新科技。这项技术利用微波技术直接对药物进行加热,使药物在常温状态下达到干燥。与传统高温干燥相比,其具有干燥速度快、灭菌、干燥均匀、有效成分不被破坏等特点。

还有微波灭菌技术,可以在相对低温及短时间内将药品内部的细菌杀灭,在灭菌的同时,无任何残留物存于药品中,是一种对药品无任何破坏和污染的灭菌新工艺。

值得一提的是超微粉碎技术,这项技术不同于普通的以粉碎细度为目的的粉碎,它以破坏细胞壁为目的,追求细胞的破壁率。普通的粉碎方法无法从细胞层面破坏药材结构,释放其有效成分,而这种方法能使药材细胞组织在粉碎过程中破裂,使其中的有效成分直接暴露出来,从而使药物起效更加迅速、充分。

我们有许多药品都使用了上述多种先进工艺和技术。如斯达舒既使用了膜分离提取技术,也使用了超声波提取回流技术。这是因为该产品为中西药结合产品,中药成分由几味药材组成,针对不同的中药材,我们采用了不同的工艺技术来保证其有效成分不受损失。

修正只做管用的药。一个产品的疗效如何,广告说了不算,厂家说了也不算,最终还得看广大患者的认同程度。

实事求是地说,修正药不能包治百病,但它确实是"良心药、放心药",疗效确切,为社会大众所公认。近年来,在药品安全事件频出、有些企业忙于虚假和夸大宣传药品疗效、药品市场"寒流"不断侵袭的大环境下,不少患者习惯拿着修正药的包装盒,到药店去买"放心药"。

正是因为修正20多年来一直坚持只做"良心药、放心药、管用的药",修正产品一直保持着中国医药行业消费者"零投诉"的纪录。

四 用敬畏的视角善待所有的生命

> "德之不修,是吾忧也","治天下必先正心"。修正一直深怀三个敬畏:
> 敬畏生命,敬畏自然,敬畏规律。这三个敬畏是道德和良心的基础。
> 一个人、一个企业只有心怀敬畏去修德正心,才能开拓出无限的发展
> 空间,才能开创出无限的事业。

这里折射出的是一种文化观和价值观——善待和敬畏生命。

世界上最宝贵的是生命,每一个生命都值得珍惜。只有拥有对生命的善待之心,世界才会在我们面前呈现出它的无限生机,我们才会时时处处感受到生命的宝贵与美丽。

近两年来,假药、过期药和药物不良反应等问题接二连三地发生。我在痛斥商家利欲熏心的同时,为那些鲜活生命的无辜逝去而惋惜。是什么扼杀了企业的道德?是什么让经营者泯灭了良知?一个"钱"字,淹没了正义,淹没了良心。为了加大自己的市场份额,为了在竞争中掠夺有限的资源,为了永远也填不满的财欲黑洞,部分药企老板钻法律的空子,以身试法,知法犯法,大肆扩张自己的利润空间。

诚然,商人经商的目的就是力求以最小的成本换取最大的经济效益、赚取更多的剩余价值,但任何商人都不能没有良心和社会责任感。商人吃饭靠的不是地,也不是天,而是许许多多为他们创造财富的消费者。

试想,一个人穷其手段赚到了钱,却失去了良心,他能得到真正的安心和快乐吗?所以,人要学会尊重,尊重生命,尊重自己。

　　我一直以来都倡导一个理论,即修正作为一家企业,不以赢利为目的。有人说我是颠覆了理论界和实业界对于企业本质的表述,有人甚至怀疑我言不符实。但我自己内心很坦然、很坚定,我不是在"利"的层面来看待和追求企业的终极目的的。我以为,作为一个经济组织,当然需要重视并追求利润和效益。规模再大、资产再多的企业,若没有持续不断的利润支撑,都无法维持和发展。但企业,尤其是制药企业,如果把利润作为自身追求的最大目标或终极目标,那么它就必然会唯利是图、见利忘义,忘记治病救人、拯救天下苍生于疾病痛苦的天职。对于制药企业来说,"义"就是责任!修正人有一句豪言:这个世上只要有一个人还在遭受着疾病的折磨,修正人就没有完成自己的责任!这不是狂妄,而是全体修正人永远的使命!正是这个也许永远无法完成的使命,修正人才永远不会停下自己的脚步。雄关漫道真如铁,而今迈步从头越!

　　我也可以坦然地说,我们这样做不是形式主义,也不是吹毛求疵,而是迫于生存的需要。人与周围环境的作用力是相互的,你尊重别人,别人才会尊重你。只有敬畏和善待生命,我们才能更好地融入社会,我们的生活才会更加厚重。这不仅是做人之道,也是做药之道,更是立于不败之地的不二法门。敬畏不是敬而远之,而是一种融洽的和谐,让你、我、他都能在这种大环境下生活得更美好。

　　正如人的尊严是需要捍卫的,法律的尊严同样也需要捍卫。作为一名企业家,知法守法是他的职责所在,也是他智慧的体现。在医药市场的大赛场上,医药企业都在热情澎湃地往前冲,在包围与被包围中循序往复,其激烈程度不亚于踢一场球赛,那么,为了把球踢进球门,我们是否可以犯规呢?当然不是。须知法律是为人民服务的,法律本身就代表着人民的意志,它是为人民的利益而存在的。法律的遵守不单靠警察,也不单靠法院,而要靠我们每一个人的自觉。

　　在修正,质量是天,制度是天。20多年来,我们严格按照 GMP 标准来生产药品,继 2001 年整体通过 GMP 认证之后,修正又建立起了公司、车间、班组三级质量控制机制,并有计划地对全体员工进行质量管理和质量法规知识的培训。

同时,我们制定了严格的内控体系,严格执行质量全程追溯式管理,坚持内部客户制,细化原料采购、检验、生产、运输、营销、服务的每一个环节。炮制虽繁必不敢省人工,原料虽贵必不敢减物力。

药品不仅要受企业认知、市场现状、受众接受力、更新换代等多种因素的考验,更要在医药法律法规下接受监管。决定制药企业生存的是疗效。没有疗效的药品,不可能被大众认可,在市场上只有死路一条。

法律作为公民行为的底线,一旦开始实施就具有权威性和不可逾越性。作为公民,我们每一个人都要努力维护法律的尊严。尊重法律其实也是尊重我们自己,法律得到了足够的尊重,我们的自身利益才能得到法律足够的保护。那些对法律不够尊重、甚至藐视法律的人,注定会得到法律的制裁。

所以,我时时提醒自己、也提醒员工,无论什么时候都不要忘掉一个做药人的生存法则:药品是治病救命的,我们不管什么时候都要把社会责任放在第一位。

在药品生产中,修正的质量内控标准始终高于国家标准,质检人员具有“一票否决权”。2000 年 6 月,质检部门发现一批胶囊质量稍低于内控标准,便决定就地销毁。7400 万粒,价值 96 万元。

虽然因此增加了成本,却得到了民心。用良心换民心,值!对一个企业来说,有什么比得到民心更重要的?

世界不是随机产生的,而是由规律在维系着万物。老子在 2000 多年前就说过:“天网恢恢,疏而不漏。”在老子看来,大自然的所有构造都是由万物相辅相成、相附相依联系成的一张生态之网。这张网看上去虽然稀疏,却非常严密,没有丝毫缺失。这个环环相扣形成大连锁的精美之网，是在"道生一，一生二，二生三，三生万物"的宇宙演变过程中形成的。

老子以万物联系的宇宙观来审视自然生态，因此，人的行为不可能独立于自然之外。大自然是一张有秩序的网，人类也是这张秩序之网中的一环。在自然界和社会中，各种现象之间都是这样普遍联系的，作为普遍联系的表现形式之一的因果联系又是普遍的联系、必然的联系。所有的现象都是由一定的原因引发的，当原因和一切必要条件都具备时，结果就随之必然地产生了。

综观中华5000年历史，无论是一个王朝的兴亡，还是人类个体的生死，无不遵循着这条规律。所以，荀子说："天行有常，不为尧存，不为桀亡。"但是，在因果之网面前，在这些规律面前，人并不是无能为力的。我们可以认识规律、运用规律，在规律和因果之链中获得自由，这就是荀子所说的"制天命而用之"。所以，我们探求事物的规律，把握规律、遵循规律来做事情，就不难掌控事物的发展局势，不难达到"势"随我动的境界。

无论是自然万物之产生，还是社会生活之运转，他们得以维系的关键是"德"。有"德"即履行了"道"，这便是"德"深而"道"厚。

所以，我们在人员管理上尊重规律、尊重法律、尊重制度，同样也尊重人、贴近人。认识这些客观规律并"制天命而用之"，实现我们对员工的管理，充分发挥他们的价值和能力，让他们在企业的发展中获得个人的发展。由此形成了一个良性的循环，让企业在员工们的发展中也获得发展。所以，任何规律都不是障碍，它们都是我们获得自由的手段和前提。

修正在生产制造中也十分注重环保，努力创造人与自然的和谐。每年，我们都会投入大量资金协助政府一起治理污染。浑江、金沙河的岸上，制药企业林立，但河面从来都是碧波清澈的。

生命存在于大自然中，甚至依附于大自然，一旦离开大自然，生命就无法生存。生命在大自然中受纳、制造、排放,并通过多种复杂的生命过程再回归自然状态,实现大自然的再循环。生命链条是自然演化的结果,其规律性、必然性和因果性之严密是不容改变的。如果某种生命活动失去制约,就会对整个生态系统造成重大影响,由此会引起其他生命的活动规律和范围的改变,使生态循环失去平衡。人类如果违背了这一生命规律和生态规律,也许填补了一时的欲望沟壑,但失去的将是整个生命的家园。我们从自然宇宙的高度和深度来认识人和环境的关系、人在其中的位置、人在其中的责任,特别是修正在其中的位置、修正在其中的责任,从而确立修正的使命。修正把环境的保护看成企业生存于大自然的条件和前提,保护大自然就是保护人类自己,也是保护修正自己。

2001 年 5 月,我们成立了认证领导小组和推进办公室,任命了环境管理者代表以及 23 名各部门的内审员,从组织上保证了认证工作的全面启动。紧接着,领导小组和推进办召集有关人员,认真进行集团公司环境初始化综合分析、环境因素识别、重要环境因素评价、适用环境法律法规及其他要求的识别与评价工作。

在较短的时间里,我们就通过了吉林省绿色环境管理体系咨询中心的培训考核,23 名内审员获得了内审员资格证书。同时,集团推进办按计划开展了内审,覆盖了环境管理体系所纳入的所有部门和环境管理体系的 17 种要求。经过内审、管理评审、模拟审核,修正顺利通过了华夏环境管理体系认证中心的第一阶段和第二阶段的现场审核。审核的结论是,修正环境管理体系的建立符合 ISO14001 标准,认证资料得到了华夏环境管理体系认证中心专家委员会的认定。

2001 年 12 月 24 日,华夏环境管理体系认证中心发出《审核结论通知书》,修正建立的环境管理体系一次性通过了国际上最权威的英国皇家 UKAS 认证和国内最权威的华夏环境管理体系认证中心的认证。

不少获得认证的企业,在广告宣传中都把这张王牌打了出来,以此表明本企业对环境的贡献。但我们并没有这样做,获得了 ISO14001 后,我们对药品生产的标准要求更高了。

　　面对取得的一个个来之不易的荣誉,我的头脑异常清醒。我深知目前取得的成就只是阶段性的成功,我们的目的不是为了个人发财,而是为了企业发展。发展,永远是修正的核心价值观。

五　初衷不改，承诺不变

> 把病人的利益放在第一位，做人类健康的使者，我们的初衷始终不变。公元前400年，希腊名医希波克拉底每次给人看病之前，都要重复自己的誓言："我愿尽我力之所能与判断力之所及，无论至于何处，遇男遇女，贵人及奴婢，我之唯一目的，为病家谋幸福！"2000多年来，"希波克拉底誓言"一直是西方医药道德的基础。

隋唐名医孙思邈是东方传统医德的奠基人，他规定医生治病必须"无欲无求，先发大慈恻隐之心，誓愿普救生灵之苦"。

无论是西方还是东方的医者，救死扶伤都是医药人的天职，这种天职是绝对的、无条件的。这种认识是对医药职业的最高原则的一种具体体认，也是这一最高原则的具体化要求，它体现了全人类共同的道德理想原则。

在抗击"非典"斗争中，防治"非典"的药品供不应求，但相关原料药材却纷纷涨价。这是一场巨大的考验，是企业生死存亡的一个关卡，同时也是体现和实践修正价值理念的一次天赐良机。修正要生存、要发展，更要在关键时刻践行修正的经营原则和理念。

我当时做出5项决定：一是按原价向各地供应肺宁、金银花冲剂、阿维克、优尔等相关药品和提高免疫力的保健品；二是由总部统一调剂各省余缺；三是坚持诚信宣传，任何人不得夸大有关防治"非典"药品的作用；四是组织增加生产力量，确保产品质量和数量满足市场要求；五是要求各级领导干部关爱员工，以科学态度防范感染，共同抗击"非典"。全国最终取得了抗击"非典"的全面胜利,这里面也有我们修正人的一份努力和奉献,这是令我自豪和宽慰的。

如今,老百姓看病难、就医难、药费高已成为一大社会问题。为了真正让老百姓买得起、用得起好药,修正在产品研发中,始终坚持面向大众。

修正药品的质量在同行业中始终处于上游,而平均价格在同行业中属于中游。首先,严格遵守国家的药品价格政策。我们坚决在国家核定的价格范围内定价,保证让老百姓都吃得上品牌药。其次,在原料上严格把关。我们的中药采用地道药材,西药则采用国内一等高质量的原料和进口原料。同样的药材,南方和北方的价钱是不同的,品质也有高低之分,我们全部选取上等药材,虽然增加了生产成本,但其有效成分含量更高,疗效自然更好。

为了降低成本,修正每年投入大量的人力和物力加大药品研发和技术改进,采取工艺改进、设备更新等措施,努力压缩成本,致力于高端药品的普及。

修正格平(厄贝沙坦片)是治疗高血压的国家二类新药,与欧美同步,同时保护心脏、肾脏、肝脏,使血管不扩张。但它与进口、甚至国产的同名药品的价格相比,便宜了30%~40%。同样疗效的降压药别人卖40元,修正只卖29元,利润非常薄。修正的格平就是想让病人用得起,依靠生产规模来赢得利润,市场反特别好。

修正奥美拉唑肠溶胶囊的价格只是同类药品价格的1/5。我们的目的是为了让老百姓吃得起修正品牌的药品,让老百姓体验修正药品的疗效,这比做任何广告都好。

无论形势如何变幻,修正的初衷不会变,承诺也不会变。

面对国际市场愈演愈烈的竞争,中国产品要走向世界,那种依靠廉价的劳动力和成本优势来占领市场的做法已经一去不复返了。现在,中国民族工业要靠自己的诚信和品牌,靠优异的产品品质,靠强大的产品研发能力,去赢得客户的信赖和支持。

我坚信,只要每个企业都能以自己的良心去换取客户的真心,"中国制造"就不会再被打上"廉价低质"的标贴。这一点,修正已经走在了前头。

古人行医,以救死扶伤为己任。今天,在现代化建设过程中,制药与修路、办学、造船,并称为四大公益事业,体现着百姓最直接、最现实的需求。然而,在商品经济的冲击下,很多制药企业被利益蒙蔽了双眼,把事关生命安全的药品质量远远抛在了脑后。

谁都明白,好药需要精良的原料、完备的工序、科学的管理,可这都需要增加成本投入。贪图眼前利益的企业,用偷工减料、滥竽充数的办法来减少投入,这种做法在吹起他们腰包的同时,无疑给百姓的生命安全埋下了隐患。

一系列医药事故已暴露出药品研制、生产、流通和使用环节中存在的一些突出问题,反映了当前药品市场秩序的混乱局面,也暴露出药品监管工作存在的漏洞。

社会中的一切行为都需要法律、法规来约束,但我更重视的是自觉、自律。我们从一开始就自觉以"修元正本,造福苍生"作为自己的经营之道,我们从一开始就自觉把企业发展与社会责任联系起来,我们从一开始就自觉把法律和法规作为我们企业生存发展的自我要求和内在需要,我们从一开始就自觉把尊重人的生命放在利润之上。

我始终告诫工人:药品生产得从每一个人自觉做起,因为合格药是生产出来的,不是检测出来的。要想在市场中占有一席之地,就要在质量上占有绝对的优势。

有文化做保证,有制度做后盾。我敢说,修正做的是"放心药、良心药"。

从"康威"到"修正"这一路,我们始终坚持不赚三种钱:有损人格的钱,不赚;有损社会利益的钱,不赚;有损企业形象和经营理念的钱,不赚。对于企业和企业家来说,最重要的素质不是技巧和技能,而是德行。我深刻地体会到,广义的质量并不单指产品质量,还包括人的道德质量。产品是人做的、人卖的,人的道德质量、工作质量关系着药品的质量,人的良心关系着药品的疗效。良心,是人的道德质量的基本要求;放心,是人的工作质量的基本标准;管用,是人的工作效益的基本体现。

现在一些中小型医药企业也在内部提出了生产"良心药、放心药"的口号,这么多企业愿意做良心药、放心药,这对整个医药行业是好事,对消费者更是好事。作为制药企业,无论大小,都要从现在开始,把"良心药、放心药"的观念根植于每个员工心中,加强各个环节的管理和检验,保证消费者服用的每粒药品都是"良心药、放心药"。

修正提出生产"良心药、放心药"的口号,不是为了作秀,我们既然敢于在中央级媒体上对外宣传,我们就有充足的信心和勇气,愿意接受全社会的监督。

20年来,修正一直信守"做良心药、放心药、管用的药"的承诺,保持着"零诚信不良记录"和"药品质量零投诉"的佳话。"做良心药、放心药、管用的药"是修正的行动纲领,但我们并不是要将它独揽,因为它不应该只是修正一家企业的单个行为。我希望所有有良知的医药人都应该自觉遵守这一准则,共同来塑造这个时代的医药道德。

第六章

创新 · 跨越 · 领航——创新是修正的灵魂

修正的发展史就是一部思想解放史。每一次的发展与进步，所有关键时刻的抉择，都是解放思想起着决定性作用。

创新主导了一切，引领了一切，修正了一切；创新是一个民族的灵魂，是一个企业的灵魂；创新是一流企业的标志，是修正事业发展的不竭动力，是修正员工的责任。

为了实现高速奔跑，我们倾其所有也要搞创新。

一　超越对手的创新

> 对于改革创新,北宋王安石曾提出"天变不足畏,祖宗不足法,人言不足恤"的"三不足"论断。历史要前进,事物要发展,就必须要有"拗相公"的精神,敢破敢立。创新是修正进步的灵魂,解放思想是修正发展的武器。企业要实现跨越式发展,就必须解放思想,树立科学的创新思维。没有创新,就没有发展。

综观人类发展的历史,生产力的每一次进步都是以创新为先驱。创新决定了一个企业乃至一个国家、民族的命运。世界 500 强企业,强大的不是规模,而是创新能力。

创新思维要求我们观念、意识、习惯上的改变,这种改变表现在我们的言语和行为中,还表现在人们的目标、思路和做法上。思想解放的程度不同,做事的动机、过程、方式不一样,其结果也大相径庭。这就是为什么有些长期处于落后状况、看上去困难重重的公司和部门,只要调整一下领导班子、换一个主要领导或者换一种工作思路,局面就大为改观,甚至可以做到旧貌换新颜。所以说,创新思维是改进工作的法宝,是完善自己的良方。

有的人在谈问题、处理工作时,不先进行客观调查,不了解事物本身的内在联系和外在条件,也不认真研究,而是先打探哪个领导说过什么,特别是直属领导是怎么说的。他们从来不善于了解事物的本来面貌,不分析事物的内在因素、外部环境和发展趋势,不寻找最可能、最有效的解决办法。这些人在工作中总跳不出旧的思维方式和行为习惯,往往是推一推、动一动,有的甚至推也推不动。

　　一切事物都受到多重因素的影响，而且处于不断的变化之中。我们听到、看到或感觉到的现象，并不一定是事实或者不全是事实。我们看一件事物需要从多个角度出发，既要看它的正面，还要看它的反面；既要看它的外面，还要看它的里面；既要看它的现在，还要看它的过去。这样才能看清事物的本质是什么，有什么规律，会朝哪个方向发展，用什么方法可以解决。不在少数的人就只满足于一两个人的汇报或者找来星星点点的材料、听取一点肤浅的建议；更有甚者，听风就是雨，把街谈巷议、流言蜚语当作事实，加以传播，跟着说怪话、骂大街。这样做，非但无益，而且有害，有时还把自己和别人都气得够呛。

　　事物总是千差万别，看上去完全一样的做法，在这里有效，在别处并不一定有效。在学习别人成功经验的时候，一定要从自己的条件和环境出发，分析哪些是能够学到的、哪些是可以变通学到的、哪些是不可以照搬照套的，而我们自己有哪些做法也是可贵的。只有这样做才能学到有用的，摒弃无效的。学习先进也要有一个良好的心态，不浮躁、不气馁、不张狂，在自己的岗位上把自己的事情做得好上加好。

　　我们常说如今的企业发展得太快了，这不光是说效益增长了，还指我们曾经熟悉的事物和知识变得陈旧了，陌生的事物和新知识层出不穷，让我们应接不暇。这就是时代对每个人的挑战，躲不开，也跑不掉。要战胜这种挑战，就得学会否定。否定是发现和进取的起点，是发展和进步的动力。一个人总有骄傲得意的时刻和事情，但那都会过去。过去的认识、过去的招法、过去的经验，在今天可能已经不管用或者不全管用了。因此，学会否定，首先要学会否定自己，在不断的否定中寻找肯定的答案，寻求进取的途径和方法。

　　创新不是突发奇想，不是别出心裁？不是别人没做过的，我偏要做；不是过去没做过的，现在非要做。创新是根据变化了的条件和环境，采取务实适用的方法和政策，走应该走的路，做可能做、能做好、有效果的事情。

我一直倡导修正的工作要创新,目的是为了营造一种民主的、开放的、和谐的氛围,让员工敢讲话、讲真话;我一直提倡开短会、说短话、说自己的话,可以有稿不念稿,提倡争论,鼓励发表不同意见。

学习是要与生命相伴始终的,是人类自我完善和自我提高的根本途径和方法。要识人未识之境,言人未言之理,议人未及之事,这是很高的要求。不能凭借朦朦胧胧的看法,提点不关痛痒的建议,要做到有真知灼见,非下苦功夫学习不行。

不要以为有一定的学历,眼前的工作就应付了事;不要以为过去有成就,就可以随心所欲;不要以为经历过不少事,就混一时是一时。学习是长期的、艰苦的过程,不能敷衍,不能懈怠。不学习就不能进步,不能进步就要出局、就要被淘汰。在学习的问题上,自卑和自傲都是有害的。有的人虽然没有受过系统教育,但只要从今天做起,从眼前做起,日积月累,总能使自己的认识不断得到补充和完善。有的人自认为有点专业知识,又曾有点成就,就放弃学习,要不了很长时间就会落伍。有的人借口工作忙没时间而放松学习,这也是不对的。世间唯有时间是最公平的,每个人每天都有 24 小时。只有那些有毅力的人才能够巧用 24 小时,日复一日、年复一年地挤时间学习。生活中的不良风气对人的干扰太多,无休无止的形式主义、勉强为之的应酬、不规范的晋级提拔、与劳动和贡献不相称的分配,都给人们造成了巨大的心理压力,分散、浪费了宝贵的时间和精力,意志薄弱者实在难以持之以恒。

学什么,怎么学,也是篇大文章。学习要成为一种渴望,像吃饭、喝水、呼吸一样成为人的基本需求。同样是听一次演讲,同样是看一本书,有的人津津有味,有的人昏昏欲睡。善于学习的人能将每一点收获都融进自己的知识体系,使之更丰富、更完善、更系统化。学问,学问,学习要善于提问,要从怀疑开始。任何权威的、经典的东西,文章也好,典籍也罢,都是历史上某部分人甚至某个人对过去的认识,都会有局限性,都不可能全面、准确地解释所有新的事物、新的世界。善于怀疑，善于提问，带着问题学，才能达到"进得去、出得来、用得上"的境界。

现代科技成果，特别是信息技术的广泛应用，大大扩展了学习的领域，改变了人们的学习方式。一些国际咨询组织曾多次把人的读书习惯、人均购书/读书数量与国家的人口素质进行相关分析，得出的结论是：有良好阅读风气的民族和国家，国民素质就高，科技文化及综合经济实力就强，人均收入也高。传统的和现代的学习方法都是获取知识的重要方式和途径，两者不可偏废。结合使用，才可以使我们获得的知识既广博、又精深。

人的一切认识来源于实践，并在改革中不断升华。改革需要勇气，需要坚毅的意志和胆魄，需要准备付出代价。我们应该把困难估计得足一些，既不畏畏缩缩，又不简单蛮干，把改革的时机、方法、步骤、政策、措施谋划得更细致、更具体一些，尽可能统一认识、化解矛盾，减少障碍和阻力，以最小的代价取得最大的进展和突破。事物的发展需要环境和条件，要善于等待。昨天没有做成的事，今天可能做成；今天看上去做不了的事，明天不一定做不了。

新事物之所以新，就因为它还幼稚，还不完善，还有缺陷。对改革过程中出现的新现象、新事物，一定要宽容，允许在改革发展中犯错误，要给予改正错误的机会。我们往往在挑剔新事物不完善、有毛病、有错误的时候，扼杀了新事物，这样容易使我们走很多的冤枉路和回头路。

矛盾是客观存在的，不能回避，回避只能加深隔阂和分歧，使本来可以化解的矛盾成为对抗性因素，带来更多的麻烦。我一直提倡"首犯不处"的理念。提高能力是一个持续的过程，检验能力的标准只能是实践。

二 没有研发,何谈创新?

> 我说过两句话,"砸锅卖铁上设备,倾其所有搞研发"。这表明了我对技术创新的决心,旗帜鲜明、态度坚决。而"修正"这个词本身就包含着创新的含义。修正,修是手段,正是目的。那么,怎样以修来达成正的目的呢?那就要通过创新。可以说修正和创新是共通的,都是发展的动力,都是企业走向健康、卓越的必由之路,是一个硬币的两个侧面。人类很多时候都在修正的同时尝试着创新,在创新的同时实现着修正。

什么叫创新?

简单地说,创新就是继承和发展,继承前人,修正前人,上升到一个新的高度,从而取得发展。

提升企业的核心竞争力,关键就在于创新。人体只有不断地分裂出新细胞,才能保持机体的活力;企业只有不断地进行创新,才能改进生产技术,降低生产成本,不断地向市场推出技术含量和科技含量高的产品,提高产品的市场竞争力和市场占有率。

依靠创新(尤其是科技创新)来提升核心竞争力,无疑需要巨额资金支撑。在这一点上,我从来没有吝啬过。我平时花钱非常节省,但在研发投入上,我的理念是——砸锅卖铁买设备,倾其所有搞研发。到目前为止,修正用于科技创新的投入已经达到 12 亿元以上。

2000 年,我们投资 4000 万元开发国家二类新药格平,使我国的抗高血压治疗药物与发达国家同步,达到国际先进水平,同时也是国内首创。

2001 年,在国内一位著名医学教授的协助下,修正又成功地研制出治疗心血管疾病的国家级中药一类新药溶栓素。经体外抗凝血实验表明,其疗效比目前市场上常用的抗血栓酶类药物高 10 倍。

2005 年,我们用于技术创新的经费达 2.8 亿元,占销售回款额的 8.9%,比上年增加了 14.9%。

早在刚刚起步的 1999 年,公司就组建了技术中心。2000 年,公司投资 6700 万元在长春高新技术开发区新建了一座 2 万平方米的 15 层技术中心大楼,拥有各类实验设备 300 余套,总价值 15 亿元以上。此后,公司每年都会投资近 500 万元对实验室进行改造和购置新的实验设备。2000 年通过省级技术中心认定;2003 年通过国家级技术中心认定;2004 年通过国家人事部批准的博士后工作站、国家科技部认定的国家级企业研发中心;2005 年中药制剂实验室通过中医药科研二级实验室认可,这是国内制药企业研究机构中首家获得中药制剂实验室认可的单位;2008 年通过国家中医药管理局中药制剂三级实验室认证。同时,与长春中医药大学、东北师范大学共同组建了吉林省现代中药工程研究中心,与天津中医药大学等科研院所建立产学研联盟。我们有国内外著名医药专家及科研人员共 500 多人,拥有自主知识产权产品近 80 个、专利 1000 多项,并与国内外高等院校、科研院所保持合作交流。我们还在沈阳、上海、杭州、北京等地设有分支机构,承担了部分国家中药标准的起草和制定。我们的新药研发已经达到了"生产一代、研发一代、储备一代"的水平。

自 2002 年以来,我们已累计申请各项专利 157 项,其中发明专利 46 项、授权专利 97 项;同时承担着 2 项国家创新基金项目,外加国家、省部委科技项目 30 多项。

企业年度投入科技开发经费占年度平均销售收入的 2%~5%,具有较强的成果转化能力和市场开发能力,新品种从批准到上市一般半年左右时间。2007 年,我们荣获"国家发明创业奖""创新奖"以及长春市"知识产权保护先进单位"等荣誉。

现在的市场是买方市场,消费者掌握选择的主动权。修正的每一项创新活动,都是以"你"的需求为导向,也就是找出"你"所需求的技术功能和技术关键,把两者结合起来,不断通过市场需求来检验、调整和促进创新活动。

众所周知,鹿是珍贵的药用动物,鹿产业给人类提供了丰富的健康产品,鹿茸的药用、营养、保健价值举世公认。然而,近年梅花鹿的行情很不乐观,所以当时我们收购双阳梅花鹿集团,在客观上来讲是一项风险极大的投入。

不过,我考虑更多的不是风险,而是此举的意义,我要让梅花鹿尽快恢复它的原有价值。既然消费者有需求,我们就是冒点险,也要做成这个利国利民的事业。因此,我们投入了 10 亿元,建立了梅花鹿养殖基地,采用高新生物技术研究开发梅花鹿基因、营养、健康产品,为人类健康提供多种选择。我们所做的这些努力,都是试图从消费者的角度出发,以期真正做到"想消费者之所想,产消费者之所需",我们的这种诚心果然得到了消费者的信任和好评。

在此基础上,我们建立了三大原料生产基地:一个全国最大的具有自动化集成制造技术控制的中药标准化提取物生产基地、一个现代化化学原料药生产基地、一个生物发酵生产基地。我们还建立了三个南北地道动植物中药材种植、养殖基地,一个中等规模的化妆品生产基地,一个保健食品、药膳食品生产基地。

不管是修正通化产业基地,还是修正北京制药基地,或是修正四川制药基地,都有浓浓的"人人想创新,人人争做创新模范"的创新氛围,技术创新精神已经融入了修正人的血液,成为所有修正人行为的坐标。

应当说,创新和修正是共生的,两者共同作用下产生的复合力量推动着企业不断走向健康、卓越。相反,任何偏废一方的认识和行为,都会影响企业的健康发展。打造百年企业的基石是修正,创新则是企业活力的体现。将一个山间小厂带出大山、走向国际的这段发展历程,其实就是我们不断地否定自我、修正自我、战胜自我、超越自我的自主创新过程。

创新,简单说就是创造出新的东西来,道理谁都懂,但是要真正做到就难了。有人认为,既然要创新,那就要否定过去的一切,就要推倒重来,就要来一个前无古人、后无来者的改革,就要搞一个和过去没有半点瓜葛的全新事物出来。这种观点就是典型的对创新的无知,对马克思主义的认识论、发展论的一无所知。

无论哪一个学科,都是历史的积淀,都是宝贵的财富,我们只能在继承的基础上,根据时代的要求,去修正它、发展它,从而实现创新。这样的创新,才能是有源之水、有本之木,否则只能是空中楼阁。

创新更多地来自对过去的反思和总结。反思过去的工作,无论是成功的还是失败的,都有值得我们改进的地方。我们可以通过对其正反两方面的反思,实现自我的修正,从而避免新的遗憾,使我们的工作趋于完美。

前进中的问题,要用发展的方法来解决,我们既要创新,也要修正。我们的每一次蜕变都是一次修正,如果不进行修正,就没有今天的修正集团。创新和修正升华了我们的工作,已经成为我们的一种思维模式、一种生存状态、一种生命底色。

三　精雕细刻的琢磨

对于治学，《礼记·中庸》有云："博学之，审问之，慎思之，明辨之，笃行之。"前四句是明理，第五句是身行。我的理解，凡是研究都要深、要透。深一步，深一步，再深一步。对于修正这个企业的发展，古人的这些治学格言非常中肯有用。唯有持以这样严谨的态度，唯有发扬这种研究深、研究透的精神，我们才能制定正确的战略，写好有自己鲜明风格的"大文章"。

科学发展是一般的原则，我把这一原则运用到了我们修正的发展战略上。修正的发展战略是：集中力量，重点突破，实现跨越式发展。但在大跨度构想、深层次挖掘、超常规运作的实践中，一定要注重"适度"。

人们在感到创新重要性的同时，也感到了创新与人们的距离。可能大多数人都会认为，创新这样前沿的东西，只有学富五车、才高八斗的人才能研究，一般人哪敢轻易触碰。然，非也。事实是，创新来源于人民大众的智慧，来源于生活实践的经验。李斯在《谏逐客书》中说："泰山不让土壤，故能成其大；河海不择细流，故能就其深。"

海尔集团首席执行官张瑞敏说："创新不等于高新，创新存在于企业的每一个细节之中。"海尔的可贵之处，就在于它不但敢于率先提出创新的口号，还用行动证明了对创新、对大众智慧的重视。大众智慧不可轻视，有时哪怕只是一点点星光都有可能照亮整个夜空。生产婴儿用的尿布，实在是"小儿科"。然而，风靡国际市场的尼西奇尿布，与丰田汽车、东芝电器一样有名。尼西奇原是日本一家生产雨衣的小企业，老板多博川从一篇人口报告中获悉,日本每年大约有 250 万名婴儿出生。他突发奇想:如果每个婴儿买 2 条尿布,一年就稳销 500 万条;假如产品再销往国外市场,前景岂不更广阔?果然尿布一面世,就备受年轻父母的青睐,并远销海外,尼西奇因此成为世界上最大的尿布专业生产企业。

小创意看似平凡,人们常常不太容易发现其背后蕴藏的巨大市场前景。但正因它微不足道,常常可以使有心者进入市场竞争的"无人区",从容不迫地逮住机会,捷足先登,获得成功。

可见,小创新并不会因其小就赚不了钱,相反,正是这些小创新使许多企业赚了大钱。创新活动有大有小,内容和形式各不相同,它不仅仅是科学家、发明家的事儿,它已经深入到普通人的生活中。

管理大师彼得·德鲁克说:行之有效的创新在一开始可能并不起眼。也许就是一些不起眼的细节,往往会使你产生创新的灵感,从而让一件简单的事物有了超常规的突破,为你所在的企业造了大福,你自己也得到了相应的发展。

群众的智慧是一片汪洋大海,汲取一点一滴,就有可能引发大潮汐,所以我从来不敢忽视。我每月都要求员工提交一份意见书,包括对工作的前景预测、对失误的反思、对领导的评价,还有就是有没有新的窍门、点子。这些闪耀的小火花,我认为如果适时引燃,足以燎原。

人会面临许多诱惑,做企业也是如此。在中国企业"长大"梦想的催生下,多元化战略成了一种流行,越来越多的企业放弃以前的单一化战略,投向多元化的怀抱。

不少人劝我去搞房地产开发。这些年来,长春、北京都有人想找我合作,说可以在黄金地段搞到土地,愿以土地为投资与修正一起建造商品房。有的楼盘建设已经开工,中途因为贷款不到位而停工,开发商就希望修正能够入股或接手。

在房地产开发方面,我可以说是个内行。我的血液里一直流淌着土木建筑人的血液,建筑高楼大厦是我从小的梦想。随着时代的发展,房地产业如火如荼,有的人一夜成名,有的人一夜暴富。

我也不止一次产生过进军房地产业的冲动,每当想到要搞房地产,眼前就会出现精致豪华的高楼,成片的高层社区,涌进的住户……只要眼前出现这样的情景,我就热血沸腾,甚至半夜爬起来谋划,恨不得第二天早上就施工。

在 2002—2003 年,我几次与房地产开发商接触,可是经过仔细的思考,我放弃了。《系辞》中有一句是"形而下者为之器"。如果说眼前这一切都是具体的、实在的"器",那就一定要找到一个可以认识这些客观事物的理性思维,这就是"形而上者为之道"的"道"。站在这个高度来分析那些让人眼花缭乱的"多元化",我的头脑一下子冷静了下来。

不只是房地产业,证券、旅游、网络……每个具体的、现实中的情景,都是那样具有吸引力。但是,要是用"道"的观点来看这些"器",这些浮华诱人的东西就会失去魔力。

不同的人天生的特长也不同,有的人左手灵活,有的人右手灵活,还有的人左右两只手一样灵活。到底哪一只手使用起来更灵活?这要取决于你具备使用哪只手的能力,战略也是一样。

专业化与多元化之间的关系是矛盾的,又是统一的。多元化是建立在专业化基础上的,如果你对多元化中的每个元都很专业,你就可以多元化。多元化经营的战略,对企业的要求就是你必须具备同时使用两只手的能力,也就是说,你要具备"三心二意"的能力。

基于实力的思考和把握,我恪守三项投资原则:专业化经营原则,稳步扩张原则,向上游扩张原则。我可以多元化投资,但绝不多元化经营。虽然修正也在旅游业、种植业方面投入巨资,但我们这种做法没有"违反"专业化经营的原则,只是将专业化经营提升到了产业群经营的高度。我们所做的中药材的种植,是产业链向上端的延伸,而旅游业也是以生态中药种植为核心的生态特色旅游。在修正,它们并不是相互孤立的产业,而是相辅相成的,形成了一个有机的整体。

企业专注于某一个行业是无可非议的,但是如果外部环境变了,你就必须进行战略转型或者转变经营模式。若漠视环境变化,固守原来的一套,企业倒闭也是正常的。所以,我并不是盲目地反对多元化,而是审视自己的精力、实力、制度、市场等各方面条件是否已充分具备,尤其是有没有合适的人去做。盲目的多元化会将主业拖垮。

只有专注才能专业,只有专业才能有竞争力。没有专业化,哪来多元化? 企业战略的核心是取舍,要懂得有所为、有所不为。因为专业,所以专注;因为专注,所以更专业;因为专业,所以更容易形成核心竞争力。这就是选择专业化战略的理由。

我觉得,人这一辈子如果能专注地做一件事,并把它做好,就已足够了。我这一生就做药了,即使要扩展,也是与医药相关的保健品、化妆品等行业及大健康产业。专注精神,就是要细嚼慢咽,绝不想一口吃成胖子,而且这种方式也不可能吃成胖子。在人生的路上要学会进退自如。

四　敢为天下先

> 天下武功，无坚不摧，唯快不破。只有先于对手出拳、先于对手到达，才能抢得先机、夺得先声。我喜欢梅花那种"万花敢向雪中出，一树独先天下春"的风格，这也是修正的风格！

干什么事都要走在别人的前头，才能占据主动，才能立于不败之地。

任何一个制定战略的高手，其高明之处就在于他能够洞察时机、领先一步，这样才能避免陷入同质化的陷阱。道理谁都懂，但是最大的问题是少有人身体力行。

我喜欢登山，在绝顶之上，放眼望去，"一览众山小"，有一种世界就在脚下的感觉。阵阵山风吹来，感受着那凌驾于一切的豪迈，享用着那空悠悠的辽阔，是一种难得的境界。

站得高，才能望得远；站得高，世界才能尽收眼底。企业家也一样，只有站得高才能看得远，一位有远见的企业家必定是个成功的企业家。

这是知人所不能知、见人所不能见的大智慧。有大智慧，就能深谋远虑，就能料事如神；有大智慧，就能先知先觉，就能识见远大。做企业，更是离不开这种远见。

当市场上有的天麻丸在偷工减料的时候，我选择先舍后得，独占了市场；当太和圣肝大获成功，肝药一哄而上的时候，我选择适时撤退；当我们的商标被别人抢占，巨额广告投入打水漂的时候，我选择后退一步，更名重生，有了今天的修正。

"不畏浮云遮望眼，只缘身在最高层。"一个企业的经营者需要站得高、望得远,要善于掌握事物的发展规律,要预见企业的发展趋势,这样才能够因势利导、预见危机、化解危机。事物是多变的,要根据其时间、地点的不同以及整体利益与局部利益的差异来做出战略决策,这就需要有统率全局的战略头脑。

有几十年的眼光,可以建立几十年的事业;有千百年的眼光,可以建立千百年的事业。只争一时之得失,只料一时之成败,逞强好胜于一地,作威作福于一方,这不是见识远大、功德圆满,只能祸害自己、贻害后代。

当年的康威药业在改制之后,几年之间就得以大跨步地前进,关键就在于两点:一是志向远大、冲劲十足;二是追求质量、力保信誉。在药厂复苏之后,我对大伙儿说,我们不仅要解决生存问题,还要做行业第一,结果我们做到了吉林第一。2015年的时候,修正药业的营收已超过500亿元。

企业在竞争中要引领市场,其关键在于要进入一个无竞争领域,而要进入一个无竞争领域首先得有正确的思路。以化药为例,我的做法是,先从上游原料生产入手,投资1.2亿元建立了一个化学制药厂,大规模生产原料药。这样,即使大家都生产同质化的制剂,对手卖5元,我就可以卖4.8元、4.5元,甚至我卖4元还有利润。除此之外,我还可以获取原料的利润,而对手可能就没有这部分利润。

在中药领域,我们也建了一个生产中药中间体的中药原料提取厂,目前可以说是亚洲最大的一个提取车间。我们的生产成本就比别人降下来很多,再怎么竞争我们都能以低价占领市场。

除了规模壁垒,再有一个就是技术壁垒。这有两种方式:一是老药新做,不断地改进工艺,提高技术门槛,在技术上领先别人;二是搞高精尖的产品开发,研发别人没有的新药。

"老大"不是抢来的,是用实力获得的,是用德行收服的。一个企业的地位是由消费者决定的,消费者认可你的产品或服务,你才能生存和发展。企业的地位需要两根拐杖来支撑,一是实力,一是德行,以实力维持发展,以厚德获得认可。这样,企业才能做到基业常青,被消费者铭记于心。

五　斯达舒的秘密

> "看似寻常最奇崛,成如容易却艰辛",用王安石的这两句诗来形容斯达舒畅销不衰的秘密是非常恰当的。当一个产品被赋予了责任、使命时,她也就有了生命。她的生命就是企业的生命。

我们企业的主打品种斯达舒于 1998 年上市,2000 年起在央视投放广告至今,销售额从几千万元到现在的十几亿元,被誉为我国医药行业胃肠类的"常青树"。

如果光靠广告促销,没有确切疗效做保证,那怎么可能如此畅销不衰呢？其实,虽然斯达舒的品牌没有变,配方没有变,但在修正人的努力下,斯达舒的工艺已经历了三四代的革新,大量采用了最新、最前沿的技术,纯度更高,疗效更确切。

什么是好药？能治好病的药就是好药。在我看来,修正的药不仅要能治得好病,更要安全、放心。所以,在修正国家级的技术中心,每年在斯达舒生产工艺上实施的改进和创新项目就超过 10 项,每年在斯达舒研发和技术创新上的投入不下千万元。为了保证空气质量,修正的生产车间里安装了过滤设备,吹进车间的空气都必须经过三重过滤,绝不让一个"不法分子"乘虚而入。

为什么要做得如此精细严格呢？这是因为哪怕一点小小的细菌,也会污染药品。修正生产车间的净化级别是超过 10 万级的,只有实力雄厚并彻底执行 GMP 操作规程的厂家,才能如此保障每个环节的无菌操作。

科技创新和工艺改进让斯达舒的疗效更加出众。2003 年 8 月,国家食品药品监督管理局赋予斯达舒独立的国家标准。在此之前,斯达舒已经以其疗效确切和可靠安全入选第五批国家 OTC 药品目录。

颠茄是几千年来的传统中药,也是斯达舒的重要成分。与一般药厂使用的颠茄浸膏相比,斯达舒采用的是颠茄提取物。我们用超声波提取回流技术提取颠茄草中的主要有效成分——莨菪碱;再用膜分离提取技术除去提取液中的大分子杂质,从而提高提取物的有效成分百分比和药效;采用薄层色谱法等先进技术对颠茄提取物进行检测,同时增加含量测定项;利用高效液相色谱法定量检测,降低人为误差,提高数据的准确性。

提取车间的技师曾幽默地说:"我们车间里的地漏也许要比饭盒还干净呢!"这并不是一句打趣的玩笑,我们生产车间的液封装置和地漏都遵循规范的清洁规程,每天由专人定时进行严格的消毒并更换消毒剂。

我们严格控制每一粒斯达舒的生产过程,从原料进厂开始,就层层把关。在斯达舒的生产过程中,每一个环节都要求精益求精。斯达舒采用高效液相仪、全自动胶囊充填机、三维混合机、V 型混合机、250 型铝塑包装机、全自动裹包生产线等全自动的系列装置生产,避免人工操作污染药物。

我们在对生产工艺、仪器设备"吹毛求疵"的基础上,还为斯达舒设置了严格的质量检验关卡。在每一道生产工序之后,都配有相应的质量检测手段。每一粒斯达舒都必须"过五关,斩六将",才能顺利降生。

在配制混料工序中,为了保证每一粒斯达舒胶囊中的每一个颗粒的药效都能够充分发挥,我和我的同仁们不断创新、改进工艺,延长混料时间至90 分钟,并在以往等量递加法混合的基础上,将颠茄提取物与氢氧化铝进行二次混合,使药物成分分布更加均匀。由此,斯达舒的各项药物成分真正达到均质,避免了因药物成分不稳定、药效忽高忽低给患者带来的不良影响。

除了保证斯达舒成品的理化、微生物限度和外观均符合规定外,我们还要求对批次生产记录进行审核,确保整个生产过程不存在任何问题。总之,坚决做到不合格药品不出厂,保证出厂药品的合格率为100％。

为保证药品质量和安全性,我们每年都会选送优秀技师到高校深造,每年进行4次技术"比武"。即便是对那些懂工艺、懂生产和业务水平高的制药人员,也要不断加强业务培训。每月公司组织一次大型GMP标准相关业务知识培训,同时车间随时进行现场培训。每个车间均配考核机制,考核合格后上岗,实行在岗学习、定期考试,考试不合格者自动离岗。曾有一位非常优秀的技师在季度综合考核中排名最后一位,被责令下岗时,她哭了。她说:"一直看着斯达舒长大,我喜欢听流水线上生产斯达舒的声音,我舍不得离开斯达舒啊!"但是,制度是无情的,只有合格的人才能生产出合格的产品。生产主管在和她谈话时,鼓励她放下包袱,苦练内功,争取早日上岗。

生产技师不但要定期做体检,同时,在每天进入制剂楼后,还要经过严格的净化程序。进入生产区之前,要洗手、更衣、戴帽、更鞋。进入洁净区之前,还要把一般生产区的工装换下,穿上洁净区的衣、帽、鞋并洗手。车间里是绝对不允许吃东西的,每天这样的程序至少要做2次,也就是说,生产人员每天至少要洗4次手、换4遍衣服。如果中途要出去喝水或是办事,就又要重复上述过程,重新洗手,更换衣、帽、鞋。

为了让消费者能够吃到真正的放心药,我们给每盒斯达舒都配上了"身份证"。我们引进意大利设备,为每盒斯达舒喷上不同的激光防伪喷码。当消费者拿到斯达舒时,可以注意包装盒右侧的浅蓝色底上有一条白色的字迹,摸上去会有凹凸感,这就是这盒斯达舒的"身份证"。你留心去看,就会发现,每盒斯达舒的编号都是不同的。

我们还启动了放心药工程,购买了5万多台面包车,建立起流动服务平台。同时,与各地药监部门联合,宣传普及药品法律和用药知识,为消费者的用药安全尽一份力。

许多胃病患者都有这样的体会：一旦得了胃病，胃痛、胃酸、胃胀就一直困扰着自己，时好时坏，反复发作。归根结底，原因有两个——没有选对药和没有按疗程用药。

斯达舒胶囊采用严格的国家标准、先进的生产工艺和进口设备，实行苛刻的原料质量控制标准、严密的质量保证体系，层层把关，使每一粒斯达舒的质量更好、疗效更显著。

斯达舒治疗胃病分为三个周期：

一是快速起效期。服用斯达舒后，药品中的各种有效成分会快速发挥作用，并在病变部位形成保护膜，使患者感受到的胃痛、胃酸、胃胀、嗳气、烧心等症状迅速消除。

二是持续治疗期。服用斯达舒10～15天，在持续的药物治疗下，受损的胃黏膜部位逐渐长出新生肉芽，并逐步得以修复。

三是恢复痊愈期。服用斯达舒20天后，病变部位的病情得到有效控制。重症患者应继续服用1～2个疗程，巩固疗效。

我觉得，正是对上述每个细节的一丝不苟，才让斯达舒与众不同；正是对每一粒斯达舒的千锤百炼，才让患者在服用时能快速见效，及时摆脱胃酸、胃痛、胃胀的困扰；正是斯达舒的药物质量始终如一，才能持续得到市场的认可，才能得到众多消费者的厚爱。

日本有一位科学家做过这样一个实验：从自然界的山川、河流、溪井、池塘中采来不同的水样，分装在同样的玻璃杯中，然后贴上写有不同话语的标签，静置1小时后，各取水样1滴放在－5℃的冰箱里，全程监控其结晶过程。你知道结果吗？凡是标签上写着"爱、感恩、快乐"这些字样的水，其结晶都无比美丽，似乎还有光芒；而标签上写着"恨、恶、魔鬼"这些字样的水，其结晶却无比丑陋。我们都以为水是没有生命的，可它却知道一切。可想而知，你的爱恨，别人会感觉不到吗？斯达舒带着那么多的责任、爱与祝福出厂，难道患者身体会毫无反应吗？不会的，你不知道，可水知道。

第七章

人才·吸纳·发展——打造卓越战斗力的铁军

　　人才资源是第一资源,人才战略是第一战略,人才环境是第一环境。

　　只要具备一定的知识或技能,能够进行创造性劳动,在建设百年修正事业中满怀激情、高度负责、积极贡献,与修正同行,创造出经济效益、精神效益、文化效益的人,都是修正的人才。

　　修正的用人原则是:人才靠培养、岗位靠竞争、收入靠贡献。

　　修正靠感情留人、待遇留人、事业留人,其核心是靠诚信留人。

一 唯有人才迭代才能百密无疏

对于唐太宗这位开创"贞观之治"的千古帝王，《旧唐书》中评价："拔人物则不私于党，负志业则咸尽其才。所以屈突、尉迟，由仇敌而愿倾心膂；马周、刘洎，自疏远而卒委钧衡。"《贞观政要集论》的撰者、元朝戈直说："屈己而纳谏，任贤而使能。"可见，"贞观之治"兴在用人与纳谏。

用人是企业发展的第一要务，所谓用人，就是在合适的时机把合适的人用在合适的岗位上。安德鲁·卡内基曾经说过这样一句话：带走我的员工，把工厂留下，不久后工厂就会长满杂草；拿走我的工厂，把我的员工留下，不久后我们还会有个更好的工厂。

从这句话中我体会到两层含义：一是说明了人才所能发挥的巨大作用；二是告诉一家企业要想发展壮大必须要有人才。

修正在各个发展阶段对人才的认识，经历了曲折复杂的转变过程。集团规模化以来，尤其是进入自主经营以后，随着经营体制的确定、创业环境的改善、诚信体系的建立，我开始重新认识人才建设工作。

这20年来，我们既有礼贤下士、唯才是举的快乐，又有人才流失、难尽其才的痛楚。通过对教训的反思、对问题的解剖、对路线的调整，修正树立了崭新的人才观——

只要具备一定的知识或技能，能够进行创造性劳动，在建设百年修正事业中满怀激情、高度负责、积极贡献，与修正同行，创造出经济效益、精神效益、文化效益的人，都是修正药业的人才。

修正的人才观,是人人可成才的培养观与衡量、选拔、检验人才的实践观的结合,也是效率优先、兼顾公平的激励观与实事求是的绩效观的结合,更是德才兼备的用人观与全面、协调、可持续的人才发展观的结合。修正的人才观,是把科学的实践观、绩效观、发展观统一起来,统筹规划,整合力量,把促进人才健康成长和充分发挥人才作用放在首要位置。

修正人才观的内涵包括以下六个方面:

一是不拘一格,唯才是举。

品德、知识、能力和业绩是修正衡量人才的主要标准——不唯学历、不唯职称、不唯资历、不唯身份。打破条条框框,打破人为界限,打破尊卑有别,建立"干部能上能下,人员能进能出"和"任人唯贤,鼓励竞争"的用人机制。通过竞聘上岗等手段,促使人才结构优化,催生新鲜血液,鼓励高素质人员通过竞聘走上更高管理岗位,逐步实现干部的年轻化、知识化、专业化。

二是尊重劳动,尊重创造。

能够发现问题的人是聪明的人,能够知道问题发生原因的人是有经验的人,能够解决问题的人是有能力的人。发现问题、了解问题和解决问题,都是劳动,都是创造。修正事业建立在这三种人才的基础上,并有意识地推动前两种人才向第三种人才转变,最终达到人人都是独当一面的将才或帅才。在修正,人人都要具备老板心态和老板意识,尤其是从事自主经营的事业经理人更应如此,修正也愿意给他们提供平台和空间。

三是困难面前,满怀激情。

激情是一种信念,它让你在失败中不会懊恼,在坚持中不会疲倦;它可以给你力量,使你坚强;它可以给你无穷的灵感,让你在面对困难时信心百倍。激情,血性使然,不敢想象没有激情的人生将何等沉闷,没有激情的企业将如何拓展。

在修正事业的奋斗中,经常会遇到许多观念性、技术性、体制性的问题。要克服这些主观和客观难题,尤其是在客观条件不具备的时候扫清障碍,肯定不是只要具备技术就可以解决的,还需要满怀激情。只有满怀激情才可以为克服客观困难创造充分的主观条件,才可以创新求变。对事物高度敏感,充分把握,聚精会神,锲而不舍,就是修正的"满怀激情"。

四是忠于本职,高度负责。

世界上一切"大"皆起源于"小",一切"小"皆汇聚成"大"。对修正而言,大者就是修正的事业,小者就是每个员工的本职工作。修正所倡导的"三感一心"中的责任心也是一种资源,离开责任心谈信任,离开本职岗位谈忠诚,就是离开矛谈盾、离开船谈帆,就是无源之水、无本之木。

在修正,只有脚踏实地、忠于职守、勤奋工作,才有成长的土壤。忠于本职的人即使身在基层,也能从平凡中创造非凡。大道行简,脚踏实地做事,坦坦荡荡做人,对本职岗位怀着朴素的忠诚,就是修正鼓励的人才观。

五是共同成长,与修正同行。

修正不是一个人的修正。与修正同行,是一种理解,理解修正事业的美好前景;与修正同行,是一种认可,认可修正的文化理念;与修正同行,是一种期待,期待与修正共同辉煌;与修正同行,是一种忠诚,无论风雨多大,都全心守护着修正。

六是合理划分三个层次。

修正在爱人才、兴人才、聚人才的基础上,将人才划分为三个层次。

第一层次是管理团队,称之为"地核人才"。"地核人才"包括董事会、管理层及部分上中层管理人员。

第二层次是有一定稳定性,但也必须有岗位流动率的管理和业务人员,称之为"地壳人才"。"地壳人才"包括企业的中层、基层管理人员和部分岗位看似低却很重要的员工(如财务部会计)等。

最后一个层次是通过试用期、有发展潜力、可以融入企业文化的普通员工,称之为"地表人才"。

在人才建设上，我们努力形成三类人才梯次：稳定、巩固"地核人才"，培养、发展"地壳人才"，培训、塑造"地表人才"。促进人才向更高的层次、更重要的岗位、更适合的环境发展，用企业文化来统一三类人才的思想，用激励体制留住三类人才。

在三个层次的人才科学组合的前提下，努力营造良好的人才环境，即营造良好的公司体制环境、工作创业环境、生活学习环境、人际和学术环境，从而使各类人才在修正都有用武之地而无后顾之忧，有苦练"内功"的动力而无应付"内耗"的压力，有专心谋事的成就而无分心谋人的顾虑。

在使用人才上，我们重在解放思想、更新观念，对文凭、经验、聪明人和竞争4个方面都有了新的认识。

第一是关于"文凭"。

毛泽东同志有一个著名的观点："老粗出人物。"1964年，毛泽东告诫全党同志，"可不要看不起老粗"，一些老粗能办大事情，成吉思汗、刘邦、朱元璋。他强调指出，"群众是真正的英雄，而我们自己则往往是幼稚可笑的，不了解这一点，就不能得到起码的知识"，"人民群众有无限的创造力"，"工人中间应该教育出大批的干部，他们应该有知识，有能力，不务空名，会干实事"。

英雄莫问出处。对修正来说，所有的人只有"有用的人"和"没有发现用处的人"两种区别，而没有"有无文凭""有无高文凭"的思考逻辑。

修正对于没有文凭的员工，鼓励其参加修正大学组织的岗位技能等相关培训，使这些员工有机会享受同样的晋升机会。

修正大学是在当时企业快速发展、竞争日益激烈的背景下成立的。修正大学成立于2001年2月8日，是培养员工的第一阵地，也是培养中高级管理人员的摇篮。

创建伊始，我就提出了修正大学的办学宗旨和目的。修正大学以建"百年修正"为己任，以"企业发展、员工致富"为总目标，围绕"管理、创新、改革、协调、发展"10字方针,建立并完善员工教育与人才培养机制,使员工通过不断的培训和学习,达到全员素质整体提高的目的,为实现"百年修正"构建人才高地。

"学习、研究、提高、创新"是修正大学的校训,修正员工来到修正大学,通过互动、学习、交流,将新的管理思想和新技术知识运用到企业实践当中,从而使企业快速螺旋式发展。

修正大学的培训原则是:找出差距,学以致用。依据修正的发展战略,通过"案例+互动"的创新培训形式,进行管理培训、创新能力培训和发展能力培训等。

目前,修正大学有200多人的师资队伍,已与国内知名大学建立合作关系,并聘请兼职教授50多人。在北京成立了中高级干部培训基地,为修正今后的发展培养并储备了大量的人力资源。

在人才招聘上,我们宁可录用那些对工作肯投入、有责任心的人,也不录用那些自以为聪明的高学历"人才"。在提拔员工之前,首先要从职业能力、人格及家庭生活等多个侧面去了解、把握、剖析这个人。一切都通过了,再把这个人安排到最恰当的部门,去出任其最能发挥所长的职务。

社会是一个大课堂、大熔炉、大舞台,可以培养出优秀于学校千百倍的人才,为修正所用。有计划、有步骤、有目的地把一些员工放到环境艰苦、矛盾集中、困难突出的地方去磨炼,可以"观其夺救,以明间杂;观其感变,以审常度;观其志质,以知其名;观其所由,以辨依似;观其爱敬,以知通塞;观其情机,以辨恕惑;观其所短,以知所长;观其聪明,以知所达"。

有这样一个故事,庄子拜见鲁哀公。鲁哀公说:"我们鲁国有很多儒士,可是却很少有人以先生为榜样,这是为什么?"庄子答道:"这是因为鲁国真儒士太少了。"鲁哀公问:"鲁国穿儒服之人到处都是,何言其少?"庄子答道:"据我所知,真正的儒士未必穿儒服,穿儒服的未必是儒士。如果你发布命令:没有真才实学的人,穿儒服则判死刑。而后你再看结果会如何?"

在鲁哀公下此命令五日内,果然见不到有人穿儒服了。唯独一人穿儒服立皇宫前,鲁哀公召见,以国家政务询问,其对答如流,俨然具有渊博的知识和无穷的智慧。庄子说:"偌大一个儒国只拥有一位儒士,能说儒士多吗?"

在当今,学历就是儒服。社会上一些人士不惜重金追求高学历,但学历不等于能力,我们企业为此走过弯路。美国著名作家马克·吐温说过,"我从来不让学历影响人的教育";日本西武集团的老板堤义明曾说,"文凭是一张废纸";本田汽车创始人本田宗一郎认为,"文凭还不如电影票"。可见,学历证书绝不是享受事业成功之旅的门票。

修正重学历,但更重实际工作能力,因为工作能力比学历更重要。在选拔人才时,绝不能被对方的学历文凭和浮夸的自我介绍所迷惑,真正要考察的是他的实际工作能力。只有他的实际工作能力,才能给企业创造价值,才真正对企业有用。

任何时代的大学教育同企业的需要之间总是会有一定的差距,这是一般的理论教育与讲求实际操作能力的企业用工需求之间不可克服的矛盾。由此,任何一个大学生进入企业,包括进入修正,都存在着如何把一般知识转化为实际应用能力的过程。这一过程,修正把它列为新员工的再教育过程,并形成了系统的再教育方法。通过这些系统的再教育过程,进入修正的大学生一般都能够很快地适应岗位,具备实际可操作的知识和能力。

第二是关于"经验"。

实践修正人才观的一个重要举措,就是逐步实现干部的年轻化。但干部年轻化却面临着一个不可避免的问题——这些担当或者即将担当重任的年轻干部普遍经验不足,会给我们的事业带来风险。应该如何认识和解决这个问题呢?

根据"实践出人才"的基本原理,邓小平同志提出了"在位经验论"。他说现在有些年轻同志"经过的斗争考验少一点,领导经验少一点,这是客观条件造成的。不在其位,不谋其政。放在那个位置上,他们就会逐步得到提高"。并且他又指出,"经验够不够,只是比较而言。老实说,老干部对于现代化建设中的新问题,不是也没有什么经验,也要犯一些错误吗?"这其中都闪耀着邓小平同志关于人才观的辩证法思想。

我认为,在考察和提拔员工时不要过分重视经验,经验的多少并不是判断一个人能力和水平的可靠标准。当然,更不是唯一标准。即使再有经验的人,他的经验也仅局限在一个狭小的范围内,并不见得有能力去担任更高的职位、去担负更多的责任。

正确的认识是,经验应是质量概念,而不是数量概念。许多人10年的经验,其实只不过是1年经验重复了10次而已。单方面经验的重复,反而容易失去智慧。

经验是提拔员工的一个重要参数,然而它并不代表一个人的能力和水平,有时甚至恰恰相反,会令人故步自封,甚至在新形势、新问题面前成为绊脚石。经验只是多了一面看人的镜子而已。

我尊重经验,但我绝不迷信经验,更不会提供滋生经验主义的温床。修正一如既往地大胆提拔、使用年轻干部。这是时代的要求,是发展的要求,也是我们队伍人心的要求。

第三是关于"聪明人"。

一个人在修正的立身之本是德,立身之术是能,立身之性是勤,立身之智是绩。在修正,为什么一些"聪明的能人"没有得到提拔使用,大多是因为"德之不立,遑论其他"。

世界上有很多"聪明人",他们要么八面玲珑,见风使舵;要么见利忘义,趋炎附势。这样的人要在一个部门、一个地区掌权,后果是致命的。

一个人拥有好的品德,即使其能力不强,也完全可以再改造,起码可以做一个好的基层员工;而一个人能力很强,却缺乏道德,就不能用,也不敢用。

许多"聪明人",其实就是经常在公司里制造麻烦的人。"聪明人"常犯的毛病,就是自大且看不起身边的人。"聪明人"的欲望也较常人更强烈,往往在群体中会成为麻烦的来源和不安定的因素。

这一类人的欲望和野心高于常人,一旦他们掌握了大权,很可能私心盖过了良心,为自己的欲望和野心寻找出路。不但会压制其他拥有贤德的同事,还会借工作之便,达到以权谋私的目的。

如果提拔这样一个"聪明人"到某个位置上,他不会心存感激反而会认为这个位置早就该是他的了,甚至得陇望蜀。

我们坚持以德为本,看重一个人的德、能、勤、绩。

用人的学问博大精深,奥妙无穷。得一人而得天下,失一人而失天下。一言兴邦,一言丧邦。会不会用人,小则关乎企业成败,大则关乎国家兴亡。

第四是关于"竞争"。

引进竞争,创造竞争,引导竞争,对我们实践修正人才观尤为重要。

邓小平同志曾强调:改革是一场革命,改革体制和选贤任能也是革命。要创造使拔尖人才能够脱颖而出的环境,他主张形成富有生机与活力的用人机制,"使党和国家充满活力"。对此,由他亲自审定的党的十三大政治报告中,突破竞争理论禁区,谈到"竞争""竞争力""竞争机制"等词达 12 处之多。十三大政治报告还明确指出,"无论实行哪种管理制度,都是贯彻和体现注重实绩、鼓励竞争、民主监督、公开监督的原则。竞争机制引入企业管理,为优秀企业家和各种专门人才的脱颖而出创造前所未有的条件","竞争机制还应当引入对其他专业人员的管理"。1989 年 5 月 31 日,邓小平同志又强调指出:"十三大政治报告是经过党的代表大会通过的,一个字都不能动。这个我征求了李先念、陈云同志的意见,他们赞成。"很显然,邓小平同志赞同引入竞争机制,逐步建立一套充满活力的人才管理机制。为此,他还具体提出:"关键是要健全干部的选举、招考、任免、考核、弹劾、轮换制度。"建立一种赏罚分明,有效开发、利用人的才能和专长的竞争激励机制,使干部能进能出、能上能下,促进干部队伍新陈代谢,保持队伍生机与活力。

修正的人才管理理念相信人的能力,并为能力的提升创造条件。在修正内部,根据员工意愿,允许每两三年调换一次岗位,员工可以自由选择岗位。员工可以不通过主管上司,直接到人力资源部申请,由人力资源部安排应聘者与用人部门领导见面,由用人部门考核,报上级主管领导批准即可调岗。

公司鼓励自荐,业务员可以向省总自荐当地总,地总可以向总经理自荐当省总,省总可以向董事会自荐当总经理。对于一些岗位的用人,在同等能力下,优先考虑自荐的人,鼓励人人毛遂自荐。

竞争环境的建立要有机制、制度等硬性的东西做基础,还要有氛围、感情、沟通等软性的东西做润滑。修正全力提供人才成长所需的环境,让员工在自己有利的环境下大展拳脚。修正需要的不单纯是有才能的人,而是那些有个人发展意愿并且能够与企业文化相融合、相促进的人。这样的人,才是修正真正需要的人;这样的人,不是石头缝里自己蹦出来的,而是靠竞争环境创造出来的。

二 留得住兵团，守得住江山

《战国策·冯谖客孟尝君》里写道："左右以君贱之（冯谖）也，食以草具。居有顷，倚柱弹其剑，歌曰：'长铗归来乎！食无鱼。'左右以告。孟尝君曰：'食之，比门下之客。'居有顷，复弹其铗，歌曰：'长铗归来乎！出无车。'左右皆笑之，以告，孟尝君曰：'为之驾，比门下之车客。'于是乘其车，揭其剑，过其友，曰：'孟尝君客我。'后有顷，复弹其剑铗，歌曰：'长铗归来乎！无以为家。'左右皆恶之，以为贪而不知足。孟尝君问：'冯公有亲乎？'对曰：'有老母。'孟尝君使人给其食用，无使乏。于是冯谖不复歌。"孟尝君这样厚待冯谖，创造这么好的环境，最后的结果是"孟尝君为相数十年，无纤介之祸者，冯谖之计也"。可见，留住人才，让人才最终发挥作用，需要经营者拿出诚心来、拿出耐心来，靠诚信的环境来留人。

基于对"地核""地壳""地表"三类人才的认识，不同企业在人才竞争力上的差距，就在于"地表人才"和"地壳人才"的比例多少、上升的可能性多大以及上升速度多快。我们过去的用人原则则是"吸纳、留住、发展"，现在的原则是"留住、发展、吸纳"。修正用人，以本企业培养为主，以外来人才为辅，以适当聘用企业"外脑"为补充。大力提倡干部从基层中来，从自己的队伍中来，从实践工作中来。这一转变既是建立于对每个人能力发展的自信，也是建立于对修正文化、人才管理与培养原则的自信。我们相信，每个人都可以成为人才，我们更相信，修正可以使每个人成为人才。

我们在人才管理上，采用的是一套对内结合企业实际情况、对外符合商业惯例的管理制度和实施办法，建立了一套高效的人才管理机制。通过管理机制形成一个绩效管理与目标管理相结合的考核激励体系,根据不同的工作性质,确立相应的测量方法,以此保持业务收入、费用开支和员工收入三条曲线的协调发展。

管理机制的关键是让人才与企业协调发展。这就要求企业对人才的管理要有长远规划,不能急功近利。比如,对待岗位和待遇,要考虑到此时此刻员工的贡献和能力,必须不拘一格;又要谋划到彼时彼刻员工的发展和成长,讲究理性节奏。对于人才,尤其是对于青年人才,要本着为他的今天负责、更要为他的明天负责的态度,大力鼓励,理性培养。基于协调发展观念的管理机制,是修正用人管人的根本出发点,也是解决一切人才管理难题的出口。

对于重点人才、特殊人才采取政策倾斜,要想尽办法留住。重点人才、特殊人才是人才结构中无法被替代的部分,他们对于一个课题、项目、区域都起到支撑性作用。

我赞同以符合商业惯例的做法来使用这些人才,赞同以符合人性的原则来满足人才的需求。在某些特殊时期、特殊情况下,可以采取政策倾斜的方式表示修正的诚心。倾斜的方式多种多样,如加薪、提升、培训或增加福利。当然,倾斜不是永久的倾斜,永久的倾斜必须要"修正",否则必然引起企业的混乱。倾斜是在现有体制障碍下,打破体制限制的一时之举。对企业而言,应该通过倾斜来检视自己体制的缺陷,而不是一味迁就。

我一贯提倡靠感情留人、待遇留人、事业留人,其核心是靠诚信留人。古人造字,言成为诚,人言为信。诚信是知行合一、言行一致、一言九鼎、一诺千金。"情到深处自有道,行到有功方为德。"修正从来都是具体而微地看待诚信,认为诚信是可见、可做的具体事情,认为诚信源自细枝末节、点点滴滴、随时随地、一言一行、一举一动、一时一事。修正把诚信作为企业文化的底蕴,作为品牌的核心,作为经营活动中的具体实践。修正凭借诚信的用人观,留住人才,用好人才,给人才以信心。通过诚信鼓励和发挥人才的聪明才智,推动人才走向富裕。

人才的市场化,必然导致人才的流失。修正更关注的是人才流失的原因。人才流失的因素有很多,从企业角度看,除去薪酬这个因素之外,如工作环境不理想,激励机制不合理或不健全,甚至领导层言行的不适当,都可能导致人才流失。

从个人角度看,每个员工都是人才,但对具体岗位上的员工而言,就不一定如此。这里有两种情况:一是有些人不喜欢或不适合所在行业的企业,那么,对这个企业而言,这个员工就不是人才;二是由于个性、经历或背景等原因,有些人不适合某一类岗位,那么,这个员工相对这个岗位来说也不是人才。对于不能适应企业文化的人,只能重新选择适合本人的公司;对于不能适应一定岗位的人,可以在公司内部的其他岗位上进行调配和换岗。如果合适,就可以成为人才;如果调配后仍不合适,就应该流出企业。

每个企业一般都有10％左右的员工是不适合企业或岗位的。符合商业惯例的做法就是贯彻"末位淘汰制",让这类人能够尽快流出本企业并在其他企业找到适合的位置。

我认为,在留住人才的基础上,适当的人才流动对促进企业人才结构优化、降低经营管理成本是有益的。一方面,人才流动增强血液循环,吐故纳新,会带来新思想、新技术;另一方面,流失掉的不一定是企业真正所需要的人才,勉强留住反而可能会影响企业发展。正常的人才流失没必要刻意去避免,企业内部需要一定程度的流动,这样才能更有竞争力。

只要在一次次的人才流失中,企业能够发现问题、解决问题,为以后的人才使用带来借鉴意义,那么这种流失的成本是值得的。同时,人才流失为行业内其他企业适当输出经过良好培训的人才,同样是为社会做出了贡献,同样应受到社会的尊敬。通用电器的克罗顿维尔培训中心,这个由杰克·韦尔奇一手创办的人才基地,因曾培养出众多全球大公司的CEO而受到全世界的景仰。

　　建立激励和保障措施的目的就是要塑造一个"奠定信任基础,创造和谐氛围,打造诚信品牌,上下同欲发展"的软环境。要指导人才,使他们敢于创造性地开展工作;要培养人才,使他们通过学习不断与时俱进;要善待人才,鼓励他们出成绩,也要允许他们犯错误,并帮助他们改正。

　　我始终认为,人才资源是第一资源,人才战略是第一战略,人才环境是第一环境。我们通过不懈的努力,让每个修正人理解企业未来的发展方向,正确看待发展中存在的问题,建立彼此认可的桥梁,统一全体修正人的思想行为和通过整合力量、协调高效的工作机制,建立"人人有事干,人人有钱赚,人人好心情"的工作氛围,充分调动一切积极因素,形成工作合力;通过政策支持、精神激励和环境保障,不断改善各类人才的工作与生活条件,提高对人才的吸引力和感召力,建立心顺气顺、身累心不累的和谐关系,使个人与企业和谐发展。

　　修正用事业造就人才、用环境凝聚人才、用机制激励人才、用法制保障人才,把人才的积极性和创造性引导好、保护好、发挥好,把人员优势转变成人才优势,把人才优势转变为产业优势和营销优势、把产业优势和营销优势转变成市场优势,从而使一切劳动、知识、技术、管理和资本的活力竞相迸发,一切创造财富的源泉充分涌流,将修正事业推向更大、更快、更强的发展之路。

三 不拘一格降人才

英雄莫问出处。对于一个企业而言，只有不拘一格降人才，才能达到雄兵百万、战将千员，奠定雄厚的人才基础。

在新经济的浪潮下，各行各业的竞争都很残酷，新的行业、新的商战模式层出不穷，企业不进则退，胜败常悬于一念之间。要想使商船能够在险恶的竞争大浪中突出重围，就必须有一批人才作为舵手，充分发挥他们的聪明才智，引领企业不断前行。

1995 年，我初到药厂时，全厂员工共有五六十人，干部就有近 40 名，这样的人力资源结构显然是不合理的。随后几年中，我们大量从外部引进各类人才。

2006 年 5 月，国家人事部正式批准修正建立博士后科研工作站。这是国内制药企业建立的第一个博士后科研工作站。

近年来，"海归派"和"空降兵"的加入，使一些企业浴火重生。然而更多时候，"空降兵"却像流星雨般划过天空。中国企业的"空降兵"有 8 成因为"水土不服"而"阵亡"，修正也经历过一次"空降兵"危机。

我认为，"空降兵"不能适应新企业的文化是最重要的原因。其次，企业新老员工拉帮结派、互相敌视，也是加速"空降兵阵亡"的一大诱因。但归根结底还是我们用人单位不正确的人才观所致，一方面盲目"抢人才"，造成局部人才积压；另一方面，又不注重本单位、本行业已有人才的开发和利用。事实上，有许多的工作岗位并不是学历越高越好，一些单位和行业不能不切实际地一味追逐高学历，而应该在精选专业、按需录才上多下功夫。

英雄莫问出处。修正从来不看重学历，而只看实际工作能力，只有真正适合企业发展的人才才是我们需要的人才。

修正也曾在全国范围内广揽贤才，当时我对人们所说的"空降兵"期望值很高。可以说，"空降兵"覆盖了当时从基层到各事业部，甚至到了集团总裁的层面。我迫切地期望企业中能够注入新鲜血液，并在某种程度上把它看作一场革命。

企业管理上有一个"鲶鱼效应"，客观地说，"空降兵"的注入确实为修正的进一步发展注入了活力，起到了重要的推动作用。但由于"水土不服"、过分理想主义以及与老的管理团队成员的融合不够，也导致了企业管理上的一些摩擦和各种适应。当时，我面临着很大的压力，一方面是"空降兵"团队的不适应，另一方面是老的管理团队成员中部分人的不理解，甚至是消极抵抗。

对于"空降兵"的优势，更多地集中在工作能力、工作经验和职业素养上。一般来说，"空降兵"的能力都是经过实践检验的，他们在某个或者某些行业工作了很长时间，对行业和市场的发展趋势把握得非常清楚，往往能够帮助企业解决某些方面的问题。这是企业一笔宝贵的财富。同时，"空降兵"大多具备良好的职业操守，具有很强的大局观和全局观，这对企业的工作也是非常有帮助的。

然而，"空降兵"的劣势也很致命。"空降兵"一般对企业内部情况不是很了解，特别是对企业的价值观、文化等"冰山"下面的部分不能深刻理解，容易"触礁"。很多"空降兵"就是"牺牲"在文化融入的过程中。

企业要发展，只能让适应企业的人留下来。于是，一部分一直无法融入的"空降兵"又"空投"去了别的企业，拉帮排外的老员工也慢慢淡出了修正，一批真正适应企业发展、新老队伍结合的团队逐步形成了。

今后，修正还要继续广揽天下英才，我们会把他们呵护得更好，让他们的才能发挥到极致。

四　善度人者无弃人

中国有句古话叫："善用物者无弃物,善度人者无弃人。"任何事物都可以一分为二,任何人身上总有闪光点,关键还在于领导是否能够发现、是否愿意挖掘。

著名作家杨朔说过："每个人心里都埋藏着一团火种,只要善于拨弄,它就会熊熊燃烧。"每个人身上的确蕴藏着无穷无尽的聪明才智,我们不去点燃他们心灵的火花,智慧之火怎么能迸发四射呢?

一个企业不但需要高端人才的引领,也需要普通人力的支撑。军队不能只有将没有兵,将的成功作战计划是要兵来完成的。当下的企业都着眼于人才的招揽,却忽略了普通人力的建设。在修正,这些人大多集中于四五十岁,经历过动荡年代,错过了接受教育的机会,为了生存来到企业,他们只能干搬运、烧锅炉、运垃圾这样的力气活,靠汗水吃饭,做辅助工种。

这样一群人,无论是在企业里还是在社会上,都普遍存在着愧不如人的心理,在人前自动矮三分。万一再受到什么不平等待遇,更会自卑,甚至自暴自弃。我看着心疼,因为他们都是我的兵啊!

"三军可夺帅也,匹夫不可夺志也。"如何让这些人摆脱这种自卑的心理,让他们也能感觉到自己是企业不可或缺的一部分,让他们觉得在修正得到了尊重并感到自豪,这是我反复思考的问题。

他们虽然不是修正这条巨龙的眼睛和双角,只是一片鳞甲,但这片鳞甲也是龙的组成部分,也是不可或缺的。我们到处可以看到人才激励机制,却轻视普通人力资源的建设,这是不公平的。事实上,改变这种不公平的状况是有很多困难的,怎样激励他们的确是一个难题。

我在集团下属的产业公司里,设置了一个奖项,叫"企业能人奖"。第一次评奖,就评出了 28 个"企业能人"。

一向被称为"无能"的人成了"企业能人",这首先就是对他们存在价值的肯定。劳动是没有贵贱之分的,这些"企业能人"为修正付出的体力、付出的辛苦,常常不被别人看重,我就是想要改变这样的氛围,让大家都来尊重他们。

产业公司有一个工人叫吉春,当时 40 多岁。父亲原来是铁路工人,早已去世;他刚懂事的时候,就赶上"文化大革命",基本没上过学;母亲体弱多病,生活难以自理;爱人没工作,还有个 10 来岁正在上学的孩子。

吉春来到企业,先是当装卸工,由于体力不如人家,干得不好,被调到了锅炉房。在那里他干得也不行,按常理本该辞退他,又考虑到他的家庭困难,就把他调去当厂院的清扫工了。临调动之前,产业老总找他谈了一次话,希望他为家庭生活着想,为老母亲着想,珍惜这次机会。

那次谈话后,吉春变了,厂区里所有犄角旮旯,都被他清扫得一干二净。无论是道路还是花坛,没有一处脏的地方。在他的带动下,所有的清扫工都变了样,楼梯、走廊到处打扫得干干净净。吉春说,厂区就是他自己的家,有了垃圾,看着就难受。现在有人叫他"清扫王",他自己也很爱这个"尊号"。

可见,鳞片也能闪光,只要你给他足够的光照。吉春成了"企业能人",不但面子风光,领导还给他涨了工资。

这世上,没有任何一个人或一件东西是没用或卑贱的,只要放对了地方,都会成为"可造之材"。所谓"天才",就是放对了地方的人才。反过来说,你眼中的蠢材,很可能也是放错了地方的人才。

孙子说:"视卒如婴儿,故可与之赴深溪;视卒为爱子,故可与之俱死。"这就是"士为知己者死"的道理,我希望我的员工们都能幸福美满地生活着。

总的来说,修正创造了一个公平和谐的企业氛围,让每个平凡的人都能发挥出光和热,这就是我们在用人上的独到之处。我希望并努力,使修正的每一个人都能找到最适合自己的人生舞台,并且尽情欢唱生命之歌。

五　让人才身累心不累

陶渊明在《归去来分辞》里叹道:"既自以心为形役,奚惆怅而独悲?"可见,为人最可怕的是心里的痛苦,这远远大于身体的痛苦。让员工专心谋事,而不一心谋人,这是人才战略的基本要求,这需要配套的制度和体制,更需要一把手的大力支持。让每个人都身累而心不累,是管理人才的至高境界。

修正这些年来的成功最终都归结于人心的凝聚。修正一直以来都在推行"人心工程",即全力支持员工敢于做梦,勇于追梦,并且创造条件使梦想易于实现。

说它是一项工程,那是因为这件事需要有组织、有措施、有目标、有标准地去建设,绝不是说说而已,只做表面文章。在修正,建设的是"以心换心,直指人心;凝聚人心,鼓舞人心;上下同心,永远铁心"的人心工程。

市场就是球场,人才就像篮球,领导者就是运球的运动员。要想让球弹得高,球里的气首先要足。"篮球"主要靠待遇、氛围、前景三个要素来充气,这是激励员工斗志的三个砝码。做出贡献时,领导者对其成绩应给予充分肯定、赞扬,同时给予合理的物质奖励。现代领导者应明白这样一个道理:不是你在养活员工,而是员工在用他们的辛勤劳动为你创造财富。

制度比人才重要,好的制度令人才辈出,不好的制度埋没人才。一个人在不同的环境下能创造出不同的价值,可见公司的整体氛围对人的影响有多大。

我爱我的队伍,关注他们的工作,关心他们的生活,每位员工都是我的兄弟姐妹,我们血脉相连。我要求:"修正的各级领导干部必须真心关爱下属员工,建设民心工程,体现人性关怀。要经常性地看望下属、慰问员工,实质性地支持下属、帮助员工。关心员工不仅是形式上的事情,更重要的是服务到位,给他们办实事、解决实际困难。这不是一时的事,要长期坚持。"

我始终坚信,政策到位了,关怀到位了,落实到位了,每个人心里就会敞亮,心气就会高,心力就会大,赚钱发展的目标就不再是纸上谈兵。

我关注市场销量,更重视队伍质量,因为市场的潜力远远没有挖掘出来,把员工的积极性和创造性激发出来,由被动向主动转化,充分发挥自主经营模式的优越性,哪个终端拿不下? 哪块市场不上量?

事实上,有哪个人不是为了希望、为了梦想而活,有谁不想越活越好。如果生活有了可以为之努力的目标,那么生活将充满意义,这便是人的精神支柱。

领导者如果想让大家充满激情地工作,就要给大家一个奋斗的方向,树立可依循的典范。在修正,我不仅要让员工们看到企业的发展前景,更要为他们勾画出自身的前途轮廓。定目标就是给员工一个看得见的"肉包子",接下来就要告诉他们,这个肉包子是可以触到的。

20 年来,我从基层提拔了许多优秀干部,有的已经成为高层领导。我的做法就是:不断让员工看到,他们做的事是有意义的,而做好了有意义的事情对前途更是有益的。修正已进入第三个 10 年大发展的阶段,有舞台,有机会。如果员工有激情,也很负责任地做好每件事,肯定有机会得到晋升,有机会参与公司高层管理。

我要求中高层领导,当提出目标时要先说服自己,这样跟员工讲的时候才有依据,包括说出来的数据、未来该怎么努力,这样下边的人才会相信。如果不相信,就没有动力,也达不到预期的目标。

无论是哪个层级的领导,都必须对自己所从事的事业有着远大的目标,而且事事都必须以身作则,这样自然能够率领部下去实现自己的理想和目标。这就是老子说的"后其身而身先,外其身而身存"的道理。

有一年过端午节,厂里决定放半天假。那天下午,车队长忘了车间还有临时加班生产的工人,就给开通勤大客车的司机放了假。到了傍晚5点多,加班的工人下了班,却没有通勤车接送。看见工人们等在那里很着急,我没说什么,进了车库,把通勤车开出来,将工人们挨个送回了家。许多工人下车时才知道,是董事长开车送他们回家的。

人,是一种感性动物。如果一个主管能以自己的真诚感动他的下属,并给他们充分的尊重,下属必将在工作中努力表现。

一个好的管理人员,应该努力成为一个好的激励者,否则,他只能算是一个管家。有效的激励,不仅个人需要,团队同样需要。有效的激励允许有差别,不单要想办法制造差别,更要有效地利用差别。

人最需要的是什么呢? 一是物质利益,也就是钱;二是价值感,也就是尊严;三是爱,也就是心的温暖;四是平台,也就是晋升空间;五是愿景,也就是企业为员工、领导为下属勾勒的未来蓝图。这些都是货真价实的存在,可不是简简单单的"画大饼"。

我们产业公司设立了定期技术考核制度,相同工种之间进行"大比武",优胜劣汰。技术考核将个人考试成绩与工资挂钩,既给了员工一个展示自我的机会,又给了员工一定的压力,促使其不断提高自己的业务水平,充分体现"能者上,庸者下"的分配机制。这是同岗不同酬的又一种表现形式,真正从体制上彻底打破了吃大锅饭的格局,激发了员工学技术、长本领的积极性,提高了岗位工人的责任心,形成了竞聘上岗的局面。

考核实施以后,多数员工表示,有了动力,看到了希望,找到了自己努力的目标。练技术,争当高技能人才,当技术"大拿"的热潮迅速掀起,员工之间、班组之间比着干、争着创的热烈场面随处可见。员工们感到自己在企业里有了展示自己的舞台,能实现自己的价值,工作起来更加有干劲。

精神方面的关怀,主要是亲切的话语和力所能及的帮助。比如,要记住下属的姓名。每天早上打招呼时,如果能亲切地呼唤出下属的名字,再加上一个微笑,这位下属当天的工作效率会大大提高,再比如,关心他们的生活,聆听他们的诉说和要求,对他们的起居饮食都要考虑周全。

尊重、金钱、关心、平台,这些都是下属需要的,要尽可能为他们提供。只要做到了尽可能,就是有效的激励。同时,激励的范围应该尽可能广一点,受激励的人越多,上司的影响力发挥得越大,而且他们之间也会形成激励效应。

修正在人才选用上是慎重的。德先于才,才从于德,德才兼备,以德为先。在这样的理念基础上,我更重视认同感。心相通一拍即合,志不同不与为谋。如果有一天我的员工要离开,那么我绝不强留,我会祝福他有更好的发展。因为我知道,我的企业不可能适合所有人才、留住所有人才。当一个人不想留下时,代表他已经不能为本企业创造更多的价值,那还不如与人方便、与己方便了。

我一直有这样一个愿望,就是把修正变成一个亲切、温馨、和谐的大家庭,上级爱护下级、下级尊重上级、同级之间相互关心。创造一个亲密、和谐、平等的氛围,让员工都舍不得离开修正,都依靠、依恋、依附修正,自动自发地为修正尽职尽责。员工有想法、有困难、有问题、有要求,可以随时随地向我们提出来,我们也尽我们所能为他们解决。

过去的 20 年,我们基本上是按照利益导向完成了原始资本的积累,现在已经到了建立情感导向的阶段,未来将是事业导向的阶段。在这个阶段,我们急需建立"修正大家庭"这样一个概念,并将其付诸实践,使情感导向生动起来、鲜活起来、固定下来,也使"修正成为人人之修正"变成一个美好的现实。这样,就能更快地推进事业导向目标的建立。

我认为管理是一门艺术,而不是科学。艺术化管理企业,是企业管理的升华,也是企业管理的最高境界。艺术化管理是以人为本的人心管理,其出发点源于良心、贴近人性,是充满时代精神的情感、理性、智慧的最佳结合;它超出了科学管理的范畴,涉及员工的愿景、家庭、生活、学习等诸多方面。为此,我们设计了具备修正特征的文化和价值观念,把关心人、尊重人、解放人、发展人作为企业发展的目的,把激发员工的认同感、归宿感、自豪感和责任心(即"三感一心")作为企业的核心理念。经过多年的实践检验,"三感一心"的提出和力行是非常正确的。至今,它的生命力、凝聚力、感召力依然那么旺盛、蓬勃。它已经成为我们这一代修正人的行为准则,而且必将延续下去,影响下一代人,与百年修正同在。

"三感一心"的前提是责任心。我们提出"修正大家庭"的概念,并全力以赴进行建设,就是要用家的亲切、和谐、温暖来呼唤全体修正人的真情实感,调动全体修正人最强的责任心,并且使这种责任心油然而生、自动自发,从而最终树立"三感"。

我要求修正的干部要身体力行,做"三感一心"的表率,做创新、创业、创利的先锋。还要有一种股劲,任劳任怨,忍辱负重。在实际工作当中,我们有很多同志任劳不任怨,负重不忍辱。这一方面要加强个人修养,另一方面则要求我们加快建设"修正大家庭"的步伐。如果把这些"怨"和"辱"放在一个"修正大家庭"的范围去看,就风轻云淡、了然无事了。

"修正大家庭"的建立体现了以人为本,全面发展人的人文思想,体现了科学育才、民主选才、依法管才的人才机制。依靠"修正大家庭",努力营造想干事业的人才有机会、能干事业的人才有舞台、干成事业的人才有前途的良好环境,努力营造尊重劳动、尊重知识、尊重人才、尊重创造的企业氛围。也只有在"修正大家庭"里,才能使各方面的力量都关心人才工作,支持人才工作;才能把事业留人、感情留人、待遇留人的要求落到实处,热情支持各类人才的工作,真诚关心他们的生活;才能尊重人才的成长规律,既鼓励他们大胆探索、积极创新,又不单纯以成败论英雄,保护他们的创新热情。

六　养贤，不能养闲

> 刘邦在评论如何得到天下时说："夫运筹策帷帐之中，决胜于千里之外，吾不如子房；镇国家，抚百姓，给馈饷，不绝粮道，吾不如萧何；连百万之军，战必胜，攻必取，吾不如韩信。此三者，皆人杰也，吾能用之，此吾所以取天下也。"做企业、做大事必须要在各个领域中培养、树立能够独当一面、可堪大任的领军人物。是否有这样的人物，是看企业是否成功的根本标志。

起初，我指挥那个袖珍药厂打翻身仗的时候，基本上是靠我发号施令来完成任务的。等到成立集团公司时，这个习惯并没有改变，事无巨细，还是我一个人说了算。那时候，我在企业里不说是一言九鼎，也有七八个"鼎"了。

随着企业的扩大和发展，我发觉整个企业里，就我一个人最累。累也不怕，问题是企业大了，人多了，你喊得嗓门再大，还有很多人听不见，问题照样出。这时，我才意识到，企业大了，再靠个人力量是无法驾驭的，行之有效的办法就是建章立制。

建章立制，必须根据企业主旨和发展方向来定。制度要管什么？就是要管好人、财、物。这三者之间，当然人是最主要的。员工是执行者，必然是第一位的，制度就是要给员工创造一个激励环境。人被激励后的能量不是加法，而是乘法。

要实施激励措施，不是光靠给钱、给荣誉就解决得了的，你必须要了解人的内心需求。

首先是对稳定的要求,绝大多数员工最需要的就是企业的稳定和岗位的稳定。我们提出建"百年修正"的口号,就是要稳定军心。

稳定军心是第一条,接下来就是要满足员工对物质的要求。我们以地方工资标准为基准向上浮动,而且从不拖欠工资。这一条很重要。要是修正连员工的那点利益都算计,还提什么"造福苍生"。

在以上两条的基础上,接下来就是要满足员工的自我实现的需求,也就是职业成就感。

我的做法是委以重任。无须解释,不委重任,何来成就?

我们有一个省总,从辽宁做到广东,一直都很优秀。他对领导一个省的营销工作已经驾轻就熟。我决定把他撤下来,让他去开辟一个全国的外用药市场。他无法理解我的意图,为什么已经轻车熟路的工作不让他干,却交给他一个前景莫测的工作?很长时间他都转不过劲儿来,整天愁眉不展。我告诉他,外用药是一块有前途的市场,只要你努力,肯定会打开局面。在开辟市场的过程中,他的能力再一次得到展现,经过 1 年多奋斗,终于打开了市场的销路。在不到 3 年的时间里,该产品销售额就突破了 3 亿元。

委以重任,就是不断地给他们搭建足够大的事业平台。修正设立了一个最高奖项——优秀企业家奖。先说明一点,企业家不仅仅是各个企业的董事长和总经理,修正有自己所属单位的"企业家"。修正优秀企业家,是经过评选、评议确定的,是修正给予有为之人的最高奖赏。

具体来说,在修正,什么人可以获得这个最高奖赏呢?一是能够开辟和驾驭市场的人,二是有突出业绩的人。

在修正,有三位最先获此殊荣的"优秀企业家"。

第一位是常务副总裁吕竺生。他在 2003 年 5 月到修正后,就承担了两个事业部的领导职务。这对他来说绝不是一个轻松的任务,在打硬仗的时候,我们看到了这位博士的真本领。他首先进行人员调整,建章立制,遏止了两个事业部产品销量下滑的势头,到 2013 年年底就获得了近亿元的收入。沧海横流,方显英雄本色。只有在最困难的情况下,把商品从滞销变成畅销的人,才配得上修正"优秀企业家"的称号。

第二位是开辟外用药市场的刘世财。他以斯达舒广东省总的身份调回总部,开辟了一个在修正无人涉猎的新市场。这不仅仅需要开拓精神,还得有独创精神。他领导着几千人的队伍,把一个外用药市场从无到有地创建起来,从零做起,现在年销售额已达到几亿元了。

第三位有点特殊,他不是做市场的,他是修正柳河制药厂的厂长杨和顺。这个厂是修正的原料生产基地,他的任务是给斯达舒等品种提供高质量的原料药。

有人问我,主管提炼原料的怎么也成了企业家,而且还是优秀的?理由很简单,这几年来,老杨给各生产部门提炼了成百吨的原料,年年的合格率都在 99% 以上。这些年在市场上经常遇见药监部门搞突击抽查,每次抽查结果修正都名列前茅。要知道,营销人员不参加产品生产,对药品质量他们只能相信产业公司,每次抽查都得到好评,他们必然对产业公司产生敬意。老杨,就成了他们最为敬重的人。接着,产业公司也提出要求,要评最高奖,非老杨莫属。少数服从多数,老杨也就成了修正的优秀企业家。

在修正,我们全力提供人才成长所必需的环境。虽然员工们的起点不同,但只要适应这个环境并愿意有所发展的人,就能最先胜出。

目前国内有不少制药企业的副总和营销老总,都是从修正走出去的。在市场经济条件下,员工的跳槽和流动都属于正常现象。但在过去的20 年里,还没有哪一家企业能够挖得动修正任何一个省一级的营销老总。

市场竞争不光是产品竞争、营销竞争,更为激烈的是人才竞争。今天,更多的精英人士加入到修正这一优秀的团队中,使修正的理想比过去更为远大、前进的步伐更加稳健。在某种程度上,正是有了这样一支优秀的、充满活力的群体,修正步上高速跑道才成为一种希望和必然。

七 终端经理节

《尚书·大禹谟》阐述道:"人心唯危,道心唯微,唯精唯一,允执厥中。"
这便是儒学乃至中国文化传统中著名的"16字心传"。民心历来都是
微妙的、敏感的,只有道心才可以入微地体会到。如何得民心、体民
情、顺民意、与民惠,是决定一项事业成败的根本。只有"民之所忧,我
之所思;民之所思,我之所行",才能玉宇澄清,河清海晏,鼎定天下。

我深深地知道:所有的业绩都是由终端经理一手奉献的,他们承担着
任务的压力,面对着商家的非难,忍受着店员的冷眼,风里来,雨里去,披星
而出,戴月而归,他们是修正最可爱、最善良、最实在的人。

2005 年 9 月 1 日,修正确定了一个具有鲜明特色而意义重大的节
日——修正终端经理节。这个节日是专门为修正一线的全体终端经理而
设的,是为倡导和感谢全体终端经理一心一意做终端而设的。这个节日,
道出了全体员工的心声——只有做终端、依靠终端,才能实现企业发展、员
工致富。

对修正的终端战士而言,终端是一种生活,一种激情澎湃、昂扬向上的
生活。终端经理待在终端的时间比待在家里的时间长,终端经理和店员交
流的时间比和家人交流的时间长。

对修正的终端战士而言,终端是一种敬畏,一种对百年修正的敬畏。
我们对终端的敬畏,不断具体化为终端建设指标、冲货管理制度和各种行
之有效的战术,让大家对终端专一、专注。

对修正的终端战士而言,终端是一种精神,一种舍我其谁、当仁不让的

精神。每个城区终端,每个乡村诊所,都洒下了他们辛勤的汗水。他们每卖一盒药,我们修正就前进一小步。修正从无到有,从小到大,从弱到强,特别是一次次渡过急流险滩,依靠的是什么?说到底,都是千百个终端经理奋战终端的结果。

市场风云瞬息万变,终端的形势并不太平。从大店大批发到社区医疗点,从PTO到高毛利,从自营代理到品牌结盟,从高额进门费到清退促销员……在利润和品牌的取舍中,终端正处在深刻的变革时期。

所以,每年的这一天,我都会向全体终端经理致以节日的祝贺,祝大家开心工作、激情营销、快乐赚钱。同时要求全体员工都借助这个节日,认真盘点终端市场发展,深刻反思这些年的所得所失,认清形势,捋清脉络,理清思路。

修正终端经理节诞生于终端战斗之中,它从战斗中来,也必然到战斗中去。它不是小憩或者修整,不是小酌或者大醉,而是向终端发起更大战斗的开始。我鼓励他们为终端而战,为荣誉而战,唯战斗于终端,唯胜利于终端,才是祝贺这个节日的最好方式,才无愧于"终端经理"这个光荣的称号。

在当前复杂多变的市场竞争环境下,也只有终端经理能够因地制宜,争夺市场主动权。

队伍质量的好坏决定了市场销量的多少。只有给员工做主,关心、关爱员工,才能赢得人心、留住人才。人心齐,泰山移!人心凝,天地动!人心齐,起大势!人心顺,上大量!

现在这样做,以后这样做,永远都要这样做。

第八章

激情·诚信·不败
——实现客户的需求才是科学的营销

修正的营销观深刻把握了中国医药营销的本质,按法律办事,按规律行事,把终端作为外部营销的中心,把网络作为内部营销的中心,以终端整合所有优势,以网络整合所有资源,用政策导向紧紧连接两个中心,用企业文化牢牢驾驭两个中心。

无论做什么事,出发点、动机最重要。在面对失败和困难时,只有做皆大欢喜的事,让多数人受益,你的事业才能做成。

市场不是动物世界,更不是古罗马斗兽场,市场是以诚信为本、守法经营、公平交易的地方。

一　市场需要激情

> 《墨子·修身》说:"君子战虽有陈(阵),而勇为本焉。"虽然有各种战术,但取得胜利的根本却是人的勇气、人的激情。生命不息,激情不熄,这是对修正人的基本要求。

修正人面对市场,从来是不缺乏激情的。

一次次的激情燃烧,把不可能变成可能;一次次的激情燃烧,把败局逆转成最后的胜利。激情催生出人极大的主观努力和身体潜能,打破了客观条件的限制。奥运会的每场比赛都是从挑战他人开始,最后回归到挑战自我。唯有"我能",才"一切皆有可能"。

人生能有几回搏! 奥运的更高、更快、更强,何尝不是我们营销将士的追求。我们的奥运会就是市场营销,份额是金牌,竞争产品是对手,市场是场地,各个品种是比赛的大小项目。

市场渴望激情,激情渴望燃烧。燃烧激情就要点燃自己,点燃自己尘封已久的信心,拿出舍我其谁的勇气,轻装上阵,激情营销,用实力说话,以业绩证明。激情一天抵得上平淡一年,激情一次胜得过平庸一世。在激情燃烧中诠释自己的人生价值,在激情燃烧中挖掘自身的无限潜力。

成功与失败交替,欢乐与痛苦同生。市场不会顺风顺水,在面对失败和困难时,我们要始终保持永不言败的激情、从头再来的豪气、高昂向上的斗志与置之死地而后生的决心。

市场之战永无终场之时。竞争发生在每个角落,胜负就在于一个个终端的争夺,多一个终端就多一块市场,就距离夺冠的目标多接近一步;竞争发生在每时每刻,成功掩藏在每一滴汗水里、每一个战术里、每一份信心里。

市场之战从不同情失败者,失败者借口太多;市场之战从不容忍弱小者,弱小者总是错失机会。做市场,要坚决抛弃苟且偷安和小富即安的心理。市场人员必须满怀激情,不断战斗,不断冲锋,奋力出击。要做就做得最好!

"更高、更快、更强"是奥运会的口号,也应该是决战市场的口号。更高——销量没有最高,只有更高;更快——执行更快,落实更快;更强——运作能力更强,打击竞争产品的能力更强。

修正人向来激情澎湃地准备战斗,激情四射地投入战斗,激情飞扬地连续战斗。

攻无不克的营销将士,万岁! 战无不胜的拼搏激情,万岁!

二 事无大小地在"轨"运行

> 《孟子·公孙丑上》说:"虽千万人吾往矣。"对于修正的事业发展,特别是在危急时刻,当仁不让第一个挺身而出的就是我。不管是挽狂澜于既倒也好,还是扶大厦之将倾也罢,都始于我对企业的高度责任心,始于对企业深深的、无私的爱。

当初大家在袖珍小厂打拼,饿了一起吃方便面,困了倒头就睡,相互之间毫无隔阂。可等到企业做大、做强了,矛盾和分歧总是不断地产生,这到底是什么原因呢?

我认为,说到底就是四个字——无法适应。有些人可以打"游击战",可以打"地道战",甚至"拼刺刀",就是无法指挥现代的"信息战""电子战""互联网+战"。同样,有的人可以在小厂里摸爬滚打,却无法适应大型现代企业的规则和标准;有的人可以在集贸市场上吆喝着做生意,却无法适应大型企业的整体营销战略。

没有谁是生而知之者,我也从没有领导过这么大的企业,但咱总得认真学习、总得不断地改变自己、总得适应变化的情况。

无论如何,我不会为了适应个别人不变的思维方式,使一个大型现代企业退缩回袖珍小厂。

2003年10月,一位营销老总和一位副总相继离开了修正。由于两位高管的离开,我不得不亲自担任起公司营销老总。

2003年10月11日,我怀着激动的心情,宣誓就任营销公司总经理。

面对营销将士,我深感责任之重大、使命之光荣,唯有把此工作视为生命、鞠躬尽瘁,才能不负众望、无愧于心。

"无边落木萧萧下,不尽长江滚滚来。"无论历经多少磨难,我都始终坚信修正的发展前景是无限美好的。我有足够的证据来证明这一点:我们的品牌不断增值,我们的经营技能不断提高,我们的资产不断积累,我们的产品梯次不断科学化,我们的竞争实力不断增强。美好的前景,美好的事业,美好的生活,就在每一位愿为修正奋斗的员工自己手中。

身居此位,我深知作为一个营销公司总经理的艰辛。但无论前面是万丈深渊,还是荆棘丛生,我都会奋不顾身,前进,前进,再前进! 我前脚既然踏上这条征途,后脚就不准备退出。我生要战斗在这条征途上,死也要死在这条奋斗的道路上。

我亲自担任公司营销老总,让营销公司的许多省总感到振奋。他们认为,直接的沟通、及时的决策,将会大幅度提高信息的反馈速度,将会大幅度提高修正在营销市场的竞争能力。

事实也确实如此,直到今天,我仍然是公司营销老总。

三　上下同欲者胜

对于团结一心，《周易·系辞上》有句名言："二人同心，其利断金；同心之言，其臭如兰。"只有上下一心、彼此铁心，才能同舟共济，逆则共体时艰，顺则沧海扬帆。而能否齐心，关键看老板的心是否诚，是否大，是否能将心比心、以心换心。

当年创业时，员工们团结一致，艰苦奋斗，心往一处想，劲往一处使，一步一个脚印，终于把企业做到了今天的规模。如果没有团结，肯定不会有这样的结果。

团结之所以在今天成为协调各种利益群体、凝聚各种力量、解决各种矛盾的途径和方法，是因为团结具有整合社会资源的功能。矛盾和差异是永恒的。矛盾的解决和差异的消除要靠团结，不能搞内耗。企业要靠团结而生存，靠团结而发展。离开了团结，企业就失去了根基，生活就失去了保障。皮之不存，毛将焉附？

那么，该如何消除影响和破坏团结的不良现象，统一思想，团结一致呢？

第一，要讲大局。发展是大局，大局靠团结。要以企业利益为圆心，以责任为半径，来画工作这个圆，不能以个人利益、部门利益、系统利益为出发点。更不能以我为圆心，以权力为半径画圆。

第二，由我来带头，从我做起。在工作中，我认真听取各方面的意见，尤其是反对意见和批评意见。站在对方的角度设身处地地想问题，平等认真地讨论问题,开展批评和自我批评,集思广益,带头营造一个宽松和谐的氛围。同时,我要求每一位员工都能从"我"做起,人人争当团结的模范,真正做到从发展大局出发,不利于团结的事不做,不利于团结的话不说。要做到严于律己,宽以待人,以诚待人,以礼待人,说实话,办实事,不占便宜,不怕吃亏,不偷懒耍滑,不损人利己。

第三,认真搞好各系统、各层级之间的团结。讲程序,但又不能唯程序而论,否则就会陷入教条和僵化的状态,不利于探索规律、大胆创新。用辩证的、发展的眼光去审视矛盾的特殊性,把有利于修正事业的发展作为解决问题的标准。讲秩序,没有秩序就会混乱,同时要强化沟通和配合。沟通就是交流信息,既要善于把自己的意见、看法表达出来,又要认真听取别人的意见,并进行平等的探讨和磋商。配合就是把力量集中起来,顾全大局,合作共事。

第四,强化责任,淡化关系,营造宽松、和谐的氛围。责任是分内应做的事情。在职须尽责,要强化责任意识,做好应做的工作。我们不能纠缠于那种非正常的"关系"之中,我们必须淡化这种关系,集中精力,以责任为基础,尽职尽责地做事,把远大目标与具体工作联系起来,胸怀就会豁然开朗。但凡商家,都讲一个"和"字。"和"就是和谐、和睦、和平、和顺、人和、平和、谦和、家和、和气生财、和衷共济,等等。在修正,"和"就是团结,就是希望,就是力量,就是胜利。只有内和,才能外顺;只有内和,才有外强。

第五,以德为本,不断修正自己。德与信是立世之本,是中华民族五千年的文明精华。我们崇尚"德配天地,道贯古今",就是要以道德的力量去教育人、感化人、鼓舞人、激励人,提高员工队伍的整体素质。

世界上的事物都需要修正,人也需要不断地修正自己。修正是自觉、自省、自查、自纠、自强、自我审视、自我完善、自我提高的过程,即否定自我、战胜自我、超越自我的过程。一个人有着良好的品德,又能不断地修正自己,才能不断进步。

但要注意的是,讲团结不是和稀泥,不是不讲是非,而是在与人相处的过程中,要有团结的愿望、团结的意识,不要轻易把关系搞僵。有些是非一时讲不清楚,可以先搁置起来,不计较,不争论。要学会等待,善于等待。如果咬死理,非要弄清是非对错,就会把关系搞僵了,力量分散了,资源浪费了,事业就会受损失。

现今的市场竞争,比的是综合实力,比的是反应速度、把握能力。修正的综合实力是没有问题的,我们有雄厚的品牌、完善的产品线、过硬的技术、灵活的政策、充足的投入、丰富的营销经验。有问题的是人,是人的思想、干劲、方法、技巧有问题,是人的反应速度、把握能力有问题,人的教育、管理有问题。

在这种情况下,就得做好事前引导和事中指导。思想和干劲需要引导,方法和技巧需要指导。引导员工做正确的事,指导员工正确地做事。"两导"就是领导的职责所在。

人心不是管理得来的,好的团队也不是管理出来的。所谓领导,"领"就是手把手地教、手把手地处,而手把手是一种真诚、是一种负责的精神;"导"就是因势利导、倡导、引导。领导要善于把握市场之"势",人心之"势",根据走势、趋势、大势来调动人心、鼓舞人心。

古人云:"上下同欲者胜"、"人心齐,泰山移"。人心凝聚先于市场成功,人心涣散先于市场失败。一个成功的市场必是人心凝聚的市场。领导抓的是人心,得的是市场。靠人心塑造好的团队,靠团队打拼天下。

四　精诚所至,金石为开

> 中国传统文化非常讲究"诚"和"信"。韩非子说:"巧诈不如拙诚。"周敦颐将"诚"上升到"五常之本,百行之源也"。诚信不仅是人们的内在品质和处世美德,更是人民的生存智慧。

晋商在历史上因会做生意而闻名,晋商的经营理念之一就是讲诚信。

清末民初,在山西祁县有一家门面不大的当铺叫复恒当铺。

有一天,复恒当铺的柜台伙计由于疏忽大意,把一件狐皮大衣误识为羊皮袄让人赎走了,到狐皮大衣的真正当主来赎当时才发现出了差错。掌柜知道后,立即召集伙计训话,强调赎错当品是当业大忌,是关系当铺信誉的大事,一定要彻底查清,纠正错误。

大掌柜亲自率人去附近村屯调查,几乎把临近村子当过皮衣的人家都走访了一遍,最后终于找到了错赎户。大掌柜拿上羊皮袄送到那家,一进门就连声检讨错在复恒当。狐皮大衣取回后,大掌柜又亲手送还了原当主,还对错赎做了一定的赔偿。

这件事很快就在祁县城乡传播开来,也使复恒当铺的名声更加响亮。

做人也好,处世也罢,做官也好,经商也罢,诚信都是关键所在。一个人的成功道路上,诚信的品格比能力更重要。

诚信是一种巨大的力量,诚信是一种现实的需要,诚信更是一种珍贵的资源。事业要想做大,就应该始终以诚信为本,将诚信摆在利润的前面,把信用视为企业经营的底线,用信誉去占领市场。

诚信如真金美玉,狡诈如败絮瓦砾。在与人的交往中,从古到今信用都被视为重中之重。它源于数千年来中国传统道德文化,是修身、齐家、治国、平天下的根基。没有诚信根本谈不到修身,自然更不能齐家、治国、平天下了。

如果说世界上最深不可测的是人心,那么最能震撼人心的力量就是诚信。诚信是一种智慧,无论对一个国家、对一个企业,还是对一个人而言,信用一旦建立起来,就会形成一种无形的力量,成为一种无形的财富。一个不欺不诈、信守承诺的人往往易于得到认可、获得帮助。从某种意义上说,诚信就是一个人的生存资本,正如哲学家康德所言:"诚实比一切智谋更好,而且它是智谋的基本条件。"

做事先做人,做人讲诚信。将诚信铭记一生、实施一生,它便是一生享用不尽的财富。

五　做皆大欢喜之事

> "规则，双赢，明天"，是修正实施对外扩张战略的 6 字方针。这个方针的目的是追求皆大欢喜。《孙子兵法》的核心思想是"攻心为上"，以达到"不战而屈人之兵，善之善者也"。修正的 6 字方针就是攻心、得心之方略。

商界有句箴言："庸者赚现在，智者赚未来。"只有摒弃急功近利的思想，把目光放得长远些，做长远的生意，才能在行业中有所建树。所以，我要求我们的业务员在每一次销售工作中，都不应该被眼前的蝇头小利蒙住双眼，而应该把目光放长远一点，从整个销售生涯的发展角度来规划每一次具体工作。

俗话说得好，"打江山难，保江山更难"。用这句话来概括企业开拓的过程，再恰当不过了。开发新客源难，留住老客源更难。

修正的销售业绩是我们运用正确销售策略的结果，归结起来就是一句话：得人心者得天下。我们做的是皆大欢喜的事，让大多数人受益，因此所向披靡。

什么是皆大欢喜呢？从字面上理解，就是让所有人都开心，概括为经济学里的一个专有名词，就是"双赢"。

从营销学上来看，双赢是成双的。对客户与企业来说，应是客户先赢，企业后赢；对员工与企业来说，应是员工先赢，企业后赢。双赢强调的是双方的利益兼顾，即所谓"赢者不全赢，输者不全输"。简单理解，双赢就是大家都有好处，至少不会变得更坏。

"双赢"模式是中国传统文化中"和合"思想与西方市场竞争理念相结合的产物。在现代企业经营管理中，有人强调"和谐高于一切"，有人提倡"竞争才能生存"，而我认为，和谐与竞争的统一才是企业经营的最高境界。

市场经济是竞争经济，也是协作经济。因此，在市场经济条件下的企业运作中，竞争与协作不可分割地联系在一起，任何一个企业或个人都不能离开其他人而独立存在。

近年来，很多学者都提出了"合作竞争"概念和"双赢"模式，旨在说明企业之间应团结合作，在竞争中共同创造价值，这样才能在现代经济条件下共同取得前所未有的赢利能力与市场竞争力。这是一种必然趋势，说明我国的经济建设正逐渐步入正轨。在生意场上，我们在与经销商做生意时，总能设身处地地为对方着想。比如在销售产品时，我们总会关心经销商是否真的赚到了钱，如果发现他们亏了，就立即研究新的合作方案，这样做自然使经销商都愿意和我们长期合作。

我们在收购各地企业的时候，往往连同对方的退休职工和债务一起接手，换来的是全员的高度忠诚，很快就与总公司融为一体，齐头并进。

虽说市场如同战场，但市场与战场又有很大不同。战场必须决出胜负，市场却可以实现双赢，关键是要多动脑子、多想法子、多找路子。

我认为损人利己和损己利人并不是一个二选一的必选题。在今天的市场经济中完全可以升华为双赢、三赢，甚至多赢。达到了这个境界，就是皆大欢喜。

所以，我倡导做事先做人，攻人先攻心，只要每个人多让一份利，世界就将更加美好。世间财，拣不完，只有做皆大欢喜之事，让多数人受益，才能安稳、长久。

六 不求胜，只求不败

面对纷繁复杂的世界局势，邓小平同志曾提出著名的"冷静观察、稳住阵脚、沉着应付、韬光养晦、善于守拙、决不当头、有所作为"方针。这是在复杂局面下求得生存与不败的关键所在。我认为市场经济不是"胜者为王"，而是"剩者为王"。

自《狼图腾》面世后，其阐述的"狼道哲学"也被广泛移植到企业管理领域。对于狼性的崇拜，在中国企业家中颇为流行。

到底"狼道"还是"人道"更能代表现代商业之道，这在企业界中存在着广泛的争议。

有人说，企业的市场竞争和动物法则是一样的，都是物竞天择、弱肉强食。这种观点我不同意，我们不能把自己贬低到低级动物的队伍中去。狼道，意味着狠绝，意味着不择手段。如果是这样，良心在哪里？情义又在哪里？动物界的竞争和企业界的竞争，既不是一个概念，更不是一个名词。那些硬是说市场竞争是弱肉强食的人，一定是浮躁的、急功近利的。

按"狼道"行事，无疑是自我毁灭。对实行"狼道"的人，修正是坚决不用的，无论他有多大才华。因为他会为了赚钱而昧着良心做药，这违反了我们做药的初衷。他会让我们被人唾弃，让企业走向灭亡。

狼就是狼，是一种嗜血的、凶狠的、可怕的动物，"狼道哲学"断断不应该成为人的成功哲学。我的成功学始终是人的成功学，我张扬的智慧始终是生命尊贵的智慧，我追求的成长始终是心灵的成长。我从始至终都是拒绝"狼道"的,我始终走在人的道路上,无论这条路有多长、有多远。

人与人之间是一种互动的关系,只有先善待别人,才能得到别人的尊重和友爱。生活中是这样,商场上亦是如此。懂得利人的人,把商战看作一个合作的舞台,而不是角斗场。其实,世界给了每个人足够的发展空间,他人之得并非自己之失。

唯有利他才能利己,这就是事物的客观辩证法。如果只从利己出发,就不可能利他,最终也不可能利己。先让利而后获利,只有这样才是善的循环,最终为人、为己都带来好处。

世上的各种利益关系错综复杂,人与人之间的利益、企业与社会之间的利益、企业与国家之间的利益、企业与企业之间的利益,都是一个环环相扣的锁链。只有你给予他人、给予社会利益,你才有可能获得利益。老子说:"将欲取之,必先予之。"你创造的价值越大,对社会的贡献越大,你获得的利益也就越大。贡献和收获总是成正比的,这就是义而后取、义以取利的经营哲学。

20年来,修正与许多药厂一起成长,和不少的同行有过竞争,但我们没有攻击过任何一家。不仅如此,我们在许多方面还与不少同行有过合作。

在市场上,谁能占有多大的市场份额,要靠产品质量说话,要靠营销策略说话。斯达舒能够在众多的胃药品种中独占鳌头,成为胃药第一品牌,并不是我们攻击了谁、吃掉了谁,而是用疗效证明的。

在市场经济条件下,企业与企业之间必然是存在竞争的。但是,竞争并不意味着你死我活,而是互助、互惠、互利的关系。所以,与他人做生意时,不要只顾自己的利益,还要考虑对方的利益,做到互惠互利、共同发展。

商场上没有永远的敌人,只有永远的朋友。对于竞争对手,要以朋友的心态对待,要与对方结成战略同盟,一起维护共同的利益。有时候哪怕牺牲一点自己的利益,都要搞好与同行的关系。

人与人之间是相互依存的，商场上亦是如此。唯有如此，方能把生意做大。

中国有句俗话说得好："一个篱笆三个桩，一个好汉三个帮。"做生意更要有良好的人际关系，它是一项不可缺少的重要资产和财富。朋友就是财富，在生意场上只有大家帮衬、和和气气，才能生财。树敌太多，只能孤立自己，截断财路。

所以，一个企业在竞争激烈的市场上，要做到的最高境界，不是取胜，而是不败。

市场，需要守法经营、公平交易。一定要说清楚的是：第一，市场不是体育比赛，两个选手无需分出胜负；第二，市场不是动物世界，不是大企业吃掉小企业；第三，市场不是古罗马的斗兽场，不需要拼得你死我活。不论市场竞争多么激烈、多么残酷，你都不该打倒对手，更不该打垮对手。只要你自己保持不败，你就一定会前进，继而发展壮大。你的最终目的是生存和发展，而生存和发展并不一定要扼杀别人。

第九章

品牌·文化·哲学——突破企业发展瓶颈的圣方

修正以品牌战略作为企业发展的基本方略，用前瞻性的战略眼光，制定清晰的品牌定位战略，确保药品疗效，尊重人性需要，体现生命价值。靠产品品牌打造品牌企业，靠品牌企业孵化产品品牌。

修正与其他企业的最大不同，在于修正在着力打造品牌的基础上，拥有了自己的灵魂——完整的思想体系、清晰的发展战略和独特的企业文化。

修正哲学的创立与实践，是我们独具修正特色的"软实力"。

一　修正的眼睛

品牌的核心是品质,于药品而言就是疗效。所以,品牌归根结底是生产产品的人的品质、良心。柳公权曾有"心正则笔正"的笔谏,如果心不正,写的字都不正。说修正药是品牌药,归根结底是因为它是良心药,是做药人的人品正。

世界上的常青企业,往往都拥有知名品牌,并利用品牌优势不断扩张,把企业做实、做强、做大、做久。

一个品牌表面上看起来是企业拥有的,但实际上是消费者心中的一个概念,在购买时首先会想起这个品牌的产品。正因为产品质量好,在市场上有了知名度、美誉度,才会有消费者对产品的忠诚度。对于医药企业来说,品牌等于质量加疗效,其本质就是制药人的高尚的职业道德。做药要无愧于良心,时时为用药人着想,做良心药、放心药;做企业要凝聚人心,人心齐,泰山移;做市场要赢得民心,质量必须安全可靠。

企业的成功既不是靠资产规模,也不是靠员工数量,而是靠企业内在的文化理念和感召力。文化在企业发展中的作用是其他要素所不能替代的。缺少设备,可以到市场上去买,但企业发展的内在动力——企业文化,却是买不到的。修正品牌能得到市场认可,企业文化功不可没。

品牌无小事,在修正,我亲自负责企业的品牌建设,制定品牌战略规划。经过 20 年的精心培育与全力呵护,修正得到了国家和消费者的认可,"修正"和"斯达舒"两个品牌双双成为中国驰名商标,修正是国内医药行业中唯一拥有两个中国驰名商标的企业。斯达舒连续 7 年全国销量第一,成为当之无愧的中国胃药领军品牌。

品牌是消费者选购第一瞬间的记忆,品牌的核心是质量和疗效。所以,一家制药企业必须拥有自己的品牌,坚持培育品牌。

随着消费者健康意识的提高,购药日趋品牌化。药品有了品牌,就意味着必须承担更大的责任。修正一向把质量和疗效放在第一位,把安全和健康当成责任,倡导并自觉遵守《中华人民共和国药品管理法》,杜绝虚假广告和假冒伪劣药品,净化药品经营环境,优化药品经营秩序。

品牌重要,品牌管理更重要。企业发展到一定程度的时候,比如说销售额突破 1 亿元、10 亿元、20 亿元、50 亿元、100 亿元,都是门槛,都是对品牌管理的考验。一个企业的品牌管理能力,决定了企业的前途。我们一直倡导的是,第一要做实,第二要做强,第三要做大,第四要做久。修正这几年的发展确实很快,在医药行业不景气的情况下,我们大跨步向前进,在北京、四川、长春等很多地方连续收购了十几家药厂。在扩张上只要把握不短贷长投,凭借修正多年积累滚动发展,就不会有什么问题。

中国驰名商标素有"产品业奥斯卡"之称,是唯一在全球范围内受国际法律保护的品牌标志,是衡量商标知名度和美誉度的金字招牌。我国从1985 年加入《巴黎公约》之后开始进行认定。由于评选标准极其严苛,20 多年来被认定为"中国驰名商标"的品牌只有 700 余件,通过认证的均是"名牌中的名牌"。我国加入世界贸易组织后,包括世界 500 强在内的国际大公司也开始积极申报"中国驰名商标",如三星、麦当劳、欧莱雅等,均是世界一流的知名品牌。

按照国际惯例和国家商标法,驰名商标要经过多方考察、综合认定,有商标注册、广告宣传、市场占有率、经济效益、行业地位、企业信誉等多方面硬指标。因此,被确认为驰名商标的产品,必须具备质量高、市场广、效益高、信誉好等特点。

2005年6月,"斯达舒"荣获首个胃药中国驰名商标。2006年6月1日,"修正"又被评为中国驰名商标。

药品是特殊产品,关系到百姓的身体健康和生命安全,因此,制药企业责任重大。"做药就是做良心",我们并没有把这句话只当作口号,而是落实到生产和经营的每一个环节,尤其表现在对药品质量的追求上。

能够摘得这两块含金量极高的"金牌"(中国驰名商标"双料"冠军),正是我们对产品质量要求精益求精、坚持品牌与责任共同发展的结果。在市场竞争日益激烈的今天,片面追求短期利润显然行不通。只有那些有实力、有社会责任感又注重品牌形象的企业,才能真正被消费者接受,赢得消费者的信任,成就百年老店。

二　没有文化的企业做不久

> 一个企业的规模越大，其文化凸显的作用就越大。一个企业越是处于危急时刻，其文化发挥的作用就越大。没有文化的企业，势必是无源之水、无本之木，难以源远流长。

精神力量是古老而又神秘的东西，精神是人的支撑，人失去精神就意味着失去斗志、失去意志。所以，精神力量是向前推进整个人的主导力量。精神力量是极为强大的，即使在很少的物质基础上，它所爆发出的威力也非常惊人。

要想企业兴旺和长久，就必须注重企业职工精神力量的开发。企业要想拥有活力和战斗力，就必须建立起良好的心志模式，树立统一的企业文化，并使其上升为企业的一种核心竞争力。

文化不是空洞的说教，文化是在企业发展过程中提炼出来的，逐渐成为大家共同认知的精神方向和价值观。

现在许多企业都败在文化上。打个比方说，如果企业是大楼的话，文化就是地基，地基的坚实程度决定了企业的高度。一个企业想要做实、做强、做大、做久，就必须强调企业文化。

企业文化需要达到什么效果呢？简单地说，就是要激发员工的工作热情和积极性、创造性。同时，还要让他们有一股不服输的勇气，有一股跌倒了再起来的韧劲，有一种积极向上的人生态度和昂扬奋进的朝气。这种精神力量必能使企业青春永驻。

　　企业文化对外是旗帜，对内是向心力。企业文化就是员工的信仰，一个没有信仰的企业是没有灵魂的企业。企业人本主义管理的核心是员工心的管理和修正。树立良好的品牌形象，不是一件容易的事，也不是一天两天就能得来的。这需要全体员工长期奋斗、不懈努力，需要将生产实践与经营管理有机地结合起来。

　　没有文化的企业做不大、做不久。管理一个小型企业靠权威，管理一个中型企业靠制度，管理一个大型企业靠文化。这是三个不同层次的管理概念。企业做大了，就得靠企业文化，靠文化来维持大家的认同感、自豪感、归属感。

　　有人认为文化是个比较虚的东西，容易纸上谈兵。诚然，从某种角度来说，文化确实是一个比较虚的东西。对于一个刚刚建立的企业，文化可能帮不了多大忙。但是当企业发展到一定阶段时，就需要文化了。所谓"下合法，中合理，上合德"，"德"就是指企业文化。我常说，做药就是做良心，因为药品的质量关系到消费者的生命与健康，这是制药企业的特殊性。药品讲的是疗效，疗效一定要可靠，消费者才能认可。修正就是要给消费者老大哥的印象，关心消费者，和蔼可亲。我对员工讲，制药企业要讲社会效益，不能只讲经济效益。你不讲利润，利润才能来，必须得用哲学来思考这个问题。

　　修正的企业文化是中国儒学文化与西方现代管理科学的结合，其精髓是"以人为本"。

　　早在 2004 年 6 月，我们就确定了修正的人才观——要不唯学历、不唯职称、不唯资历、不唯身份、不拘一格地选拔人才；依靠机制、尊重人性、充分放权地使用人才；创造共同成长、共同修正的人才环境。

　　在修正，每一位员工都要铭记："做企业就是做人心，做药就是做良心，做市场就是做民心。"

三 正己修人

《庄子·天下》说："判天下之美,析万物之理,察古人之全,寡能备于天地之美,称神明之容。是故内圣外王之道,暗而不明,郁而不发,天下之人各为其所欲焉以自为方。""内圣外王"的意思是,个人的素质和修养要像圣人一样,同时,又要担负起像帝王一样的对国家和人民的责任。"内圣正己,外王修人"是企业家修炼的本质核心。

"内圣外王"是我很早的时候就确立的追求。我认为,"内圣"是通过自我的德行修养,使自己成为具有高尚的道德品性和人生追求的人;"外王"即是在"内圣"修身的基础上,进一步实现"齐家、治国、平天下"的人生理想。

"内圣外王"之道一开始就与"以自为方"的绝对利己主义相对立。如果说"外王"是一种功利的话,"内圣"之道则使得这种"外王"的功利演变成了一种功德,而这正符合企业生存发展的基础——"谋取利润,创造财富",终极关怀是为了"服务社会,造福苍生"。当代国学大师牟宗三认为,"内圣外王"是中国儒家的"本末一贯"之道,"内圣"是内在地成就自己,"外王"是外在地成就事功,"内圣"为本,"外王"为末,本末一贯,不可偏废。对于企业家来说,"内圣外王"之道可以称作企业家"人己合一""义利合一""智行合一""天人合一"的"合一"之道,是企业家系统思考之后的行动体现。

"内圣"之道是企业家走向卓越的精神内核和原动力,如企业家需要的就是这种执着的精神和行为。

对于"内圣",我个人的理解是企业家的"德"与"静"。"德"是企业家

"内圣"之道最终得以实现的基础,"静"是"内圣"之道得以实现的方便法门。我一直将"内圣"作为自己思想和行为的原则,不骄不躁、不奢不吝,小胜以智,大胜以德。企业中真正伟大的领导者,不是那些豪情万丈的"英雄",而是能够在很多细节上冷静思考、做出正确选择的智者。因此,我坚决反对英雄情结,告诉员工要"满怀激情,心如止水"。心如止水,是企业家的"内圣之道",是抵御诱惑、应对挫折的护身符。不仅企业家要加强这方面的修为,普通员工也需要,这样才能形成一个上下一心、充满战斗力的团队。无论出现任何挫折和诱惑,都要保持操守,无愧于国家,无愧于人民,无愧于自己内心。

但是,有了"内圣"不一定有"外王"。企业家的"内圣"不仅是企业家德行操守的修炼,更是企业家思维方式的修炼。因为思维决定并影响行动,思维方式的塑造是企业家从"内圣"转成"外王"的关键。我在企业高层管理者培训的时候特别强调了这一点。

"内圣"是建德,"外王"是建功。企业家的"内圣"是"外王"的基础,"外王"是"内圣"的目标。我对"外王"的理解就是企业家的终极关怀,这在我们的"修元正本,造福苍生"的企业目标中得到了充分体现。但"外王"也是分层次的,如可以分为帅富、领强、报国,即带领员工走向富裕、带领企业走向强大、最后回报社会。

如何实现企业家的"外王"之道呢?"外王"的核心就是"正人",因为"正人"是保证企业家制定的企业目标得以有效执行的关键,是实现"修正世界"这一企业理想的前提。

在上述认识的基础上,我总结出了企业修正哲学理论,即"一个目标、两做、三心、四律、五决定、六大机制、七项修正"。这是修正企业发展的内在精神,是构成修正企业文化的重要部分,也是实现企业家理想的外王之道。

随着企业的不断壮大,企业的管理方式也一定要及时进行自我修正。

目前,修正已有 3 万多名员工,靠权威管理肯定已不合时宜,而只有制度也还不够。大的企业一定要有文化,没有文化支撑的企业难成百年基业。规范人行为的并不是法律,而是文化,是一种无形的东西。

早在康威药业时期,我就提出了"康威 9 条",其中前 4 条是:第一,每个员工必须明白自己是康威人;第二,每个员工必须会唱国歌;第三,不准厂长以权谋私;第四,每个康威员工必须服从厂长的命令。这是当时靠权威管理的企业文化。当企业发展壮大后,我们的文化也需要与时俱进。

在 2000 年春节后的第一次营销大会上,我请大哥修涞荣讲了一堂企业文化课。他把企业文化归纳为三个层次:表层、深层、核心层,并把核心层提到了企业价值观念的高度。这次讲话使大家知道,企业文化是一个企业发展的重中之重。

后来,我在企业更名为修正药业集团之后的一次会议上,向各地的省总和厂部的高层领导提出了一个问题:我们挣钱的目的是什么? 大家的回答各式各样,有的说让老婆、孩子享福;有的说体现人生价值;也有的说钱挣多了,能对社会做更大的贡献。

就是在这次会议上,我提出了一个观点:我们不管赚多少钱,不论有多少钱,都要努力把企业做大,做大的目的就是为了"造福苍生"。于是这句话便成了企业的理念,也就是核心价值观,后来经过修正,成了"修元正本,造福苍生",还加了一句"修德正心,开创无限"。

一个企业的文化生成后,它就会产生一种无形的推动力量。久而久之,人们逐渐习惯它、适应它,就会自然地按部就班,无须督促。企业文化必须是实实在在的,是从实践中总结出来的管理圣经,而不是胡编乱造、堆砌一些好听的辞藻糊弄外人。

文化是一种氛围,是一种习惯,是一种环境。企业文化一旦形成,几千、几万人的习惯,就是一股洪流,势不可当。

企业文化形成后,虽然不可逆转,但它可以被腐蚀、被污染,以至于变形,甚至于毁灭。防止发生这种后果的唯一办法就是——防微杜渐。

中医所讲的"正本"启发了我。企业里的"正",就是企业的战略目标,一个成长中的企业领导者要经常围绕"正"对企业展开自我纠错,不然就容易偏离发展轨道。中医说不要"头痛医头,脚痛医脚",主张从整体上看问题。这不只是医学理论,更是方法论,对企业管理非常适用。企业中的有些问题,看似发生在下边,很有可能根子就在上层。因此,我总是扪心自问,三省吾身。只有管好自己,才能管好企业,中国的"内圣外王"也是这个意思。修正自己,修正企业,有为企业,无量修正。我们正在尝试建设修正型的企业组织,形成一套带有中国传统文化特色的修正企业文化。"修正"既是我们的企业名字、企业品牌,也是我们的企业哲学。

民营企业的文化是老板的文化,但老板的文化决不是企业文化的全部。有人认为修正文化就是修涞贵文化,这一点我不否认。但我还是要纠正一下,修正文化是修涞贵创造的,但它不仅仅是修涞贵的思想,更不是修涞贵一时的心血来潮。它是从修正人20多年摸爬滚打的成败中总结出来的,它是随着时代的变化即时更新的,它是适用于所有渴望基业常青的企业的。所以,修正文化大于修涞贵文化。

文化是一种氛围。企业一开始就确定企业文化的基调,对以后的发展是非常有益的。我身体力行地倡导"在成长中修正,在修正中成长"的修正企业文化,具体说就是要时刻保持对成长方向的修正、对成长速度的修正、对成长能力的修正。

四　修正力就是执行力

> 关于执行力,《管子·立政》说过"令则行,禁则止,宪之所及,俗之所破。如百体之从心,政之所期也"。执行力说到底是心里的事:认不认可,愿不愿意,怕不怕。提高执行力就需要不断地修正每个人的心。所以,修正力是执行力的至高境界。

拉里·博西迪和拉姆·查兰在《执行力——如何完成任务的学问》中提出了一个全新的思想。随着此书在全世界范围内流行,执行力成为一个炙手可热的概念。

简单地说,执行力就是把想法变成行动,把行动变成结果。执行力,就个人而言,是把想干的事干成功的能力;就企业而言,是将长期的战略一步一步地落到实处的能力。中外企业都一直在强调执行力,而事实上大多数企业一直在为执行力伤神。

拉里·博西迪和拉姆·查兰认为:"执行的核心在于三个核心流程——人员流程、战略流程和运营流程。"在他们看来,完成任务的关键在于执行和结果之间建立联系,在于"如何执行,如何落实计划,从而使公司运营变得更有效率"。

同时,他们论述道:"执行是一套系统化的流程,它包括对方法和目标的严密讨论、质疑、坚持不懈地跟进以及责任的具体落实。它还包括对企业所面临的商业环境做出假设、对组织的能力进行评估、将战略和运营与实施战略的相关人员相结合。它还包括随着环境变化而不断变革前提假设和提高公司执行能力以适应野心勃勃的战略挑战的机制。"

这里,"随着环境变化而不断变革前提假设和提高公司执行能力以适应野心勃勃的战略挑战的机制",用中国的文化来理解,其实就是修正的一部分。

企业成长的本质是企业内部和外部的一种积极而微妙的变化。企业的成长导致其时刻处于一种渐新的状态,而要解决企业每一个成长阶段所面临的问题,就需要逐渐用一套全新的规则来适应和规范企业内部新的运行体制。

所谓的修正,就是对企业运行中的问题和隐患及时进行剔除,对业已出现的问题及时进行修正。因此,修正的最大价值是使企业免受不必要的"疾病之苦",实现持续的健康成长。

麦肯锡公司认为,一个公司的成长潜力与目前企业的核心业务、企业中正在出现的代表着成长机会的业务以及企业风险性最大的、最具不确定性的业务关系密切。所有这些业务中企业的任何一个细小的变化,都可能给企业的健康、卓越发展带来挑战或是机会。因此,具备基本的修正理念,应当成为企业业务实践中的一个必备常识。

从决策到管理、从资金到人员、从文化到环境的各种企业难题,再到企业远景规划的短浅、核心价值观的局限、业务链管理的失衡、核心赢利优势的缺失等,都有可能导致企业在成长过程中夭折或短命,这就使企业成为一项极具风险的投资。而修正就是要时刻关注企业可能会在哪里出现问题,并为此做好准备。

从这个意义上讲,企业在不断学习和创新的同时,不得不呼唤修正、贯彻修正。执行力的提出是正确而及时的,但是它与中国的实际差距甚远,很多人都知道这是个好东西,但是又很难应用到位。

在 2004 年第二届中国职业经理人高峰会上,我正式提出"修正哲学"和"修正力"的管理理念。本质上说,我并不是提出了一个全新的概念,我提出的是一个可以实际应用的方法论。有的媒体将之评为中国企业界向"洋管理"发出的第一声呐喊,我不否认这个说法。"洋管理"在中国水土不服,我用本土的文化创造出一个立得住的"土管理",不仅修正自己可以应用,任何一家企业都可以身体力行。

此后,许多企业家都和我探讨学习修正哲学和修正力。作为企业的经营者,无不希望自己的企业健康长寿。从交流中,我总结出中国企业执行修正力所遇到的4个方面的阻力:危机意识不足,使企业的学习、修正和创新缺乏必要的催化剂;缓慢扬弃是许多企业成长中的致命弱点;对修正失败的恐惧也是企业建立修正型组织的阻力;长期的成功和惯性思维,是企业学习、修正和创新的阻碍。

用修正哲学的观点来说,卓越执行包括三方面:及时、优质地落实既定计划;比计划完成得更好;原有计划不当的地方在执行中得到有效修正。

修正型组织的卓越执行,强调了执行环节的自我修正。在企业实际行动中,计划常常没有变化快。原有的决策在具体执行过程中,难免会遇到周围环境发生变化的情况,这就需要执行者能够适应这些变化,及时地在具体执行中对原有决策加以适当修正,以保证既定目标的完整实现。

修正力,体现了卓越执行力中对"变"的时刻关注和适应。一般而言,执行力注重于圈内,强调完成既定的任务;而卓越的执行力强调执行中的应变,即通过修正力实现从圈内到圈外的转换。应当说,修正本身就是一种执行文化,这种执行文化与一般的执行文化的最大区别之处在于它强调执行过程中的正确应变。传统的执行往往较为刻板地强调如何去完成任务,而带有修正性质的执行则强调如何完成得更好。

从这点来看,卓越执行力的至高境界就是修正力。贯彻执行力,也就是将执行进行到底。做到这一点其实并不难,就看你有没有决心和毅力。在衡量领导者或者组织的能力时,一个重要的方法就是提出问题并解决这些问题。要解决问题,就必须进行大量的研究和思考,据此判断是否选择了正确的方案,这本身就是一种修正。

所以,当卓越的执行力与企业的生死存亡相关联时,修正力就前所未有地凸显出来了。应当说,缺少修正过程的执行力是低级而有缺憾的,卓越的执行力必然是修正过程的执行力。可以说,没有修正力就没有竞争力,没有竞争力就没有生存力。

修正力是企业必须常抓不懈的一项基础管理工作。要加快企业的发展,就必须增强企业的修正力。所以,修正力是一个组织执行决策的效率,是一家现代企业成功所必须具备的基本因素。

五　在修正中快速成长

> 大到国家,小到企业、家庭、个人,所犯的错误只有两个:一个是"过",另一个是"不及"。要不想犯错误就必须修正,只有修正才能把握好度,只有修正才能达到"致中和"的境界。我们在修正中成长,在成长中修正。

在为人处世中,最主要的就是对"度"的把握。无论做什么事情,在什么场合,与什么人接触,都要掌握"度"的平衡,"过"或"不及"都不利于人生的前进与发展。只有掌握并合理地运用"度"的平衡,才能在处世中占有优势。

在漫长的人生岁月中,总会遇到一些让人无法释怀的人或事。所以,应该保持舍得平衡、张弛有度的处世心态。在舍与得之间寻找最佳的平衡点,把握"度"的分寸。也就是说,无论做任何事情,都要求人们正确把握"度"。只有适度才能恰到好处,否则将为自己前进的步伐带上沉重的枷锁。

把握"度"的一个重要特征就是不走极端。任何事物都有自身存在的相对稳定的条件,无论做什么事情都要按照事物自身发展的规律去进行,否则过犹不及、物极必反。只有掌握并正确利用事物发展的规律,才能够在现实社会中找到一个可以充分展示自己才华的机会。

人生在世,要经历的事情太多。在成长和发展的征途上,要善于把握"度",学会张弛有度。抛弃不合时宜的"小节",多为自己创造展示才华的机会。

对"度"的把握，不容轻视。《三国演义》的人物中有很多关于度的把握的故事。关羽生性孤傲，无论什么事情都自作主张，结果荆州沦陷，自己败走麦城。张飞则是因为对部下责罚过度而遭到部下的逆反，掉了脑袋。诸葛亮为蜀汉大业"寝不安席，食不甘味"，大到战略决策的运筹谋划，小到"罚二十以上必亲理"，可谓"政事无巨细，咸决于亮"。这种事必躬亲的工作态度，使他积劳成疾，过早地离开了人世。后人在推崇他"鞠躬尽瘁，死而后已"的忘我精神之余，也留下了"出师未捷身先死，长使英雄泪满襟"的无限感慨。

在现实生活中，许多事物的优良特性，都是在质与度的完美结合下才能发挥出绝佳的功效。人在处世的过程中也要做到张弛有度，只有这样才可以让自己生活得快乐。

如何把握"度"，怎样把握"度"，是为人处世的关键所在。要想正确地把握好"度"，关键是要保持良好的心态。很多事情因为过分追求完美，使得本来可以做得比较好的事情，出现了偏颇。这就是所谓的过犹不及。

实际上，生活中事事都涉及"度"的问题。比如，说话要讲分寸、做事要讲尺度。做什么事情都能够比较恰当地把握好"度"，这是很难做到的一件事，也是一门艺术与学问。所以，要善于学会做事有度。

"度"没有一个客观的标准，因人、因时、因地而论，这就要凭自己的经历和阅历去认真揣摩和实际运用。但也不能因为要把握好度，而处处限制自己。最重要的是做一个正直、有爱心的人，遇到事情多为别人想想。只有这样，才能在实际生活中把握好"度"。

中庸之道的最早提倡者是孔子。"中庸"作为一个概念，最早出现于孔子与其弟子的谈话录《论语》中："中庸之为德也，其至乎！民鲜久矣。"

中庸是孔子思想体系中的一个重要组成部分，被后人作为一个贯穿儒家学说的中心概念来对待。按照西方人非此即彼的哲学逻辑和非善即恶的道德判断方式,儒家倡导的中庸之道似乎有搞折中主义的嫌疑,有不辨是非、回避矛盾的迹象。这种看法,无疑误解了儒学思想的精髓。

在古汉语典籍中,我们可以归纳总结出中庸的本义。

"中"的本义是箭射靶心,后来进一步引申成了"中间""当中""中心"的意思,即"一件事物在时间、空间上处于核心的地位"。因此,中庸的"中",不能简单理解为"两端之间的等距核心"。这里的"中",更是指事物发展轨迹上最恰当的点、最核心的关键,也就是我们要学会"在最恰当的时候做最适合的事"。这种"恰当""适合"的思想对于中国正在高速成长中的广大企业来讲,具有极为重要的实用价值。选择恰当的时机,选择适当的做法,这种东方式"选择的智慧",我们称之为"中"。

"庸"字的本质是"常"。《二程集》中有这样的话,"不偏之所谓中,不易之所谓庸","庸者,天下之定理"。这里所讲的"不易",是指在变动不定的自然和人生背后,存在着一个永不变更的定数。人只有抓住了不变的定数,才能主宰自身和外部世界,做到以不变应万变。作为宇宙中恒定不变的法则,庸与变是对立的,是对千变万化的世界内在规律的理性把握。人的主观思想行为只有符合事物的规律,才会最终收到好的结果。

中庸的意思就是符合规律,居于两端之间而不改变自己的立场就是中庸之道的精髓。中庸之道是对矛盾的驾驭和超越,而不是不讲原则的简单折中。所以,中庸哲学有效地在对立的两极之间找到了一个均衡的支点,并以这个支点为中心,使对立双方归于统一。

我把中国传统的中庸哲学逐渐引进企业的实践中,我告诉大家,企业中庸之道很简单,就是使企业的实践更加切实地符合市场运行的规律、符合市场竞争的需要。

打开电视机,随便观看哪个频道,都能闻到扑面而来的"药"味。这么多的医药企业憋着劲地"砸"广告,倒是让人们明白了一个再简单不过的道理,就是人生病了要吃药。可是,企业如果"生病"了,该怎么办呢?

企业的短命问题有目共睹,我身边的朋友几乎都喊着生意难做、企业难做。据统计,100 家企业一起诞生、一起竞争,3 年后能够幸存的就只有 30 几家。

在企业更名为"修正药业集团"的时候,我就已经认识到了修正本身就是一种哲学,但那个时候,我的时间、精力和阅历都不够,所以我有修正情结,却没有时间去进行更深的哲学探究。但梦想是有的,就是要把修正思想传遍中国、传向世界,这也是我为企业更名为"修正"的深层次目的。

初级企业卖产品,中级企业卖品牌,高级企业卖文化,超级企业卖哲学。哲学是一种思考和做事的方法,听起来似乎深奥,其实一点也不神秘,它就是百姓一直用而不知的东西,它无处不在,一切权衡取舍、运筹帷幄都是靠哲学。

回忆企业的发展历程,我十分感慨,修正药业集团就是在不断的修正中超常规发展起来的,而一些企业的失败大多是因为不能及时进行修正或者修正得不完善所致。

比如,由"价格吸引消费者"修正为"质量吸引消费者";由"人情式管理"修正为"制度式管理";由"宣传赢得市场"修正为"营销、服务赢得市场";避免盲目多元化,专注于专业化基础上的专业产业群建设;由产品和企业的初级营销转向企业发展更高阶段的品牌运营;由满足原有市场的供应型销售转为发现并创造市场的科技创新;由粗放型经营转向集约化管理……

事实证明,在修正哲学的指引下,修正药业集团已经连续多年进入医药行业利润总额前 10 名。在由《医药经济报》等组织评选的中国制药企业百强榜中,修正药业集团名列第 6 位。在由中国非处方药协会举办的第 6 届中国自我药疗年会中,修正药业集团荣登中国 OTC 销售榜冠军宝座。在由《北大商业评论》和冠军企业案例研究中心举办的中国冠军企业案例营销峰会中,修正药业集团被评为中国冠军企业标杆。

从卖产品到卖品牌，从生产导向到营销导向，修正药业集团在不断修正中迅猛成长。面对迅速成长的修正药业集团，我始终在思考：一个快速发展的企业如何获得健康成长？在我们企业机体里还隐藏着哪些危险？一个企业的核心竞争力到底是什么？这些都是每日三省需要思考的问题。

我们不仅在企业发展战略上注重修正目标，在企业实际管理中我们也同样在不断地进行探索、不断地进行修正，建立起企业的实时监测系统和及时修正系统，誓将修正进行到底。

六　做个明白人

诸葛亮在《将苑·腹心》中写道："夫为将者,必有腹心、耳目、爪牙。无腹心者,如人夜行,无所措手足;无耳目者,如冥然而居,不知运动;无爪牙者,如饥人食毒物,无不死矣。故善将者,必有博闻多智者为腹心,沉审谨密者为耳目,勇悍善敌者为爪牙。"这段文字告诉我们如何做一个明白的领导,要有信息源、信息渠道,否则就是聋子、瞎子。邓小平同志曾经说过一句十分精辟的话:"领导要是明白人。"

如何才能做一个明白人呢?

一般来说,要从以下六个方面进行积累。

一是要听明白。

善于"听"的人,会超出耳朵的生理局限去"听"。用天下人的耳朵听,就没有听不到的声音。"听"不仅要用耳听,更重要的是用心听。

战国时期,秦、赵发生了长平大战,当时胜负还未定。赵国的平都君想劝说魏国的国君参加"合纵",联合起来对抗秦国。但是当初秦国的国君曾答应魏王把一个被韩国占领的叫"垣雍"的地方归还给魏国,魏王一直记得秦王的话,所以对联盟的事兴趣不大。平都君问魏王:"假如秦国战胜了赵国,大王敢要求强大的秦国割垣雍吗?"魏王说:"不能!""由此看来,"平都君说,"归还垣雍是秦王的一句空话。"魏王连声称对。同样的一句话,不同的人听就有不同的结论,听得深和听得浅大不一样!

二是要看明白。

会看的人,能超出眼睛的生理局限去"看"世界,重要的是看得清楚。

与"听"相比,"看"同样是信息采集的过程,但层面要深一些。"看"为"听"提供佐证,是把"听"来的只言片语联系起来,找出连接点,明确静态的关系和动态的趋势。"听"还需要与对象接触,增加切身体验,"看"则可有更大的自由度和范围,在看的过程中总结和分析的成分加重了。透过现象看本质,"看"多了一层沉淀和思索。

三是要想明白。

学而不思则罔,思而不学则殆。"想"的过程,不仅是学习、积累的过程,也是一个消化、完善的过程,更是一个自我纠正的过程,同时还是一个运算、分析、筹划的过程。

在"看""听"的过程中,"想"就已经启动了,只是还不完整、不深入。在"看""听"搜集来的大量信息、数据基础上,大脑飞速地运转。"想"在信息系统中属于中间环节,是沉淀和分析的过程。在信息的"量"达到一定程度以后,"质"才能被发掘。

四是要讲明白。

当苏秦提出称霸的主张时,秦惠王没有过多理会。于是,苏秦就跑到了六国,搞"合纵"。苏秦对燕王大讲特讲燕国地理位置上的优劣长短,再入情入理地推出自己的主张,连威胁带恫吓说服了燕王。其后苏秦对弱小的魏国、韩国也采取了相同的手段,对赵、齐、楚则以利相诱,讲得几个国君(特别是楚王)对秦国的美女、财富垂涎欲滴。苏秦凭借对各国国情、国力的全面了解,凭借对各国战略关系的透彻认识,凭借良好的口才,最终促成六国形成"合纵"之势,自己也身挂"六国相印"。

五是要干明白。

智者事易,不智者事难。每件事都干成最难。做事的过程要审时度势,有进有退。会干的人干事容易,不会干的人干事难。

为什么要干明白?很多事情,光想不干、光讲不干都是"纸上谈兵",没有什么实际效果。只有通过干,正确的想法才能得到检验。

六是要搞明白。

所谓"未出茅庐,已定三分天下",事情还没发生就知晓结局,这是最难的。

如果说前面几个阶段是"置身事中",那么现在则应该"置身事外",冷静地思索与总结,使认识在本质上得到升华,由"量变"到"质变"。搞明白是参悟阶段,在此过程中,纷乱的现象后面隐藏的规律也就慢慢地凸显出来了。

第十章

理念·实践·宏愿——大健康的催与生

生命和健康极其宝贵,制药企业比任何企业都更加了解生命的脆弱和疾病带给病人的痛苦。"但愿世上人无病,不怕架上药生尘。"在生命面前,我们除了敬畏,就是更敬畏。修正集团不追求利润,只追求治病救人。

一　不忘本的传承

英国的罗斯金说过，人的思想是可塑的，一个人如果每天观赏一幅好画、阅读某部佳作的一部分、聆听一只妙曲，就会变成一个有文化修养的人。我想，博物馆的丰富，也一定能够促成更多有文化修养的人的诞生。

众所周知，文化的建立，是一个企业发展不可或缺的重要组成部分，甚至可以理解为企业生命的核心命脉。而修正博物馆的建立，正是修正企业文化建设中的重要组成部分。

我始终致力于将修正打造成一个文化底蕴浓厚、文化资源丰富的企业，于是，作为修正文化发展的重要标志，修正博物馆的建立势在必行。它不仅可以传承修正文化，还可以使优秀的文化得以继续发展。

曾有人指出，在经济发展飞快的今天，尤其是繁华的大都市里，只有高楼大厦却没有一个优秀的文化博物馆是非常可悲的。如此这般，在修正硕大的产业之下，倘若只有生产、制造、销售、服务，而缺失了可容纳这些成绩的摇篮，是不是于修正、于奋斗者、于客户和消费者而言的不负责任呢？生产和发展能够满足大家的小康之需，但卓越的富有一定是文化的根深蒂固、一定充斥着灵魂的真谛。

读书、看报是一种提高自身的方式，但却远远不能满足修正人的精神所需。踏上修正这片热土，你会感受多样的文化牵系着大脑中那根叫思考的音弦。当个体精神层面上升到一定高度时，整个修正文化水平随之提升,这对于社会也是一种贡献。

修正博物馆内记录了修正从创业至今的发展历程,堪称修正历史文化的窗口。博物馆以度量衡收藏为主题特色,系统、全面地归纳、挖掘了中国度量衡技术的历史成就,一方面传承并发扬了中华民族的传统文化,另一方面也是修正"度量"文化的见证。

度量衡,顾名思义,就是一种测量的方式方法,这种方式方法分为三个基准。其中,度是计量长短的标准,量是计量容积的标准,衡是计量轻重的标准。德国科学家西门子曾说,测量即是认识,它的观念和产生同人类文明几乎是平行的。

中国的度量衡文化博大精深,对度量衡文化的挖掘与保护是每一个企业文化建设中不可忽略的部分。修正哲学中蕴含着度量衡文化,修正的企业文化建设自然也要以度量衡作为参照,这是修正自上而下对公平与正义的追求、对法律和法规的敬畏、对诚实和守信的恪守,也是我在集团一直强调的"三敬畏"——敬畏法律、敬畏自然、敬畏生命。

企业创建自己的博物馆算不上什么新鲜事儿,早在 20 世纪 50 年代,日本就掀起了一股新办企业博物馆的热潮;而在欧美,几乎每一家大型企业都有自己的企业博物馆或展览馆。要实现企业实力、品牌价值与文化的融合,博物馆无疑是最具特点的文化建设窗口,也是一个有着一定历史与文化传承的企业对外展示的最佳平台。

近几年,我们国家的企业兴建企业博物馆的发展趋势明显升温。2005 年,国务院通过了《关于非公有资本进入文化产业的若干决定》,其中提出非公有资本可以进入的文化领域,包括博物馆和展览馆的建设。企业博物馆有权根据法律法规,对自己的物品进行管理保存,乃至对外交流。

从 1995 年至今,修正历经了 20 多年的发展,从中形成了自己独特的发展历史与文化积淀。抚今追昔,感怀万千,这些历史是修正宝贵的财富,也是发掘修正品牌文化和传承企业精神的核心所在。

不忘历史才能开辟未来,善于继承才能善于创新。在这样的基础上,建立一个独特的、内涵丰富的修正企业博物馆被提上日程。与此同时,我和修氏家族的很多成员也都是收藏爱好者,博物馆的建立,我们把个人收藏的很多物品都贡献了出来。"文物以纪之,声明以发之。""文物"这个词最早出现在《左传》里,"纪"就是记录,"文物"实为两样东西,"文"就是文字,"物"就是古人所遗留下来的器物,两者均承载着历史。

我与修家兄弟几人一直热爱中华传统文化,并深受其熏陶,收藏文物侧面也是在记录历史、探索历史,从中体会中华文化的精神与内涵。这些年,大家的收藏品从铜镜、古代钱币到紫砂壶、冷兵器,不一而足。以物观古,抚今追昔,乐趣无穷。

在兄弟当中,三哥修涞富的收藏足迹已遍及大江南北,他的收藏不仅视野宽阔,而且主题突出、特色鲜明。藏品囊括了度量衡器、瓷器、青铜器、字画等多个层面,内容十分丰富。近10年来,其收藏渐渐地聚焦到了度量衡器上,而且在这方面做得越来越出色,成为业内闻名遐迩的专家。在这样的背景和条件下,修正博物馆应时、应势而生。

2009年1月1日,修正博物馆的前身——修正展览馆开始兴建。2010年5月20日,世界计量日这天,正式开馆。2010年8月,吉林省文物局批准了修正展览馆的成立。2012年2月,再经吉林省文物局批准,修正展览馆正式更名为修正博物馆。

修正博物馆建于空气清新的修正药谷之中,建筑面积4000平方米。修正博物馆以宣传修正企业文化、展示修正企业形象、开展中华传统医药文化教育为特色,也是修正员工综合培训和企业文化熏陶的场所,还是修正企业活生生的记录载体和企业发展中宝贵的文化财富。

修正企业博物馆开馆以来承接了很多社会责任与使命,如成为展现通化市医药工业发展的窗口和进行爱国主义、中华传统文化教育的基地。

整个修正博物馆内部展区分为两厅三室,所展示的是企业文化和文物收藏两大方面内容。

修正发展陈列以两个展厅全方位展现企业整体情况,这里的展品主要以修正企业文化为主题,以修正药业发展为特色。一厅展示了企业发展历史、文化理念、社会责任、荣誉等方面内容,二厅展示了修正药业集团在产业、市场、品牌方面所取得的成就以及科技研发的最新成果,此外还有中国古代度量衡陈列、中国中药传统文化陈列与兄弟堂陈列。修正博物馆内的藏品主要来自民间征集,现在已逐步形成以度量衡为特色的主题收藏,共有度量衡器物藏品8000余件,其他文物藏品2000余件。这其中的万权堂主要为中国古代度量衡陈列,展示的是我国古代度量衡的发展历史和各个历史时期的律制,系统、全面地归纳和挖掘了中国度量衡技术的历史成就以及我国从春秋战国到民国时期的各种度量衡器具,其中还有一些国外度量衡器具。

中国中药传统文化陈列,展示内容包括中草药标本、成品药及中医药文化渊源的介绍。兄弟堂陈列展示的是这些年来我们兄弟的收藏珍品,有紫砂壶、铜镜、古代钱币、冷兵器、铃铛等各类藏品。

收藏品有物质、精神两方面的意义。修正博物馆不仅成为修正企业历史文化的展示窗口,而且所藏之品富有特色、自成系统,也引起了有关方面的重视和兴趣。2010年5月20日,中国度量衡研讨会暨修正展览馆度量衡展开幕式,在修正药业集团通化产业基地举行。此后,修正博物馆又与日本计量博物馆、通化市关东文化市场等单位深入交流合作。在弘扬中华文化、传承历史、发展企业文化上,修正博物馆的意义巨大。

文化是历史的凝聚,修正是深植于中华五千年传统文化基础上的企业,企业文化的源头在历史上、在传统上,它的迅猛发展一直受着传统文化的引导和启迪。基于此,做好修正的企业文化项目意义非凡。回望修正企业的发展历史,它历经改制,从通化市医药研究所到康威药业,再到修正集团,发展历程虽短,但纵横捭阖,有着浓厚的历史感。

20 多年前,我刚刚接手制药厂的时候,只有破旧的厂房、原始的设备、近乎崩溃的销售渠道。那时候,全厂的固定资产加起来还不到 20 万元,负债却达到 400 多万元。没钱购置新设备,我和大家一起动手把老机器修了再修。灌装封包工序的老生产线的加工精度不够,没钱引进新生产线,技术骨干们就背着工具箱和干粮,在车间一住就是半个月,硬是靠纯手动的方式对老生产线进行了升级改造。一套原本必须依靠大量人工操作的纯机械生产线,被当时的老技工们装上了 PLC 数字编程控件,直接省去了 70% 的人工,运转效率提升 2 倍,不良品率降低到不足原有的 1/15!

修正创业初期使用的研磨机、小型卧混机,它们主要的工作是不同药材颗粒的研磨、混合及搅拌。这些研发于 20 世纪四五十年代的设备精度、产能都不是很高,但在当时的条件来讲,已经能够满足药品加工的基本需求。

做医药,质量为先,企业赚了钱,第一优选永远是花在设备上、技术上、制造工艺上! 炮制虽繁必不敢省人工,品味虽贵必不敢减物力。科学理论和科技成果日新月异,修正也在不断创新技术来改进生产工艺和提高工作效率。随着制药行业的技术不断推陈出新,设备更新换代是非常快的,修正原有的一些老设备面临淘汰。很多药业同行对待老机器的处理不外乎两种途径:低价卖给小作坊企业、干脆当废铁卖掉。但跟随修正走过这么多年的老机器,如果把它们当废铁卖掉,显然是一种企业文化的流失。每一台机器都铭刻着修正药业的历史,越是老资格的修正人越是对这些老机器有着不一般的感情。

修正博物馆的建立,为这些承载历史的"老古董"们找到了最好的归宿。修正博物馆一厅陈列着的老机器均诞生于改革开放初期,它们伴随着从"康威"到"修正"的变迁,见证着从"固定资产 20 万元 + 负债 400 万元"到"资产总额 75 亿元"的飞跃,感受着企业凤凰涅槃的重生。

这些老机器的表面由于多次补漆已经斑驳,除了修正药业的员工之外,恐怕已经很少有人知道这几套"老古董"的存在了。曾经有几家欧洲企业,愿意出高价收购修正博物馆的藏品,出价最高的达到19万欧元,但修正坚决不卖。

陈列在博物馆中的"老古董"还只是冰山一角,修正大批量的老机器被封存在专门的地下仓库,等待"第二次新生"。

博物馆二厅展示了修正药业集团的生产架构与主要产品。修正所生产的斯达舒、消糜栓、唯达宁、益气养血口服液等产品,已经成为家喻户晓的明星产品。修正的"良心药,放心药,管用的药"为市场深度信赖,这些都是修正发展20多年的丰厚成果。

除此之外,修正药业对中国中药传统文化有着更深的挖掘与继承。中医药学博大精深,看到现代很多人对中医学的偏见,我下决心要保护流传了千年的中医、中药,传承中华民族的无价瑰宝。中药传统文化陈列室所展示的是中国中药传统文化发展历史内容,包括中草药标本、成品药及中医药文化渊源的介绍。传承中医药,是对历史负责,是对子孙后代负责。

企业的技术可以复制,但文化不能抄袭,每个企业必须有企业文化底蕴的积累,对文化的吸纳与创新是企业发展的根本。对于修正博物馆而言,企业收藏上升到了历史文化传承的层面上,除了本身对于传统中国文化的一种保护和传承意义外,更可以拓展企业文化品牌的内涵和外延,从而形成修正独特的企业文化底蕴。修正博物馆的这些收藏,既让企业员工受到了历史文化传统的教育,提升了对企业历史和文化传承的认识,又增强了员工的企业自豪感与企业责任感。

中国古代度量衡陈列室是修正博物馆的重要展区,所展示的是度量衡器及其相关内容。陈列室根据历史发展顺序设有原始的测量、春秋战国时期的度量衡、从商鞅变法到秦始皇统一的度量衡、两汉的度量衡、魏晋南北朝时期的度量衡、隋唐时期的度量衡、宋辽金时期的度量衡、元朝的度量衡、明朝的度量衡、清朝的度量衡、近代的度量衡等18个区位,展出度量衡藏品8000多件。既有重达180公斤的石质秤砣,又有纤细精巧的微型古权,其中左关铜、秦始皇诏铁质权、秦两诏铜权为中国古代度量衡之极品。

很多展品既具有科研价值,又具有较高的艺术观赏价值,绝大多数展品都是第一次向公众展示。这对于全方位了解我国度量衡的发展历史和各历史时期的律制都具有重要意义,也为国内外专家学者研究度量衡发展历史提供了实物依据。目前,修正博物馆拥有的度量衡藏品数量为中国博物馆之最,所展示的度量衡方面内容的深度、厚度乃至社会影响力也名列国内博物馆前茅。

度量衡文化体现了我国不同历史发展时期的规律和法律,与国家政治、经济的发展密不可分。度量衡文化的本质体现了公平与正义,因为中华民族从初始就不断地追求公平与正义,所以在几千年的社会活动中诞生了无数的度量衡工具。这些工具无论采用何种技术、何种材料、何种设计理念,其最终目的都是为了阳光下的公平交易。中华民族追求公平与正义的信仰是度量衡发展的实质和动力。度量衡文化有力地推动了人类社会的文明与进步,它代表了公平和正义、代表了规律和法律、代表了诚实与守信。修正的这些企业文化、理念、成果处处体现了我们对公平与正义的追求,对法律和法规的敬畏,对诚实和守信的恪守,可以说修正的企业文化与度量衡文化在理念的最高处完全相通、融合。

因此,修正博物馆收藏度量衡器,一方面为传承和发扬中华民族传统文化,另一方面也是企业"度量"文化的见证。正是基于对度量衡文化公平与正义本质的深刻理解,修正药业集团在创建企业文化的过程中,不断改进、完善了企业经营管理方面的体制机制。

作为修正的当家人,我希望通过这些度量衡文化来彰显修正人对公平、正义的永恒追求,对法律、法规的无比敬畏,对诚实、守信的鲜明态度!制药企业的本质是责任,做药就是做良心,为此修正人满怀对生命、法律、规律的敬畏,尊重法律,尊重规律。

度量衡文化也奠定了修正企业哲学思想的基础。修正一贯秉承各方面适度的原则,企业才能获得今天这样超常的发展,这正是我国度量衡文化启迪的结果。

"修正"一词,本身就源于中国古文化,其含义是经过整理、提炼、改造,趋于正确和完善。修正的企业宗旨是"修元正本,造福苍生,修德正心,开创无限",践行"在修正中成长,在成长中修正"。世界万事万物都离不开"修正"这一方法论,而修正的关键就在于掌握好"度",而这些都与度量衡文化有关。

修正博物馆开馆之后,参观者纷至沓来,其中不乏专家、学者,甚至海外人士。中国收藏界的泰斗史树青老先生、文化界知名人士马季老先生亲笔为修正博物馆题词。各级领导也前来考察、调研,并给予了指导和支持。

文化是随着社会的发展而发展的,修正博物馆也会随着企业的发展和责任的使然不断扩建和升级。下一个目标,我计划要将博物馆打造成国家知名的企业文化、计量文化发展与教育基地,成为国家乃至世界知名的博物馆。

二　修正的英雄情结

> 从"贫贱不能移"到"富贵不能淫",他诚信仁勇,他忠贞正义,他就是英勇善战、善于谋略的英雄,关羽!

关羽作为《三国演义》极力塑造的一个英雄形象,被人们所熟知。在其一生中,策马横刀,驰骋疆场,征战群雄,辅佐刘备,力图匡扶汉室大业,谱写出一曲令人感慨万千的雄浑壮歌。作为汉末名将,关羽那充满英雄传奇的一生,被后人推举为集忠、义、仁、勇于一身的英雄楷模。如今,历史上的关羽已成朽骨;但一个文化的关羽却生命之树常青,成为千百年来中国文化史上的一道风景。他作为忠、义、仁、勇的化身,在海内外华人中获得了广泛一致的认同,形成了以忠、义、仁、勇为核心内容的关公文化。

什么是关公文化?

我认为就是四个字——忠、义、仁、勇。关羽对国以忠、待人以义、处世以仁、作战以勇的精神,体现了中华民族的传统美德,渗透着儒家的伦理道德精神。关公文化中还兼有儒家文化所奉行的五种道德品行——仁、义、礼、智、信。人们崇拜关公,本质上是崇拜关公高尚的道德人格。

刘、关、张三人结义,曾共同发誓"同心协力,扶困救危;上报国家,下安黎庶"。为此,关羽一生匡扶汉室,安定百姓,矢志不渝。最终死在为实现"大一统"的北伐路上,是诚信精神的代表。后世有一副楹联赞道:临大节而不可夺也,非圣人而能如是乎?

守信用、讲信义一直是中国人公认的价值准则,是中华民族重要的传统美德。正因于此,关公文化精神经过千百年来的传播和发扬,深深地积淀在了人们心底,也积淀在了修正的成长和发展史当中。

但近百年来,关公文化遗产保护每况愈下。从元明到清末,全国曾有关庙 30 余万所,现在大多被摧毁和废弃,所剩的关庙也都面临着各种各样的困难。

基于此,修正捐资 100 万元,用以保护关公文化遗产、弘扬关公文化精神,这只是一个开始。修正作为民营企业的一员,必将承担起社会责任,倾尽全力,致力于对关公文化遗产保护的支持,将弘扬关公精神作为毕生的事业去奋斗。

修正组织成立关公文化遗产保护专项基金管理委员会,旨在对关公的物质文化和非物质化文化遗产进行全面的发掘、整理、保护和研究。这个委员会的成立是很大的一件事,因为它保护的是一种信仰,是我们心中最为宝贵的东西。

高山仰止,景行行止,虽不能往,然心向往之。修正集团作为中国制药界的标杆企业,有着独成系统的企业文化,修正把关公文化内涵中的忠诚、担当提炼为"修正正本,造福苍生"的企业宗旨和"修德正心,开创无限"的企业理念。

首先是以人为本,看重仁德。

以人为本,用人"德看主流,才重一技"。看水平,不唯文凭;看能力,不唯资历。这是修正企业的人才发展观。在修正,看重人的品德,尊重人的个性;重视人的能力,承认人的价值;珍惜人的感情,提高人的素质。修正,把能发现问题的人,视为聪明的人;把知道问题原因的人,视为有经验的人;把能解决问题的人,视为有能力的人。人人都有舞台,人人都能把事做成事业!

人才是第一战略。修正 20 多年来,始终坚持以人为本。能使这家亏损 400 万元的小药厂变成一个年销售额达百亿元的医药集团,离不开在各个岗位上奋斗着的修正人。修正集团迅速发展的 20 多年间,既有礼贤下士、唯才是举的快乐,也有人才流失、难尽其才的痛楚。通过对人才历史的反思、对人才问题的解剖、对人才路线的调整,最终树立了崭新的人才观。

其一,在人才机制上分层次推进。"选能人、容能人、用能人、不求完人"的用人原则,使修正药业吸收了来自全国各地的众多精英之才。无论是领导干部,还是基层员工,都在不断的学习与钻研中领悟着修正精神,实践着修正哲学。

其二,在人才管理方面,贯彻以人为本的管理理念。把关心人、尊重人、解放人、发展人作为企业发展的目的,把激发员工的认同感、归宿感、自豪感和责任心(即"三感一心")作为企业的核心理念之一。不仅如此,我还要求修正集团的领导干部,身体力行去做创新、创业、创利的先锋,为广大修正员工做榜样、树表率。

其三,树立尊重劳动、尊重知识、尊重人才、尊重创造的企业氛围,建立科学育才、民主选才、依法管才的人才机制,塑造想干事业的人才有机会、能干事业的人才有舞台、干成事业的人才有前途的良好环境。这一切为修正招贤纳士、发展壮大奠定了坚实的基础,使修正在制药行业能够永葆生机、活力盎然。

除了人才管理机制外,企业还建立了开放型和内部创业型的营销机制,即总公司领导下的多事业部制与资源共享制。鼓励员工自主经营,激励员工共同创业,人人都是老板,人人都当董事长,让蕴藏在员工中的创业热情迸发出来。在解决员工的待遇、工作和生活的基础上,企业还十分关注员工较高层次的需求,关注员工得到尊重和自我实现的需要,使员工能力能够得到充分自由的发挥。

其次是诚信兴业。

关公文化的仁、义精神,可以引申为信誉原则、守信原则。打造诚信社会,铸锻诚信品质,是弘扬关公文化的落脚点。

当今社会缺乏诚信的现象屡见不鲜,很多企业不顾信誉,虚假经营,只看重短期利益。特别是在互联网日益蓬勃的时代,对于那些看不见、心还念的利益,盲目去追逐,反而失了道德和良知的底线。这种状态下,企业很难有大的发展。

诚信兴业,修正对此一直有着理性的认知。也正因如此,修正始终坚持严把质量关,做药就是做良心,要做良心药、放心药、管用的药。

质量不仅仅是出于经济利益的考虑,更重要的是它是企业最基本的社会责任。视质量为企业的生命,修正药业正是秉持这样的理念,才走到今天。

修正始终把质量视为企业的生命,这依靠企业文化和员工理念远远不够。修正药业引进了先进的质量管理系统,把质量落实到了每一个工序、每一个岗位,从体制上保证质量,把企业理念渗透到每一盒修正药品之中。这正是修正"良心药、放心药、管用的药"的真谛所在。修正药业还把这一问题转化成了人性的力量,把做药人的责任感得以最大的提升,使质量问题成了一个良心问题。以良心做药,杜绝不合格产品的生产与销售!

在这种心理环境与人性认识下,谁能来得了半点的疏忽麻痹?在产品到达消费者面前的时候,衡量其是否安全有效可以不用"质量合格"这样的标准,取而代之的是"良心药、放心药、管用的药",后者比前者更能考验和彰显一家制药企业的诚信。

按照关公文化规范处世和经商,企业不仅实现了以德敛财和以义制利,而且培养出了一种特有的商业文化——淳朴而敏慎、诚笃而灵活、聚财而修德。

再次是仁爱和善心。

"仁"是关公文化中具有丰富内涵的一部分,是中国伦理学说中最重要的范畴,是儒家文化的核心;"仁"还可以说是中国道德精神的象征,是中华民族的共德和恒德。"仁"不仅是各个历史时期、各种道德中最基本的要求,也是世俗道德生活中最普遍的标准。在中国文化看来,"仁"是人之所以为人的根本特征,"仁"与"人""道"是同一的。"仁也者,人也。合而言之,道也。"

作为中国大型制药企业,修正自成立之初便确定了"修元正本,造福苍生"的企业宗旨,并毫无疑问地成了中国爱心医药企业的倡导者。

2008 年 5 月,汶川大地震。灾区的惨状,深深触动了修正全体员工的心,修正立即向灾区人民捐赠价值 2500 万元的药品。5 月 15 日,首批 2500 万元药品通过吉林省红十字会紧急发往灾区,这些药品全部是根据灾区需要精心筛选的品种。5 月 22 日,全部药品发运完毕,5 月 23 日,集团再次决定向灾区人民追加捐赠 1000 万元的药品。

2010 年 4 月,青海玉树发生地震,修正率先捐赠价值 217 万余元的药品;7 月以来,吉林连降暴雨,受灾地区房屋、道路、桥梁损毁严重,人民生命财产遭受巨大损失,修正药业面对重大灾情第一时间伸出援助之手,启动应急预案,为灾区群众火速捐赠价值 600 万元的急需优质药品;8 月,甘南藏族自治州舟曲县发生泥石流灾害,修正通过红十字会紧急向灾区捐赠 50 万元。

2011 年 6 月,为庆祝建党 90 周年,修正携同"中医中药中国行"组委会,在河北省石家庄市平山县西柏坡村以及北京怀柔两地举行义诊活动,并向主办方捐赠了价值 100 万元的药品。

2011 年 10 月,修正集团联合社会各界爱心人士筹集 37 万元现金及一批书包、文具等,捐赠给北京圣苑实验学校。

2012 年 7 月,暴雨袭击北京,修正迅速行动,筹集了相关应急药品和物资总价 300 万元,通过北京红十字会捐献给受灾地区,成为首个向灾区捐赠物资的医药企业。7 月 30 日,在建军节来临之际,修正集团代表冒着滂沱大雨来到了北京天安门国旗护卫队驻地,13 年如一日地看望和慰问常年驻守在天安门广场的官兵,并向护卫队捐赠了斯达舒、肺宁颗粒、金银花颗粒、可泰舒、阿莫西林、唯达宁喷剂等 10 余种药品，共计 35 箱，价值 11 余万元，以实际行动表达了对官兵的一片爱心。

评定一个企业是否勇于承担社会责任，无非从两个方面：一是在危难关头，企业是否能挺身而出，与国家、人民同呼吸、共命运；二是在日常生产、生活中，企业是否时时处处践行应有的道德和责任。修正以"良心"和"责任"这四个大字为经营理念，用自己的行动诠释了中华民族扶危济困、奉献爱心的传统美德，倡导富而见义。

社会和谐，修正在行动。

三 修元养正治未病

> 修正集团从"治未病"理念出发,依托特有的企业文化,践行修元、修养、修正("三修")理念,衍生出了大健康的概念,催生了今天的大健康产业。

健康是人类永恒的追求,也是人生最宝贵的财富!没有健康的身心,一切都无从谈起。

如果把健康比作一条河,那么,得了疾病就是这条河流的水被污染了。治疗疾病是在下游打捞垃圾,养生保健则是在上游控制污染源头。治病是"亡羊补牢",养生保健是"未雨绸缪",即"上医治未病"。

古代中医先贤已经认识到"治未病"的重要性。《素问·四气调神大论》提出,"圣人不治已病治未病,不治已乱治未乱"。这里所讲的"治未病",包含未病预防、已病防乱、乱而防变等多重含义,体现了古人朴素的健康意识,对发展大健康产业具有启迪作用。

多年来,我一直在向集团旗下多个事业部倡导大健康产业,并反复强调大健康产业的核心——防、养、治结合,标本兼治,从治已病向治未病转变。

依托特有的企业文化,修正从"治未病"中衍生出了大健康的概念,催生了大健康产业。大健康产业是"防、养、治"模式的产业体现,即"元、养、正"。

解决矛盾靠的是"情、理、法","情"解决不了的就讲"理","理"解决不了的就讲"法"。而解决健康问题的途径是"元、养、正"。"元"重在本,重在营养,重在未雨绸缪,重在提高自身免疫力;"养"重在调理,重在修复,重在亚健康阶段调理成健康状态;"正"重在治疗,重在控制。

从健康产品来说,"元"就是营养,"养"就是保健品,"正"就是药品。"正"是站在太平间门口不让你进去的恩人,"元"和"养"则是站在医院门口不让你进去的朋友。"元、养、正"这三个健康使者,她们谁都代替不了谁!

修正的"三修"理念,即"修元、修养、修正"。修元对应着上病,即治未病;修养对应着中病,即调理亚健康;修正对应着下病,即治已病。概括起来说,修元是固本,修养是调理,修正是治疗。所谓修元正本,就是通过对身体的正本清元,使身体获得健康,远离疾苦。

在"三修"大健康理念的引领下,修正集团规划、完善了发展布局,通过多种形式和渠道整体对应"未病先防"和"已病防变"。在"治未病"这一领域不断向纵深方面深入,以实现修正大健康的宏伟蓝图。

以心脑血管病为代表的慢性病,具有病因复杂、病程长、危害重、费用高、多脏器损伤等不良结果。卫生部部长陈竺指出,慢性病在我国已呈现"井喷"现象,成为威胁健康的头号杀手。修正将大众健康的使命置于企业经营之本中,那份将健康使命捍卫到底的决心根深蒂固。

2015年,中国慢性病造成的直接医疗费用就高达5000多亿美元,超过全国医疗总费用的70%,昂贵的医疗费用严重影响了患者的生活质量。而且,慢性病带来的不只是经济负担,对个人、家庭、社会和国家整体幸福感也是极大的耗损。由此可见,慢性病的危害,已成为重大社会公共问题。

不仅如此,由于慢性病高发、危害严重,预计到2030年,慢性病负担还会增加40%。这样一个惊人的比例,早已引起我国政府的高度重视。2015年,国家出台了一系列的措施,《中国慢性病防治工作规划》中提出:"十二五"时期是加强慢性病防治的关键时期,要把加强慢性病防治工作作为改善民生、推进医改的重要内容。并且指出,要坚持"预防为主、防治结合、重心下沉"三大原则。具体来讲，就是以城乡全体居民为服务对象，以控制慢性病危险因素为干预重点，以健康教育、健康促进和患者管理为主要手段，强化基层医疗卫生机构的防治作用，促进预防、干预、治疗的有机结合。

然而，我国慢性病防治工作仍因存在普遍认识不足、全社会参与的机制尚未建立、卫生资源配置不合理等诸多问题，而面临着严峻的挑战。修正集团旗下修正清果事业部于2010年成立。清果事业部致力于大健康事业，从事中老年及儿童营养品、保健品和功能食品的研发、生产和销售。经过多年的发展，集团目前已拥有包括清果、斯唯诺、倍优特、氨糖、氨基酸、蛋白质粉、红灵丹等几十个品种，成为修正大健康产业的急先锋和中坚力量。

很多患者感慨道，修正清果事业部的诞生成了中国为数众多的慢性病患者的一大福音。作为修正大健康事业的引领者和践行者，修正清果事业部还只是一个开始，大健康产业之路任重而道远，需要不断创新、发展、奉献。其目标是在中国全面进入老龄化社会之际，以高品质的产品、一流的服务、创新的运营模式，引领大健康产业的趋势和未来，以造福消费者。

2015年，"十三五"前期，国家卫计委已经把慢性病防治作为头等大事来抓，并把"分级诊疗体系"纳入医改工作重点。

所谓的"分级诊疗"，是指不同级别的医疗机构承担不同的诊疗任务，基层解决常见病和多发病的诊疗，大医院则承担解决疑难杂症和进行学术研究的责任，患者根据疾病的轻重缓急进入一个良性的就医秩序。

分级诊疗分为基层首诊、双向转诊、急慢分治和上下联动四个方面。其中，基层首诊是分级诊疗的重要起点，基层留得住患者才能促使医疗资源动起来。这就使慢性病调理成为基层医疗机构的重要职责，成为新医改形式下推动基层诊所转型的有力依据。

国家分级诊疗政策的出台，给了我们修正集团一个服务消费者的大好时机,给了我们大健康事业一个明确的方向,修正清果事业部承载着一个重大而艰巨的责任。

生命和健康极其宝贵,制药企业比任何企业都更加了解生命的脆弱和疾病带给病人的痛苦。但愿世上人无病,不怕架上药生尘。在生命面前,我们除了敬畏,还是敬畏。修正集团不追求利润,只追求治病救人。利润只是附带的,责任是制药企业的本质。

为积极响应国家分级诊疗医改政策,修正清果事业部把"修元、修养、修正"理念应用于实践,联合百万基层医生,开创了基层诊所慢性病调理中心的新模式,以便更好地服务广大慢性病患者,开启了大健康产业的新纪元。

修正慢性病调理中心就是在基层诊所原有业务基础上转型升级,通过配送先进仪器、精选系列治疗慢性病产品、培训多种特色技能、开展各类健康教育、开设远程专家咨询平台等多种手段,提升基层诊所的医疗技能,提高慢性病患者的保健养生意识。通过"治养结合、四位一体"的调理模式,把慢性病患者牢牢吸引和留在基层,从而有效推进和执行分级诊疗政策的关键环节——基层首诊。

慢性病调理中心是一种新型的诊疗模式,是修正"三修"理念的实践,是利国利民的好项目,是修正大健康产业具体实施的重要组成部分,是基层诊所转型发展的大趋势。

目前,基层诊所现状不容乐观,正面临多重危机而陷入经营困境,突出表现在以下几个方面:第一,药店冲击,竞争加剧。大大小小的药店越开越多,而药品价格却越卖越低,特别是平价药店的出现,使竞争越来越激烈,基层诊所营业额直线下滑,压力越来越大。第二,输液受限,收入下降。以前基层诊所主要营业收入来源为输液,而国家"限抗令"的出台,输液数量迅速减少,同时导致客流量大幅度减少,卖药利润随之降低,收入直线下降。第三,医院抢食,患者减少。大医院无论从基础设施上,还是医疗技术上,优势都较明显。加上医保、农合报销等政策倾斜,抢走基层诊所大量患者,出现了基层诊所冷冷清清与大医院人满为患的鲜明对比。第四,互联网时代的医院新模式。移动互联网时代的到来,全国近 400 家大中型医院纷纷加入其中,覆盖了全国 90% 的省份。远程诊断、网络处方、送药上门等,对基层诊所现有的诊疗模式带来巨大冲击,等于在基层诊所的伤口上又加了一把盐。

目前基层诊所的医生如果不能快速认清形势,转变思想,果断做出选择,快速成功转型,最后都不知道自己是怎么"死掉"的!集团高层研讨会提出了这样的问题:基层诊所面临着前所未有的危机,到底如何转型?到底出路在哪里?最终达成了共识:国家分级诊疗政策已经明确了基层诊所的职责,基层医疗机构的职能是为诊断明确、病情稳定的慢性病患者、康复期患者、老年病患者等提供治疗、康复和护理服务。可见,慢性病调理是基层医疗的未来趋势和难得机遇!慢性病调理是基层医疗的改革方向和重要职责!研讨会一致决定:顺应国家医改政策,在基层诊所困难重重之际,联合百万基层医生,助推基层诊所成功转型,成立修正慢性病调理中心。

这是一项伟大的创新,是一个利国利民的好项目。百万基层诊所,百万基层医生,百万慢性病调理中心,规模宏大,深入基层,是国家分级诊疗政策的落地与执行。这一举措不仅为处于困境中的基层诊所找到了新的出路,还能促进其充分发挥自身职能,充分发挥慢性病调理中心的优势,更好地服务于广大患者。此举不但给受慢性病煎熬的老百姓带来了健康的希望,同时也能产生巨大的社会效益。

那么,修正慢性病调理中心都有哪些职能优势呢?

慢性病调理中心是修正"三修"理念的实践,主要采取"治养结合"的方式,针对常见病、多发病采取检测、理疗、治疗和健康教育"四位一体"的模式,开展独具特色的多项科学检测及康复理疗,通过联合用药的科学方法,改善患者的病情,并通过多种形式的健康教育,大幅度提高患者防病、治病的意识。

具体来讲，"治养结合，四位一体"包括以下几方面的内容：

第一，为百万基层诊所配备先进的仪器，缩短与大医院之间的差距，提高竞争力。此举不但能吸引大量患者，还能充分发挥基层诊所的职能，体现百万基层医生的价值。

第二，运用修正"三修"理念，遵循"三分治，七分养"的原则，采用"药物治疗＋保健品调养"的联合诊疗模式，既快速治标，又长久治本，可以有效改善慢性病患者病情，提高生活质量。

第三，针对慢性病患者开展多种类型的科普讲座和公益活动，如风湿骨病讲座、心脑血管病讲座、公益捐赠等，可以让患者了解更多疾病防治常识，大幅度提升健康保健意识。

第四，建立健康档案，打造慢性病调理中心的会员管理系统，实现跟踪服务，提升客流量和忠诚度。

第五，帮助基层医生打造多种特色服务项目，掌握多种特色疗法，提高诊疗技能，更好地服务于慢性病患者。

第六，建立远程专家咨询交流平台，实现百万医生同时在线交流，随时接受知名专家疑难病症指导，快速提高基层医生的诊疗水平。

综合来看，我们的慢性病调理中心通过引进先进仪器、引入修正正规产品、采取联合用药、开展公益健康教育活动、掌握特色疗法、搭建远程咨询平台等这样一个全方位的服务，必将为落实国家分级诊疗政策发挥出重要作用，必将为提高生活质量做出重要贡献。慢性病调理中心，也必将成为修正集团的核心竞争力和核心品牌，成为修正集团的又一块金字招牌。

人人健康快乐，是全体修正人的共同追求。我们所开创的修正大健康事业，就是为人类的健康在努力。我们要始终高举"民族利益高于一切，社会效益高于一切"的旗帜，弘扬"修得正心，开创无限"的企业精神，用饱满的热情迎接大健康时代的到来，实现我们产业报国的恒久夙愿！

四　名师指路

> 在整个经济再平衡的环境背景下,企业内部成本结构调整带来了企业转型的驱动,决定了企业发展的新路径以及人才发展的新方向。企业大学是变革转型的加速器和推进器,在企业转型和创新时期起着关键的作用。

自 1956 年全球第一所企业大学——通用电气公司克劳顿学院成立以来,企业大学开始在全球迅速崛起。1993 年,摩托罗拉中国区大学建成,这是中国境内企业中最早的一所企业大学,它的诞生也标志着我国的企业大学兴建工程拉开了帷幕。

大概从 20 世纪 90 年代末期,我就开始琢磨,我的企业也要建一所大学,这是时代的任务,不是我修涞贵个人的理想。企业大学的建立将体现出完美的人力资源培训体系,是有效学习型组织的实现手段,更是修正集团规模与实力的有力证明。

特别是在经济全球化浪潮突飞猛进的时代,企业文化竞争力的提升显得尤为重要。而企业大学的成立此时已在发达国家和国内的一些跨国企业有了成熟的发展,其独具魅力地成为企业文化的展现平台,更是让我对这样的一种文化和理念越发感兴趣。修正,一定要有一所企业大学!

正是了解到了企业大学的重要性,我便着手开始构建修正大学。2001 年 2 月 8 日,修正大学正式建成,这是一家在国内而言相对专业化、系统化的企业大学。修正大学的总部设在北京,同时在吉林、辽宁、山东、四川等地也都设有教学基地,方便企业进行学员的实操和培训。

修正大学的办学宗旨和目的是以建"百年修正"为己任,围绕"学习、研究、提高、创新"八字校训,建立并完善人才培养机制,提升企业与上下游产业员工的整体素质,为人类大健康事业构建人才高地。目前,修正大学已成功注册为独立法人实体——修正教育集团,各教学基地均拥有教室、餐饮、住宿等全面配套设施,全国总计 500 余人的师资队伍,并与国内外知名大学建立合作关系,聘请兼职教授、导师 50 余人。集团下设修正企业哲学研究中心、营销管理学院、产业管理学院等教研体系,结合企业发展战略系统设计各体系、各梯队人才培养模式与评价办法。

在我看来,修正大学首先是修正企业哲学的发源地。修正大学的修正企业哲学研究中心由知名学者联合发起成立,以新时代全民创业、万众创新的大潮为背景,以优秀传统东方哲学智慧为依托,以修正企业发展案例为蓝本,不断丰富修正企业的哲学内涵。

企业哲学是一个企业科学化、系统化的世界观与方法论体系。它回答了企业为什么而存在,何为正确;它指导着企业的经营与管理实践,同时企业经营与管理实践的提炼与总结又会不断丰富企业哲学的思想体系。修正 20 多年的蓬勃发展实践证明,重视构建科学而系统的哲学思想体系的企业,往往能够获得长足的进步,永葆企业发展活力。

通过培训能够提升境界、统一思想、优化技能,而培训课程的设计者与主导者往往就是企业内训师。所以,修正大学视内训师为极其宝贵的资产,同时对内训师的培养与考核也非常严格。所有内训师必须持证上岗,获得修正大学内训师资格认证后才有资格讲授课程。目前,修正大学将内训师分为三个级别:授权培训师、资深培训师与首席培训师。每年的 5 月 20 日为修正大学全国内训师节,奋战在全国一线的内训师们会在每年的5 月份回到修正大学总部,参与加一年一度的内训师认证与颁奖盛典。

修正大学的培训师有一套誓词,充分表现出了他们对这份职业的热爱,彰显出了为人师表的一面。企业大学的讲师与传统高等学府的教授不同,他们所赋予学员的更多的是实战操作的秘籍。

《修正培训师宣言》

我是修正文化的守护者和传播者,

传道、授业、解惑是我的职责。

我承诺:在我生命中的每一天,

我都将以100%的热诚对待每一位学员,

坚守内心道德,

凭借智慧与努力,

支持每一位学员的成长。

修正精神众志成城,

造福苍生大爱无疆,

成就企业实现梦想,

这就是我——

一个修正培训师的信仰!

修正大学的干部培养也别具特色。各级干部要率先垂范,做员工的榜样;要爱护员工,树立团队意识;要时刻修正自己,在干中学,在学中成长,在成长中升华。以干部为核心,打造各级战斗堡垒。

结合各级干部的胜任力模型,修正大学开发了一系列课程,训战结合,循环赋能,收到了良好的效果。在后备干部培养方面,某些级别的员工在晋职之前首先要拿到修正大学该级别的《后备干部特训营》的结业证书,否则将失去晋职资格。

自2009年开始,修正大学引进了团建课程,并逐渐自成体系。目前,我们的《新兵特训营》《营销特种兵》等经典团训课程已经更新到 3.0 版本，经过不断地创新、优化，课程效果显著，为市场一线的人才培养、人才储备提供了有力保障。

"百年修正，教育先行。"修正大学植根于修正企业，在修正中成长，在成长中修正，以"修德正心，开创无限"的企业精神，不断创新办学思路，整合国内外优质教育资源，为企业与客户的快速发展提供人才保障与智慧支持。在未来，修正大学将实现实体化办学，与国内外相关高校合作，推动大学生提前职业化工程建设，做好企业人才的优化储备工作。我们坚信，作为一家优秀民营企业的企业大学，修正大学的办学思路与办学实践必将在中国企业大学的历史上书写浓墨重彩的一笔，也必将为更多的中国企业在企业哲学构建与人才培养方面提供良好的借鉴。

第十一章

兴业·责任·回馈——做一个合格的企业公民

金钱,对任何人来说都只是个符号,财富是社会的,生不带来,死不带去。我追求的是品德、思想、智慧和能力的富有,再一个是身体健康。我觉得这是人生最大的财富,是我内在的追求。

修正靠社会取得发展,以发展反哺社会。修正不属于某个人,属于每个修正员工,属于整个社会。建百年修正,创民族品牌,就是要做到滴水之恩以涌泉相报,就是要以最大的效益回报社会、回报人民。

一 修德才能兴业

> 古人论及朝代更迭,其基本结论是"有德者居之,无德者失之","皇天无亲,唯德是辅"。德是得失天下、兴亡天下的根本。对企业发展而言,要懂得成败由德的道理并不容易。立德才能立业,修德才能兴业。"德厚者流光,德薄者流卑",这句流传至今的名言,足见道德之于人的深刻内涵。

道德表现为一定的风俗和风尚,它包含了善与恶、正义与非正义、诚实与虚伪、荣誉与耻辱等。古代先哲根据自身的实践把道德的内容精辟地浓缩为仁、义、礼、智、信。

道德素质不但影响着一个人的社会地位,也影响着其事业的发展。泱泱华夏古老文化大多围绕着"道德"二字著书立传,如孔子的《论语》、老子的《道德经》等。

以古鉴之,令人感慨系之。修正所取得的辉煌业绩,都是因为我们始终没有离开一个"德"字。我们把"德"融入企业文化,把"修元正本,造福苍生"的企业理念和"源自良心,贴近人性,以德为本,直指人心"的管理制度贯彻到各个岗位上,从而形成了我们的企业精神。

从我们每周一隆重庄严的升旗仪式,到悬挂在办公楼大厅内的"德配天地,道贯古今"的巨幅横匾;从我们大力倡导的爱祖国、爱人民、爱事业、爱科学,到扶危济贫、捐资助学、关爱健康人生、普及医药知识、华夏万里行等奉献爱心活动……这些都是我们贯彻"以德为本"思想的具体实践。

"德薄者,为财所役,难得善终。"只有厚德载物,产业才能兴隆,人生才能有为。当然,高尚的人格、美好的情操、刚直不阿的正气不是天生就有的,要靠长期的教育、学习和实践才能养成的。"从善如登,从恶如崩。"古人的谆谆教诲值得我们每一个人深思。道德高尚的人,就会具有人格魅力,就会有威望,犹如"夏日之荫,冬日之炉,不求亲人而人自亲之";反之则众叛亲离,人人唾弃。

修德是一种境界,是一种完善道德品位的过程。"德"要不断地修正和完善,要做到潜移默化、一点一滴、持之以恒、永不松懈,才能最终修成"正果"。总之,大凡有雄才大略之人,无论是古代的帝王将相,还是现代的志士仁人,都把"修身、齐家、治国、平天下"作为人生信仰。只有"修德",才能"兴业",才能形成"德风边草偃,胜气朔云平"的盛世。

通化制药厂现在是修正药业集团的一部分,当初它刚并入修正时濒临破产,几百名下岗工人急需安置。市里领导找了好几个药厂,想让他们帮忙安置这些工人。那些厂长一听,都不愿接手这个"包袱"……"那些工人平均年龄都在 45 岁以上,谁要是接收了他们,还得替他们还上七八百万元的欠账,谁是傻瓜?"

后来,市里实在没办法了,有人想起了我,提出找修涞贵试试,看看我能不能帮助市政府解决这个头疼的问题。于是,市长亲自来企业找我,很委婉地跟我表达了他们的想法。我一听就知道是什么意思,当场表态,可以接收这家企业。

那时候我们刚刚搬到新厂区,建厂房、买设备等投入了大量资金,不是很宽裕,但我还是咬咬牙挤出几千万元接收了通化制药,老制药厂得以恢复生产。为此,不少人埋怨我,"这明明是赔本的买卖,有钱干什么不好?不该这么折腾"。面对不止一个人的责难,我没有做太多解释,随后又拿出几百万元,安排几百个下岗工人重新上岗。

钱固然重要,但是如果做任何事都以钱为目标,向钱看齐,那活着还有什么意思？就像我们恋爱结婚，如果只看重对方的钱，那两个人生活在一起还有什么趣味可言？我们生孩子、养孩子，仔细计算起来都是赔本的买卖，那为什么人类还乐此不疲呢？其实，除了钱以外，还有更多更重要的东西，比如爱，比如亲情，比如善良。

善是一种循环，恶也是一种循环，"勿以善小而不为，勿以恶小而为之"，已深刻烙印在了修正人的脑中。

二 精神铸就事业

> 修正精神是与时俱进的精神,是在具有前瞻性思想的指引下,根据客观实际不断调整、完善、更新的精神;是在自觉遵循事物客观发展规律过程中,敢于批评和自我批评,敢于不断解剖自我,敢于不断否定自我的精神。世界观和人生观中的想法、看法必须随着修正精神不断进行修正,必须具有鲜明的时代特色。修正精神是通过拓展思想空间,来创造无限可能,来开辟前进的道路。

修正精神作为一种上层建筑的意识形态而存在,必须进行"固化",从而使之成为一种恒久不变的东西得以长存。修正精神不仅是一代修正人的精神,而且还要薪火相传,成为修正后来者的精神支柱。修正精神是推动修正事业发展的灵魂,是建立百年修正的精神基础。

我们现在提倡的"勤俭、敬业、团队、创新"等理念,是从不同方面推动修正精神的具体形式,是与时俱进思想生动化的具体表现。

修正意识是与时俱进的意识,是根据事物发展的进程不断适应内外部变化的意识。修正意识常常通过两种形式得以体现:一是主人翁意识。只有具备主人翁意识,修正意识才可能成为有源之水、有本之木,才能被鲜活地运用到各项工作中去;二是大局意识。只有具备服从大局的意识,才能巩固和升华修正意识,才能走向更高层次。

修正意识需要人不断地认识主观,解剖存在于自身的缺点和不足,发现阻碍市场发展的内因。只有深刻地认识自我,才能为真正找到克服困难的方法创造必需的条件。

修正意识需要不断地认识市场的大环境，了解当前的竞争态势，预测未来的竞争趋势，确定自己在市场环境中的位置。只有真正认识了市场，才能为找到克服困难的方法创造充分的条件。

修正意识的发展历程必然是由独立个体的意识最终上升为团队与组织的意识，通过团队与组织起作用，释放出生产力，成为团队与组织良性运转的动力，从而推动修正事业不断发展。只有具备了修正意识才能主动寻找改造世界的方法，才能修正世界。

修正资源是指可以对修正事业的发展起作用的内部与外部、主观与客观、有形与无形的所有资源。大到世界万物的运转规律，小到一针一线，都可以成为修正世界的资源。人、财、物是我们开拓修正事业最表面的资源，规律、精神、意识是我们开拓修正事业最本质的资源。人、财、物要通过规律、精神、意识的配置、调动、组合起实际作用，规律、精神、意识要通过人、财、物的表现、承载、转化来体现具体作用。

如何扩大修正资源，如何发现修正资源，如何利用修正资源，是决定修正事业发展速度和质量的重要因素。通过扩大修正资源，为修正事业的发展创造宽裕的条件；通过发现修正资源，为修正事业的发展进行战略储备；通过利用修正资源，把资源转化为竞争优势，产生真正的价值。产品、人力、设备、资金等都是修正事业发展的基础资源，对其进行有机的优化与结合，可以大大促进资源向利润的转化。渠道、终端、氛围、媒体等都是修正事业发展的中级资源，是成长的催化剂，可以快速提高修正事业的发展速度。企业文化、经营理念、产品品牌等都是修正事业发展的高级资源，是推动修正事业百年发展的核心力量。

修正事情是指在修正精神指引下，在修正意识作用下，在修正资源利用下，推动修正事业发展的一切事情。小而言之就是每名员工本职岗位的事情，大而言之就是修正事业。

修正事情既是具有实际意义、时代意义的独立事件，又是通过相互内在联系起作用的不可分割的连续性的过程,是通过可衡量的优质事情的量变到最终产生不可限量的质变的累积过程。

修正事业是靠千百件小事积累起来的,是靠千百个员工发展起来的。在做好这千百件小事的过程中,每个员工都把自己变成了"事业经理人"。"事业经理人"是以事业为核心开展工作的,事业就是他的生命,事业就是他的一切,他已经超越了"职业经理人"的境界。

"振奋修正精神,强化修正意识,运用修正资源,做好修正事情",是一个独立的系统。它们互为因果,互相转化,从精神改造的第二世界出发,最终到达物质改造的第一世界。

三　大爱无疆塑忠魂

"修德正心"的目的是用仁心爱人，用好药造福苍生。国家有难，人民有难，当仁不让，舍我其谁。

2008 年 5 月 12 日，四川汶川大地震牵动了亿万人的心。无数的家园沦为废墟，无数的家庭生离死别，无数的梦想化为乌有，这一刻相信所有的中国人都会思绪难平。

我第一时间就惊悉了地震发生的消息，因为当时我的儿子修远就在四川。当天晚上，我在北京总部连夜开会做出决策——停止原有的生产计划，冒着赔偿客户损失的风险，立即调整为生产抗菌素等灾区急需的药品。怀着对生命的敬畏和强烈的社会责任感，修正第一时间紧急行动起来。无论是领导还是一线员工，全体修正人都以不同的方式加入到了这次拯救的行动中来。

5 月 15 日，修正药业集团通过吉林省红十字会向地震灾区捐赠价值 2500 万元的药品，此后陆续参加社会各界的捐赠活动，最终累计捐赠 3500 万元的药品，其中多数是阿莫西林、炎可宁、止痢宁、消痛贴、麝香接骨胶囊等灾民急需的品种。通化、长春、白山、北京、泉州等五大生产基地的员工昼夜加班，为灾区群众生产药品，并以最快的速度把药品送到受灾群众手中。

5 月 12 日的汶川大地震，也让甘肃、陕西等周边省的部分地区遭受严重的损失，我们马上调拨 1300 万元的消炎类和清热解毒类药品支援灾区人民。

5月12日,修正一年一度的营销大会定在四川召开。原定的开会地点就是汶川,因为临时有变故,最后改在了都江堰。当天中午12点钟,我们的员工才离开汶川前往都江堰,下午14点,地震就发生了。

当时修正四川分公司的高管和所有营销人员(包括我儿子修远在内),都集中在都江堰培训。地震发生时,正赶上他们停会休息,大家走出大楼晒太阳,才幸运地躲过了这场浩劫。

当天晚上,修正大院涌进了2000多人前来避难,看到他们的艰难处境,我们员工把仅有的一些方便面、矿泉水等都给了避难的老人和孩子。因为最初几天买不到食品,我们员工自己挨了3天饿,有些员工都饿得脱了相。我们员工尽可能地给灾民们提供生活上的帮助,做好卫生防疫工作,让他们感到了修正人的温暖。在经历了数次的余震后,灾民们才慢慢地撤离去,搬到了由政府统一安排的安置点。

同样是在地震发生的那一天,我们产业公司的领导代英正和员工们乘火车行进在宝成铁路上。地震发生时,列车刚刚驶出一个长长的隧道,如果再慢几分钟,隧道塌方,就出不来了。列车慢慢停住了,一侧是高高的山体,一侧是汹涌的江水,江对面的山体发生了崩塌,巨石和泥土滚入江中,飞扬起巨大的尘烟。

这列火车最终在一天两夜后安全开到了成都。他们成为最早进入四川灾区的修正人,至今仍工作在双流产业基地,没有一个人退缩。他们经历了这样一次劫后余生的洗礼,更加懂得了人生的意义,更加努力地工作。

汶川大地震牵动着修正3万多人的心,大家关注着灾区人民,为他们流泪,为他们担心。大家自发地为灾区人民捐款,集团上下处处洋溢着浓浓爱心、片片真情。短短时间内,集团共收到员工捐款74万余元。

营销公司刚来不到1年的小姜,月工资也就1000多元,在外租房,平时省吃俭用,但对此次捐款,二话没说,从兜里掏出100元钱;同样月工资不足千元的长春大厦保卫科科员赵家龙,也捐出了 100 元;北京营销公司培训部的崔总等 3 人,从外地出差归来,悄悄地将捐款补上;集团部分员工更是多次捐款……

修正人相信,点滴的付出和爱心能会聚成强大的暖流,温暖灾区人民受伤的心。

修正人坚信,只要携手同心,同舟共济,就没有战胜不了的困难。

四　听得见的掌声

《孟子·尽心上》说："穷则独善其身，达则兼善（济）天下。"一个人在显达的时候能以天下为己任，在困境之时不放弃修养个人品德，还能心怀天下，这就是君子。孔子在穷极潦倒之时，还不忘教化天下人的责任；杜甫在身居茅屋破败漏雨之时，想的却是"安得广厦千万间，大庇天下寒士俱欢颜"。我被这种博大的胸怀和炽烈的情感所震撼，苍天厚爱修正，修正岂能不行天道、怎能不怀善念？

企业的常青基业，是志同道合者灵魂的化身，是事业奋斗者同心同德的精神结合体。企业追求经济目标只是为了实现企业终极理想的阶段性的量化表现，完成经济目标是检验企业健康发展的一个指标。我们不能把企业视作一部赚钱的机器，那样这部机器就会束缚我们的灵魂，使我们变成金钱的奴隶。

企业的迅速发展给我个人带来了巨大的财富。2006 年公布的胡润百富榜将我列为吉林省首富。2007 年、2008 年，我又两次上榜，也都是吉林省首富。

对于首富不首富，其实是无所谓的事儿。金钱，只是一个符号，这不是我所追求的终极目标。我所追求的是品德、思想、智慧和能力的富有，还包括身体的健康，我觉得这才是人生最大的财富，是我内在的追求。我一直觉得，一个人的最大追求，是受到人们的尊敬、得到人们的认可，而不是其他的。

从企业的超常发展中，我深刻认识到企业发展始终离不开党的改革开放的好政策,离不开社会各界的支持和消费者的厚爱。建百年修正,创民族品牌,就是应该做到滴水之恩以涌泉相报,就是要以最大的效益回报社会、回报人民。

2000年春,我在吉林省集安市做市场调查时,无意之中听到一个路人说苇沙河村的一所小学已经破烂不堪,说不准哪天就要塌了。村子里的孩子们就在那里面读书,太危险了!

我听了,心"咯噔"一下。第二天一大早,我就来到了集安市头道镇苇沙河村实地考察。眼见孩子们坐在危房里念书,心情十分沉重。找到校长询问情况后,校长是一脸的无奈。回到公司,我连夜召开班子会议,讨论为苇沙河村投资建校的事情。当时企业的资金也很紧张,每一分钱对企业来说都无比珍贵。可我们最后的决定是,"再苦也不能苦了孩子,就是勒紧腰带,我们也要把这所小学建起来"。

教育能拯救人的灵魂,增长人的知识;医药能强健人的体质,保障人的健康。从这个意义上讲,医药和教育的作用是相辅相成的。也就是说,我们的目的是治愈疾病,维护健康,同时我们也有责任为完善人的精神世界贡献力量。

2000年9月6日,由修正药业集团投资建造的苇沙河修正希望小学正式落成。

揭牌典礼那天,全村的老老小小都奔到了操场上。鞭炮声响起,村里的老人们用衣袖抹着眼泪,高兴得合不拢嘴,孩子们更是欢呼雀跃,如同过年一样。一个学生代表含着眼泪对我说:"修叔叔,您放心,我们一定努力学习,决不辜负您的期望,将来一定好好报效祖国,为修正争光。"

农村人口占我国人口的绝大多数,是我国社会的主要群体。市场调查发现,我国只有一部分农民刚刚解决温饱问题,还有相当一部分农民生活水平处于贫困线以下。经济收入水平的低下和科学知识、法律知识的欠缺,使他们成为社会中的一个弱势群体。我认为,作为医药工作者,给农民送去他们急需的医药知识、法律知识,提高他们的自我保健和自我保护能力,就是对他们最好的援助。2001 年 6 月,修正出资 1000 万元,与中国医药质量管理协会共同举办了历时两年半、以贫困地区农民为主的"关爱健康人生,普及医药知识"的华夏万里行活动。关爱苍生,造福苍生,是修正人永远的追求。这样的事情,我们会一直做下去。

2001 年修正药业集团又在延安、井冈山、西柏坡、遵义同时举办百万药品赠老区人民的社会公益活动,这成为全国庆祝建党 80 周年系列活动中的一道亮丽风景。

小时候,我的理想就是将来成为一个大人物,做大事、赚大钱。走过一段人生路,我最终明白,成功的标准并不是金钱,而是一种价值感,一种为社会进步和他人幸福贡献力量的成就感。一个人做事业当然首先是为了自身的发展,但从生命存在的意义上说,自己的存在对社会更有价值才是真正的成功。

能够为大众的幸福做出一点贡献比赚取利润更令我感到满足。我觉得,人的价值感在于他对周围人做出的贡献,而并不在于要拥有多少金钱。很多人认识不到这一点,将本来简单的人生复杂化了。

其实,有相当一部分的人为了这份成就感而放弃了拥有更多金钱的机会。或者说,当成就感与金钱不能兼得的情况下,有这么一类人选择了前者。我敬佩这些人。

人都需要被肯定,都希望自己的存在对别人而言具有价值。价值感是支撑我们活下去的最大动力,也是我们幸福快乐的最大源泉。一味地追求金钱不会让人幸福,但若是用这些金钱去帮助别人,那么一定会感觉幸福无比。

2005 年春暖花开的时候,修正药业集团长年从事军民共建活动的北京武警总队给我发来了一份聘书,特聘我为武警四支队的"名誉支队长"。

武警四支队是鼎鼎大名的北京天安门国旗护卫队。能够给护卫共和国国旗的武警支队当"名誉支队长",我感到非常开心。

从 2000 年开始,修正药业集团和天安门国旗护卫队就结成了军民共建的"对子"。每到八一建军节,我都亲自前往北京天安门国旗护卫队驻地,代表修正员工慰问武警指战员,并向他们赠送药品,建立优秀战士奖励基金。

为了表达对修正的感谢,国旗护卫队先后将两面曾在天安门上空飘扬过的五星红旗回赠给修正药业集团,这是国旗护卫队第一次将国旗赠送给民营企业。

几年来,修正药业集团一直把加强对员工的国防教育放在一个重要议程上。我特意请来了相关专家来企业给员工们做国防教育报告,会场上挂着的横幅是我亲自书写的"身在修正药业,心系国防安危"。我要求全体员工都要参加,为此企业停产两个半小时。有人做了统计,这两个半小时,少生产的药品价值高达 150 万元。有人说,一个民营企业,挣钱的事儿都忙不过来呢,还操那个心干什么?咱们还用得着搞那个形式主义吗?我觉得这不是形式主义。企业能够有今天的发展,有赖于党的政策,有赖于国家的安定,而这稳定的环境是靠国防安全来保障的。过去,我们都说"保家卫国",现在应该改成"保国卫家"。没有国防安全,哪有我们修正?哪有我们的家?

在修正,凡是新招进厂的员工,都要到军营集体接受 20 天军事训练,出操、列队的作息时间一律按部队规定执行。经过军训筛选出来的员工,处处展现了严守纪律、执行命令的优良作风。

国防教育一直是修正长期坚持的一件大事。2006 年,修正药业集团获得了中宣部、教育部和全国国防教育办公室颁发的"全民国防教育先进单位"的光荣称号,我也荣获了全国预备役大校军衔。

我在交警岗位上做了 20 年,这个岗位的酸甜苦辣我是再清楚不过了。无论环境如何,交警战友们都要站在岗位上风吹雨打,疏导交通,承受常人难以想象的工作压力和生理压力。在这日复一日、年复一年的室外工作中,有多少交警身体垮了,甚至倒在了岗位上。

流感、胃病、风湿、肺炎、皮肤病等,是交警们的常见病。有报道说,20 世纪 90 年代,大城市交警的平均寿命只有 47 岁。交警的健康、安全问题已成为一个社会关注的热点问题。我非常希望能够尽自己的绵薄之力帮助交警战友们。于是,修正捐出了 1000 万元的斯达舒和感冒新药可泰舒,希望这两种药能给他们的身体健康带去一些实际的帮助。

吉林省是生我养我的家乡,也是修正药业集团依托其物华天宝、天时地利的优势得以快速发展的一块神奇的土地。她辽阔美丽,历史悠久,钟灵毓秀,情意绵长。无论是气势磅礴的长白瀑布,还是闪闪烁烁的松江渔火,无论是高楼耸立的繁华都市,还是山高水远的小小村庄,家乡的一景一物、一山一石、一草一木,总在我眼前闪现,总让我魂牵梦萦。

由于自然条件和经济发展的原因,家乡农村地区的医疗条件相对落后。特别是一些偏远山区,经济基础薄弱,卫生条件差,交通闭塞,信息不畅,山沟里的老百姓看不起病、吃不起药,"小病扛、大病躺,病情严重见阎王"的现象还比较普遍。一方面固然是因为当地群众普遍卫生意识差,保健意识差;另一方面更是由于条件所限,一部分人平时无法接受常规身体检查,更没有经济实力加以治疗。

据了解,有近 1 成的妇女因患妇科疾病部分丧失了劳动能力,这不仅直接影响了女性的身体健康,还严重影响了人们的生活质量和社会的和谐发展。

农村妇女的健康问题,是以人为本、构建和谐社会的基础,是建设社会主义新农村的关键问题之一,是国家解决"三农问题"的重要组成部分。

2006 年,我们向吉林省计生系统提供了价值上千万元的设备和物品,用于免费为育龄妇女进行生殖疾病的普查。集团以农村已婚育龄妇女为服务对象,对 49 周岁以下农村已婚育龄妇女进行免费普查,协助计生部门建立科学、准确、真实、完整的育龄妇女生殖健康电子档案,力争普查率不低于 85％。同时,采取各种形式,积极配合人口计生部门,对育龄妇女进行生殖健康知识的宣传和普及,从而使育龄妇女对生殖健康科普知识的知晓率达到 90％以上,自我保健意识明显增强。

2006 年初,通化市要修建一条环城高速路,想要在浑江上再建一座大桥。2006 年 12 月 15 日,修正药业集团出资 1000 万元为家乡通化修建了吉林省规模最大的单塔斜拉桥——"修正大桥"正式通车。这座大桥塔高 832 米,全长 6375 米,共用 100 根斜拉钢索,其规模位于全国第 7 位,是通化市又一交通命脉,是高速公路绕越通化市的一项主体工程,也是吉林省交通公路系统的第一座单塔斜拉桥。

企业有了知名度和美誉度以后,我的社会职务和社会活动也明显增多了,全国劳动模范、全国工商联执行委员、中国医药质量协会副会长、吉林省人大代表、吉林省医药协会会长、吉林省红十字协会副会长等荣誉称号和职务相继而来。

在所有的荣誉中,我最看重的是高票当选为 2005 年度"感动吉林十大创业人物"。吉林是我的故乡,我是家乡人民看着长大的,这里有许多熟悉和了解我的人。应当说,这个荣誉,不光是家乡人民对我事业的认同,还有对我的品德和人格的认定。知底怕老乡,家乡父老对一个人的人格和品德的肯定,才是最高的褒奖。

富而思源,富而思进,"良心"和"责任"这 4 个大字始终贯穿于我的整个经营理念之中。

2008 年年初,"展望 2008 中国公益慈善事业发展论坛"发布的"中国最具社会责任感企业家"和"中国公益慈善明星企业"揭晓,我和修正药业集团分别获得"中国最具社会责任感企业家"和"中国公益慈善明星企业"称号,这是对我和修正药业集团为社会大众慈善事业所做贡献的肯定和褒扬。

　　我要做一个用良心和责任履行自己职责的人，用良心和责任铸就自己，铸就修正的光彩之路、成功之路。面对"中国最具社会责任感企业家"和"中国公益慈善明星企业"这两块闪亮的奖牌，我和修正更加感到责任重大。在回报社会中，我们将继续无愧于自己的良心，勇敢面对并承担起自己的责任。

五 少年强则国强

梁启超《少年中国说》中提到："今日之责任,不在他人,而全在我少年。少年智则国智,少年富则国富,少年强则国强。"儿童是国家的未来,让儿童拥有健康的体魄和聪明的头脑是国家强盛的首要条件。

铅是已知毒性最大、积累性最强的重金属之一,也是目前公认的影响中枢神经发育的环境神经毒素之一,会对人体多个器官产生损害。铅对人体的危害性持久,半衰期长达 10 年,并且不易被人体排出。而且铅污染不存在下限,任何程度的铅污染都会对人体健康产生不利影响。即使脱离铅污染环境进行驱铅治疗,使血铅水平下降,也不能使已经受损的神经细胞发育恢复到正常的水平。

铅对儿童的损害主要是大脑,美国辛辛那提大学科研人员的研究显示:血液中铅含量过高会损害儿童大脑,使其在长大后更容易具有暴力倾向。血铅含量超标对儿童大脑的损害是永久性的,这种损害可能会使儿童在长大后容易冲动,甚至犯罪。

由于儿童的脑组织发育不完善,铅容易在儿童脑部蓄积,虽然最初可能没有明显的症状表现,但随着铅含量的不断增加,儿童会出现智力低下、多动、学习差、记忆力差、视力听力障碍、反应迟钝、爱攻击人等问题。最新研究发现,儿童血铅每增加 100 微克/升时,智商平均下降 1～3 分,身高每年少增长 1.3 厘米。学龄儿童体内含铅量越高,成绩越差。

铅除了对儿童智力造成不可恢复的损害之外,对儿童身体也会带来严重影响。由于铅在人体内的潜伏期很长,具有一定的隐蔽性,早期一般不易被察觉,这就让很多家长忽略了早期的排铅工作。等到铅超标了,身体也出现了症状,已经对孩子的身体造成了不小的伤害。此时再做排铅工作为时已晚,即使治愈也会留下后遗症。

针对铅超标问题,修正推出了倍优特胶囊,突破传统排铅产品浅层排铅的局限,深入血液、骨骼、大脑、内脏深层细胞,实现彻底、快速排铅;同时补充钙铁锌,不损伤人体,迅速改善人体内环境,安全排铅;服用后恢复人体自主排铅、抗铅能力,形成人体铅免疫系统,长效排铅。倍优特胶囊的推出,解决了很多家长担心的问题,为儿童的健康提供了多一层保障。

修正在致力于发展儿童零铅建设的过程中,发现了与我们有共同价值观和使命感的深圳施惠零铅工程慈善基金会。施惠零铅工程慈善基金会是我国第一家专注儿童铅危害宣传防治的慈善基金会,它提倡的零铅工程理念得到了国家和社会的高度认可,为推动中国的零铅工程付出了卓有成效的行动,让无数儿童从此远离了铅的危害。

2013年,修正集团与施惠零铅工程慈善基金会进行了深入交流,达成如下共识:

一、修正捐款100万元用于零铅工程慈善救助;

二、修正每售出一盒清果口服液和倍优特胶囊,将向零铅工程捐赠0.05元善款;

三、修正出资协助慈善基金会在全国建设1万家零铅工程服务站。

至此,双方将紧密合作,与更多的爱心人士、爱心企业共同推进零铅工程,希望通过修正与基金会的通力合作,让更多的孩子远离铅危害,健康成长。

慈善是企业的长期使命,修正讲产业报国、发展为民,不断创造财富,不断奉献财富,在创造中快乐,在奉献中幸福。企业发展了,首先应该想到的是回报社会、回报人民、兼济天下。修正集团能够与施惠零铅工程慈善基金会建立长远的战略合作,能够参与这样的慈善事业,我们感到很骄傲。同时也希望能有更多的企业、爱心人士加入进来,早日建成万家零铅工程服务站,给予儿童铅危害更多的关注并予以援助。

第十二章

开枝·抽芽·结果
——产业链的纵向健全与横向打通

　　每当我看到修正的品牌深入消费者内心的时候，我就充分肯定当初做药业的这个选择是无比正确的。但药于人类大健康而言还是小众了些，要做百年品牌的修正，至少在我陪伴它的几十年中要在全产业链上有所突破。

一　中国梦，享老梦

自古以来，中国便有"夫孝，天之经也，地之义也，民之行也。天地之经
而民是则之"的传统思想。在中国构建社会主义和谐社会的形势下，
养老不仅是建设和谐社会的重要组成部分，更是关系国计民生、关系
国家长治久安的社会问题。从自身考虑，作为大健康行业的从业者，
养老更是我们应尽的义务和责任。

《孟子·梁惠王上》中有曰，"老吾老以及人之老"，说的就是人在赡养、
孝敬自己的长辈时不应忘记其他与自己没有亲缘关系的老人。尊老爱幼
一直以来都是中华民族的传统美德，我们不仅要尊敬自己的长辈，同时对
普天之下的老人都应该奉献出一份爱心。

我发现越来越多的老年人开始追寻的不再仅仅是身体上的健康，他们
对心理上健康的需求也在不断加大。

随着人口的增长、生育率的降低、人类平均寿命的延长等，我国人口老
龄化形势日益严峻，养老问题更是成了当今社会亟须解决的社会问题。年
轻人一方面要承担着来自社会上的高强压力，一方面还要顾及自己的家庭
和孩子的成长，而此时，尚能"独立"的年迈父母就变得越来越孤零零了。

当我们的祖辈、父辈一代逐渐老去，老年人的身心健康已经不再是家
庭个体有待完善的问题，它成了全社会有待解决的问题。

尽管已经有越来越多民营机构、社会团体开始紧锣密鼓地筹备和完善
养老产业，国家也在这一领域加大马力，然而我国的养老服务产业尚处于
初级阶段，从事养老服务的人员与有待服务的老年人之间供需明显不平

衡,特别是医疗保健、精神慰藉等方面的服务还十分欠缺,专业健康养老服务更是空白。

基于此,我和我的修正同仁们自 2012 年开始,筹备和建设致力于老年人晚年身心健康的养老产业。2014 年 7 月,养安享养老产业股份有限公司正式成立。与其他提供养老服务的企业不同的是,修正的养安享专注于社区居家养老服务,以社区为中心,以居家养老为主体,让老年人不离巢,一站式地为老年人提供情感式的养老服务。

老年人与年轻人最大的不同就体现在,年轻人精力旺盛,敢闯敢拼,想趁着年轻能够闯出一片天地来;而老年人则不同,他们已经走过了大半个人生,想在有生之年在曾经生活过的地方"再续前缘",有一种"落叶归根"的情怀。

综观中国改革开放前后的养老及服务体系,养安享总结出当下以及未来中国养老产业的风向标,构建出了一套全新的"4+2"模式,或将引领一个新的潮流。

我是出生于 20 世纪 50 年代的人,那个时候新中国成立不久,全社会在倡导优生优育的基础上,都在为人口数量上的"进步"添砖加瓦。几乎每个家庭都有四五个孩子,到了改革开放前期,我这一代人的家庭结构基本上就是两个老年长辈和四五个中青年子女,那个时期中国的养老问题多以家庭贡献为主——城镇的养老问题基本上被家庭和单位(多为国企)"承包"了,尽管资源有限,但各尽其力;而农村的"五保"老人养老问题则在政府和集体合力之下得到很好的保障,其他的农村老龄居民多为家庭式养老,由子女或亲属照料。

改革开放之后,市场经济渐行,"单位人"逐渐演变成为"社会人",企业员工在企业转轨之后,全权社会化管理,自此,单位养老一去不复返。

进入 21 世纪,人口、经济、政治、文化等社会结构的变动与日俱增,养老社会化管理也难以应付日益严峻的老龄化问题。为适应时代的要求,构建更为完善的养老服务体系势在必行。

修正养安享构建的"4＋2"模式,就是四大线下体系(社区居家养老服务中心、养老综合体、旅养基地以及中医养生中心)与两大线上平台(智慧社区商城、健康管理系统)相结合,打造出"养老服务＋互联网"的发展模式。这种模式是以社区居家养老服务中心为核心,为老年人提供服务项目,实现社区平台、老人与子女三者的实时互动和养老服务资源的有效配置。

所谓居家养老服务中心,就是以家庭为核心,以社区为依托,依靠专业化的服务提供给居住在家的老年人生活照料、医疗护理、精神慰藉等,主要针对性服务的老年人群以高龄、空巢和体弱多病为主。养老综合体指的是为老年人营造的一个可养老、可养生的一体化服务机构,综合体内包含养老机构、医院、购物中心、公园、休闲广场、老年大学等。旅养基地可以理解为候鸟式养老和度假式养老的融合。世界很大,想出去转转的可不只有年轻群体,年老人也希望在安详的晚年中多一些回忆和感受,特别是享受健康的同时,与大自然同呼吸。如果将自己的老年生活交付给不同的季节和城市,这应该是大多数老年人梦寐以求的养老方式了。而与普通旅游的行色匆匆不同,养安享的旅养基地依据季节的不同,在全国各地寻找到多处风景秀丽、气候宜人的旅游、疗养胜地,使老年人在不一样的季节享受不一样的风景,却有一样的养生与健康。中医养生中心整合了中医、中药等医疗资源与养老资源,在医养结合之下,老年人不用再东奔西走寻找良医妙药了,在中医养生中心就可以满足中医保健与养护照料的双重需求。

压力制造了矛盾,矛盾产生了就需要去改变,改变的本身就是对机遇的一种切实把握。目前"未富先老"和"未备先老"日益凸显,老年人面临着贫困、疾病、失能、缺乏精神关爱等诸多困难和问题。如何保障老年人安享天年,如何有效地解决老年人的养老问题,如何缓解养老问题对社会发展的冲击,如何保障和提高老年人的生活质量,成了当今社会乃至以后发展一项长期不可懈怠的重大问题。作为修正的大家长,我要解决所有修正人所面临的养老问题；而作为一名视国民健康为己任的企业家，我和修正同仁一道，同肩负起中国老一辈人的健康使命。

健康，既包括身体上的健康，又包括精神上的健康，拥有一个其乐融融的晚年生活应该是所有人的期盼。一直以来，中国人传统的养儿防老观念占据家庭观的主导地位，在养老上特别地依赖子女。但儿女也有儿女的压力和负担，社会节奏日益加快，每对年轻的夫妻，上要照顾双方四位老人，下要哺育一个小生命，特别是二胎政策的放宽，子女怕是对父母的孝敬之心"心有余而力不足"。

值得欣慰的是，经济发展、生活水平的提高，人们的养老观念正在发生转变，追求高质量晚年生活正在成为人们的普遍共识。养老思想正从传统走向现代，从个人走向社会，从安度晚年走向安享晚年。由此我认为，中国梦不能仅仅是养老梦，更应该是"享老梦"。以老年人为中心，打造一个养老平台，让老人通过这个平台完成健康、娱乐、理财、学习等相关活动，实现老年人养身、安心、享老，即为"养安享"的目标。

简单点讲，老人的吃喝玩乐、衣食住行、健康管理和愉悦心情都可以在这个平台上完成。我们所规划的这个平台，其终极目标是连接老年人的一切，以确保老年人具备健康的生理和心理为基本方向，实现养老平台的完整的生态链。

养老平台就像一位职业养老管家，兼具甄别、选择、搭建的标准化功能。建立于大数据基础之上的养老平台最大的特点是"链接一切"，大到区域内养老物资的调控，小到某个小区块需要一位善于腰椎调养的按摩医生，养老平台都能面面俱到地一一实现，真正让居家养老实现定制化，倾心服务老年人。通过平台的开放性、包容性和黏连性，把分散的各种养老服务以老人为中心连接起来，满足老人各种个性化需求。

养老平台不仅连接的是老人所需的服务，还把天下儿女与老人也连接了起来。比如发生在我身边的一个例子：一位老人生活在北京，他的孩子在深圳上班,老人与孩子天各一方,孩子想尽孝都很难。但在我们搭建的养老平台上,这位老人的孩子可以通过养老平台为父母购买各种产品和服务。这不仅连接的是儿女与父母,更连接的是孝心与爱心。

2014年开始,修正为打造平台做了很多尝试,我们通过建立养安享养老社区活动中心,为老年人提供休闲娱乐、健康管理、文化学习、旅游交友、家政护理、营养用餐等各种服务,把周边的老人都聚集起来,形成养老平台,提供统一、标准、温馨、体贴的服务。

养安享针对中国老年人恋家、恋旧、恋群、恋情的四大情结,精准定位需求,将老年人的需求分为心理和物质两大方面,以精神层面为主,从身心健康层面去满足老人。

养安享包含了乐活晚年、健康晚年、无忧晚年三大核心内容。

乐活晚年在精神层面上以快乐为主线,设置养安享老年大学。老年大学是养安享为老人开设的老年兴趣课程班的总称,老年人上学主要是为了陶冶情操、发挥余热,因此在课程设置、教学内容、教学计划上完全根据老年人的特点和要求订制,让老年人来教老年人,贯彻落实老有所教、老有所学、老有所为、老有所乐的方针,组织老人再学习。通过学习达到增长知识、丰富生活、陶冶情操、促进健康、发挥余热的目的,充分发挥老年人自身在老年大学建设中的积极作用。

养安享老年大学课程设置完备,老年人可根据个人兴趣爱好自由选择,并根据各地特色风俗,设置不同课程,以老教老,互助互乐。随着经济水平的提高,老年人对精神文化生活的需求增加,为缓解老年人娱乐场所较少的情况,养安享社区服务中心设置棋牌室、多功能排练厅、图书阅览室等功能室,并定期为老年人开办书画活动、曲艺表演、歌舞表演、体育竞赛等丰富多彩的娱乐活动,丰富居家养老的老年人的精神世界。

养安享还推出了一套先进的健康管理云平台系统,该系统在全国养安享社区居家养老服务中心推广使用,完成了健康档案建立、健康监测数据分析、健康状况评估以及健康干预等健康管理流程。

据国家卫计委最新统计数据显示,中国现有慢性病患者已经超过2.6亿,由慢性病导致的疾病负担占到总疾病负担的近70%,而造成的死亡占到了所有人口死亡的85%左右。基于此项数据,养安享为老年人提供基因检测服务,让老年人提前发现身体潜在的健康问题,从而尽早避免疾病的威胁。

无忧晚年是养安享社区服务中心通过与当地专业家政服务机构合作,为居家养老的老年人输送居家养老家政服务人员,提供各类型职业保姆,包括钟点工、全日制长工、住家保姆等,提供包括家居清洁、家电维修、家庭烹饪、洗衣熨烫、老年人照护、病人陪护等服务,全方位满足老年人在居家养老生活中对家政服务的需求。

老年人的营养摄入是其健康的重要组成部分,营养不良、营养过剩、饮食紊乱都会影响老年人的身体健康,养安享社区居家养老服务中心为老年人代订营养餐食,满足老年人居家饮食的需求。老年人在家养老时难免会面临外出办事、寻求法律援助以及心理咨询等情况,养安享社区服务中心为老年人提供代步器材出租出售、费用代缴、产品代购、送货上门、法律咨询、心理咨询等服务,满足其日常需求。

古语有云"老吾老以及人之老",养老是一份造福苍生的善业、福业、德业,与修正集团的"修元正本,造福苍生"的理念相同。在我们国家,目前正缺乏一批专业的养老服务团队。为此,我们致力于将养安享打造成为一个专业的养老平台,为天下儿女尽孝,为天下父母尽责,让老人们健康快乐、幸福天年。

二 关乎未来的使命

《孟子·梁惠王上》中，孟子在描述他理想的社会时说："幼吾幼以及人之幼。"说的是在抚养、教育自己的小孩时，不应忘记其他与自己没有血缘关系的小孩。这也是孔子对大同之世的理解，"故，人不独亲其亲、不独子其子，使老有所终、壮有所用、幼有所长、矜寡孤独废疾者皆有所养"。

中国第 6 次人口普查结果显示，中国每年有近 2000 万新生儿，0～14 岁儿童超过 2.21 亿，约占人口总数的 16.60％。这是一个庞大的消费群体，如何满足他们的特殊需要，确保孕婴童的健康、安全，事关所有家庭幸福和社会和谐，对促进社会发展具有重大的意义和价值。孕婴童的健康，是整个社会健康的基础，也是修正价值观所向。

做"良心药、放心药、管用的药"，这应该是修正人的使命，修正有义务倾己之力，关爱孕婴童健康，全面提升孕婴童生活品质。

2010 年，我决定在修正的众多项目中，单独成立一个团队来致力于孕婴童的健康。专注做一件事才能够全力以赴将其做得尽善尽美，这是我对自己的要求，也是我对修正所有项目和产品的要求。

经过 10 年的潜心钻研，修正孕婴童事业部已实现了孕婴童领域的全品类覆盖。无论是产品研发、配方优化，还是生产工艺、包装设计，每个环节修正都严格执行 GMP 标准，让每一位孕妈妈和宝宝都真切地感受到修正的一份关爱、一份呵护。修正孕婴童事业部拥有和爱佳儿、优智、睿迪、睿盈、修健、贝朗宁、贝优盾、清益优、喂好宝贝等孕婴童多个品牌。

2015年10月十八届五中全会决定:坚持计划生育的基本国策,完善人口发展战略,全面实施一对夫妇可生育两个孩子的政策。这是继2013年十八届三中全会决定启动实施"单独二孩"政策之后的又一次人口政策调整,预示着我们国家将迎来新一轮"婴儿潮"。

孩子是祖国的未来,是实现中国梦的重要力量。三岁看大、七岁看老,婴幼儿时期是孩子一生的重要基石,决定了孩子成人后的身体素质、智力发育、性格养成等。而这些与婴幼儿健康有关的内容,都是修正孕婴童事业的使命。

修正20年以来,集团自上而下10万大军中,每一个家庭的儿童用药都只有一个品牌——"修正"! 我想,这就是最有价值的品牌和信誉保障了。我们健康集团的总裁李玉林,是很多年前就与我一起闯荡的挚交,他的儿子考上了北京大学,用李总的话说,"感谢修正的放心好药,让我儿子健康长大,得给修正点赞!"

如李总所言,我们公司很多员工的孩子,只服用修正的药品。他们普遍认为,修正的"良心药、放心药、管用的药"并不仅仅是一句品牌广告,而是一种使命与责任的担当。

修正有责任像爱护自己孩子一样,爱护普天之下所有的孩子,让孩子健康成长,走向美好未来。在十年如一日的初心之下,修正孕婴童也同样受到全社会的关注与认同,先后获得最受欢迎品牌、年度妈妈推荐十大孕婴童品牌、中国最受电视观众喜爱的孕婴童企业……这些通过消费者的认可而来的荣誉,让我和我的企业更加坚定了"要做就要做得最好"的信念。

做百年企业,是修正近些年的第一个目标。中国民营企业开荒破土30几年,真正用实力走下来的企业无不传承着一种信仰、一种思想、一种不畏艰难的执着。我曾在公司的年终总结大会上对我的同仁们分享:我们必须要传承,没有传承的企业终将会被大浪淘去。所有的传承并不是企业领导者一个人的使命,它是一个体系、一种制度、一切想方设法解决问题的办法、一种关乎于未来的活力。

无疑,孩子是这个世界上最具活力色彩的群体。我国著名的免疫学专家冯理达女士曾说,健康是"1",事业、财富、婚姻、名利等都是后面的"0"。对于一个人而言,如果没有健康这个"1",再多的"0"也没有意义。那么对于尚处于成长期的婴幼儿们,承载着他们这个"1"的我们,责任更为巨大。

人们常说,治病要从病灶处连根拔起。再往前一步去设想,如果将更多的疾病防患于未然,让病灶无根可言,不是更加保障了孕婴童的健康么?"治未病"不再是成年人、老年人的关注重点,人口中的新生力量同样需要这份防患于未然的保障。

当婴幼儿的药品市场几乎全部覆盖了之后,我们将视角转向了医养结合的方向。修正孕婴童事业部结合国内外环境、国家政策、医改现状、民生状态、消费结构等市场情况,整合渠道,重组资源,明确定位,开创现代化连锁儿童健康保健机构——和爱佳儿孕婴童医养中心,以大健康集约发展战略向传统诊疗模式宣战。

医养中心结合了作为诊疗服务的"医"和健康产业的"养",致力于为广大儿童及家长提供各类儿童保健服务和咨询指导,制定儿童发展各关键期指标,在适当的时候给予早期干预,使儿童心理和体格发育均达到理想水平。

梁启超在《少年中国说》有一段话:"少年智则国智,少年富则国富;少年强则国强,少年独立则国独立;少年自由则国自由,少年进步则国进步。"儿童是民族血液的延续和明天的希望,他们的发展状况在一定程度上决定着国家的未来。但儿童又是脆弱的,在疾病面前不堪一击。所以,针对儿童的医药产品应该更有效、更精进。

孕婴童行业是一个用爱心铸就的行业,爱的升华即是责任,爱心有多大,责任就有多大,事业才有多大。大爱需要毅力和勇气,需要坚持和付出。多年来,修正孕婴童事业部累计捐款捐物约合人民币1000多万元,全国各地均有修正孕婴童做公益的身影——2011 年,修正孕婴童福利院爱心计划;2012 年,修正孕婴童龙江慈善行;2013 年,修正孕婴童西藏慈善行、关爱孕婴童健康成长计划。

展望未来,我们满怀信心,充满理想与激情。我们深知制药人的责任,我们坚持以制药的标准来生产健康食品。承诺不变,初衷不改,修正将继续打造孕婴童行业的航母,为孕婴童健康事业奉献力量,修德正心,开创无限。

三　仿古医今才刚刚开始

> 从中药到中医,从医药生产到医疗服务,从传统销售模式到互联网的运用,修正再一次乘风破浪、勇于创新,用国修堂中医馆独特的经营模式领航医药产业。打造医养结合、产销结合的大健康医疗机构是医药市场的趋势,是对中国传统医药文化的传承,也是时代使命的驱动。

从我母亲的那一代开始,我和我的家人们都在中医中受益匪浅。我最初开始钻研的也是中医。中国的中医已有 2000 多年的历史,它是世界医学文化的宝贵遗产。随着现代医学的日益发展,我发现了一个非常可怕的现象——在多数人的观念中,已产生了一种单一的西医观念,认为西医就诊简单、服药方便、效果明显;中医就诊复杂、汤药要煎、效果不明。

其实,这是一种误解。

从就诊的角度讲,中西医就诊都需要进行认真的诊断,诊断的前提是各类相关的仪器检查。西医在仪器检查的结果后下诊用药;中医在仪器检查的基础上,望、闻、问、切,再辩"症"分析后,才是考虑用药的步骤。至于用药方便与不方便,我倒是觉得都差不多,大家不妨仔细回忆一下,西医输液需要花时间、中医煎药也要花时间;西医有现成的西药,中医有现成的中成药。至于效果,人们普遍有一种误解,认为中药效果来得慢,西药效果来得快,但其实中药是从根源上将病灶扼杀在摇篮里。

中医治未病,自古就有理可寻。中医"治未病"的思想始见于《内经》:"是故圣人不治已病治未病,不治已乱治未乱,此之谓也。"随后张仲景较全面地补充和发展、继承和发扬了《内经》"治未病"的思想。唐代大医家孙思邈科学地将疾病分为未病、欲病、已病三个层次，"上医医未病之病，中医医欲病之病，下医医已病之病"。"治未病"其科学内涵与当今医学界所倡导的保养生命、健康生活、延年益寿理念相吻合，这也是21世纪中医药发展的战略之一。

最开始做药业的时候，我就本着母亲的那句嘱托——"良心不好的人不能做药"，所以修正出产的药品必须是良心药、放心药、管用的药。当修正开始迈向人类大健康的领域时，我依然秉承着母亲的叮咛，无论是保健产品还是儿童用药，我和我的修正同仁们无不视"良心"为初心。正是这份"良心"让我和我的企业认识到，倘若真的将大健康做起来，那就能杜绝病痛的滋生，防患于未然。

在这种想法下，修正的国修堂应运而生。与此同时，我希望能够将修正的哲学思想融会其中，完成对修正使命的不断探索。

2015年5月，国务院同意了《国务院办公厅关于印发中医药健康服务发展规划（2015—2020年）的通知》，中医药"十三五"规划正式发布。

中医药"十三五"规划涵盖了中医药养生、保健、医疗、康复服务等细分领域，涉及健康养老、中医药文化、健康旅游等相关服务，肯定了中医药是我国独具特色的健康服务资源，强调应充分发挥中医药特色优势，加快发展中医药健康服务。具体地讲，中医药"十三五"规划为中医药提出了七大任务——大力发展中医养生保健服务、加快发展中医医疗服务、支持发展中医特色康复服务、积极发展中医药健康养老服务、培育发展中医药文化和健康旅游产业、积极促进中医药健康服务相关支撑产业发展、大力推进中医药服务贸易。

国家政策是"天"，百姓需求是"地"。中医药"十三五"规划的发布，让我感到万分振奋和欣喜！规划不仅肯定了中医药是我国独具特色的健康服务资源，更强调应充分发挥中医药特色优势，加快发展中医药健康服务，而与之对应的是鼓励社会资本举办传统中医诊所。在广大基层地区,中医药文化传承悠久,群众基础相对深厚。布局基层中医,可谓天宽地阔。

修正国修堂究竟该建成什么样?怎样才能真真正正地做到为百姓服务?怎样才能在激烈的市场竞争中生存下来?我一直在摸索一条全新的修正医疗之道,它应该兼具文化、保健、公益等职能,以国家大政策为背景,以修正大品牌医疗资源为依托,填补"治未病"服务医疗的空白,跨界整合资源,实现医养结合、产销结合。

一提到"跨界",不知道会不会让别人误以为修正要"不务正业"了?其实,随着市场竞争的日益加剧,行业与行业的相互渗透,我们很难对一个企业或者一个品牌清楚地界定它的属性,"跨界"显然已经成为国际最潮流的字眼。从传统到现代,从东方到西方,跨界的风潮愈演愈烈,它代表一种新锐的生活态度和融合的审美方式。

国修堂依托修正大健康战略,打造中医诊疗品牌,推出系列健康专属产品,并以此形成我们自己的特色。

目前中医馆还没有发展出比较成熟的模式,其中一个重要方面是同质化竞争严重。正如大家所看到的,目前中医门诊(甚至中医院),大多运作模式相差无几,都是以中医带动中药饮片的销售,拼的是中医师的名望和连锁药店的品牌力。不破不立不成长,不长不成难壮大!"突破"成了跨界经营当中首先要解决的问题。

首先,价格的突破。依托修正产业,为消费者带来优质、低价、有竞争力的产品。

其次,盈利模式突破。以修正自身强大的产业链和产品为依托,让消费者通过义诊等形式,进行中医养生调节,同时配合保健品进行综合调理。

第三,诊疗方式的突破。在大数据时代,依据互联网,实时掌握顾客大数据,进行云分析,为顾客提供动态服务。

第四,营销模式的突破。修正 2016 年以来在互联网方面进行了积极的探索,开通了各种线上线下相结合的O2O模式。

第五,优质服务的突破。创新是竞争的精髓,名医、好药、技艺是优质服务的基础。规范行为操守和服务标准,为形成医馆文化奠定基础。

国修堂倡导人性化服务,一切从病人出发,用中医治本必求本的原则,找准病根,对症下药,从根本上解决病人的痛苦,做到"一诊、二评、三预警、四治、五调、六养护"。此外还提供免费煎药、送货上门、网上挂号等,营造如家一般的服务氛围。修正国修堂坚持用专业的知识、科学的管理、贴心的服务塑造自己的品牌形象,拓展和提升修正的品牌价值。修正推陈出新、革故鼎新,以饱满的历史感和使命感,整合医疗、医药、保健等行业,创建"治未病"工程,使修正国修堂逐渐成为文化传承、时代使命、市场驱动的产物。

有时候,我会收到来自员工这样的提问——修正为什么要发展国修堂?为什么要去传承中医文化?万一这一条路上布满荆棘,修正还会是修正吗?

对此,我的回答是肯定的。国修堂要做,中医药的博大精深要传承,这样的修正才配称为真正的修正!

随着世界各国文化交流的频繁,中医早已走出国门,被越来越多的人所接受。但无论中医怎样发展,它的"根"在中国。通俗地说,只有中国的中医才是最正宗、最传统,这是无可取代的。反观中医药的现状,且不说学院派体制培养出的医生能否将中医理论理解透彻,现代中药材的种植过程就已然成为最大的安全隐患。

随着现代科学的日新月异,中医药发展也经历着前所未有的变革,面临着新问题和新情况。借助互联网的大背景,中医馆必须寻求新的技术突破和模式传承,打破"一味草药一根针,一举一动慢吞吞"的场景。

目前,国修堂通过整合市场上的小众中医养生服务,打造系统的中医药养生文化,已然是时代的召唤和驱动。

众所周知,要想把中医的品牌打出去,必须要有好医、好方、好药,而好药的前提就是规模化。2016年,国修堂完成了供应链的垂直整合、参与建立了药材厂、参股了中药大品种种植基地等产业链布局。这样才能控制中药的品质,进而提升疗效。创新与技术并重,才是药企做强做大的筹码和基础。

"产品是前提,运营是核心。"多年来,我深刻地感觉到,科学的运营管理才能带动企业快速、良性、有序的发展,无论你是经营产品还是经营服务,在完整科学运营体系下才会产生最大化的回馈。国修堂建立了线上线下预约机制,优化流程,提升效率,患者从问诊到取药基本控制在70分钟左右。同时,与吉林省中医院强强联手,积极开展中医馆的人才布局,这实质上是在帮助国修堂做"加法"。

创建国修堂是给广大药企一个借鉴的平台,包括医药保健产品、营养保健食品、医疗保健器械、休闲保健服务、健康咨询管理、生物医药、可穿戴设备、营养与保健食品和中药衍生品等大健康产品都可以通过国修堂转换出去。与传统的健康产业相比,大健康产业提供的不单是产品,更是健康生活的解决方案。

创建国修堂又是规范中医养生市场,促进行业健康发展的必然选择。正如我前面所讲,中医养生市场乱象丛生,斥待规范,从中医养生项目的设置、到从业人员的专业化、再到产品的开发等方面都急需规范。从社会发展趋势来看,行业呼唤具备一定规模、实力雄厚并且有责任心的企业来进行规范。修正集团将从自身做起,肩负起规范中医养生市场、促进行业健康发展的使命,通过自身努力,使中医养生回归本质,真正惠及大众。

2016年12月6日,国务院新闻办公室发表了《中国的中医药》白皮书(以下简称"白皮书")。"白皮书"强调,要发挥中医药资源巨大的经济潜力和原创优势,推动实现中医药健康文化的创造性转化、创新性发展,助力健康中国建设。并指出,中医药具有重视整体、注重"平"与"和"、强调个体化、突出"治未病"以及使用简便等鲜明特点。

对于我们这样一个有着 13 亿人口的发展中国家而言,发展中医药事业绝不是凌空蹈虚的事业,中医药博大精深,其日益在国际舞台焕发出独特的魅力。

作为中华文明的杰出代表,中医药是中国各族人民在几千年生产、生活实践和与疾病做斗争中逐步形成并不断丰富发展起来的科学,其以独特的生命观、健康观、疾病观、防治观,为中华民族繁荣昌盛做出了卓越贡献。

数千年来,中医药已深深融入民众的生产、生活实践,保障了民族繁衍生息、文明代代传承,丰富了中华文化内涵,更为中华民族认识和改造世界提供了有益的启迪。英国学者李约瑟曾说,在世界文化当中,唯独中国人的养生学是其他民族所没有的。

对于未来,我们一直抱着很坚定的信念。我们的想法在很多人看来很理想化,但我们却一直没有动摇过。修正国修堂这个平台所产生的利润,我们做了一个修正中医传承发展基金会。我们计划从年轻人中筛选和培育中医药人才,做好中医传承工作,其中偏远山区、孤儿群体择取优先,以此来打造以"中医关怀下一代,以下一代传承中医"的良性生态体系;挖掘自成体系的民间流派,整理、继承散落于民间的验方、偏方,让它们重焕生机,造福于民;扶持有志于从事中医药文化事业的专业人士,助他们勇敢追梦,帮他们搭建通往中医药殿堂的康庄大道。

尾 章

使命·宏图·行动——修正的明天会更好

　　修正作为中国医药界的领军者,在不断加快自身建设的同时,愿携手广大同仁,承担起中药现代化的重任,让民族医药重放光彩,向世界进军。

　　医药行业的本职是治病救人,是满足人类的健康需求,是责任行业。

　　"修养堂"是修正药业集团继"斯达舒"和"修正"两个驰名商标后,用心打造的滋补养生品牌,将成为修正药业集团第三个获得美誉的品牌。

一　全力保护中医中药

> 《史记》记载，"神农氏以赭鞭鞭草木，始尝百草，始有医药"。尊重中医、中药就是尊重历史，尊重我们的祖先。所以，我们必须要继承、发展、弘扬它。

中医、中药曾为中华民族的繁衍生息做出过巨大贡献，在世界各地也颇受重视。目前世界植物药市场中，日本占总销量的80％，韩国占总销量的10％，而中国虽是中草药的发源地，却只占总销量的3％～5％。

在我国中药发展面临重重困境的同时，大量中医技术和中药秘方却被泄露或流失到海外。日本的"救心丸"就是在我国"六神丸"的基础上开发出来的，年销售额达上亿美元；韩国的"牛黄清心丸"的配方也是源自我国，年产值也接近1亿美元。在中药专利申请上，尤其是国际专利，相比中国中药企业对国际市场的冷淡，日、韩、美、德等发达国家的制药企业却是热情高涨。牛黄清心丸是我国传统中成药，但中国企业想要生产牛黄清心丸口服液和微胶囊的改进剂型产品，却要取得韩国人的同意，因为他们已经向我国国家专利局申请了这两项产品的专利。事实上，此类情况并非个案。薄荷作为地道的中药材，目前已有8项专利落在美国人手里；而日本一家公司也已为当归芍药汤、芍药甘草汤等在美国申请了专利，并明确提出芍药为活性成分。这就意味着，如果我国的相关中成药出口到美国，很可能会被以侵犯知识产权的名义扣押或征收高额专利费。

一直推崇中医的毛泽东同志曾说："祖国医学遗产若干年来，不仅未被发扬,反而受到轻视与排斥。在很多方面对中医采取了不适当的限制和排挤政策,以致长时期在社会上存在的中西医对立和歧视中医的情况没有得到改变。如果长期存在下去,不但将使我国保健事业继续受到重大损失,且这部分文化遗产也有散失的危险。"

中医存废之争使中医处于守势,处于被动、无奈之势,这对中医的打击很大。我曾参加过一个关于改善农民健康状况的研讨会,会议是由一个全国性的医疗协会主持召开的。有一位医学专家的观点,引起了不小的震动。他说,为了保证亿万农民的健康,建议有关部门禁止中医、中药进入农村。理由是,科学试验证明中医、中药根本不能治病,尽管流传了几千年,但人们对其都是盲目相信。其实它从历史到现实,根本就没有治好过什么病,有些病其实是自身痊愈的。一句话,中医、中药是误国误民。要取消中医的说法在网上早有耳闻,但是在会议上面对面地听到有人讲出来,包括我在内的与会人员都感到非常震惊。

我先是惊讶,继而冷静下来,希望能从这位专家的口中听到更多的理由。听来听去,无非还是没有仪器、没有生理解剖、不知道病毒和病菌等老套的说法。

当天晚上,我见到了会议的主持者,我说:"明天我要发言,希望大会多给一点时间。"

这位大会主持者是中医、中药的支持者,他坚定地点了点头。

第二天,会议一开始,不少人对取消中医、中药的观点持反对态度,那位专家不停地插嘴反驳,一时间,连吵带嚷,会场笼罩着一片浓浓的火药味。轮到我发言,会场仍然没能平静。在这样乱哄哄的环境下,发言是难以起到效果的。

小小的幽默总会适时地化解紧张的气氛。我大声说道:"各位领导,我的讲话完了,谢谢大家。"纷乱的会场一下子静了下来,争论的、反驳的、昏昏欲睡的,一起瞪起了眼睛看着我。看着会场静了下来,我一本正经地说道:"对不起各位,讲稿看错了,看到最后一行去了。"会场的气氛顿时被调动了起来。

我清了清嗓子,开始发言:"我们本来是研讨改善农村医疗条件的,可是,争论最热烈的是要不要取消中医、中药。其实,想要取消中国的中医、中药不是从今天起,也不是从这位先生起,当然也就不是什么新鲜事儿了。在1912年和1915年,当时的北洋军阀政府,两次宣布要取消中医、中药。到了1923年,蒋介石的国民政府,再一次宣布取消中医、中药。这就是近代的'三废'中医、中药。"

与会人员安静地听着。因为尚未听出我的态度,那位专家也是屏气凝神地留意着。

"大家都知道,中医、中药发源于中国。如果从传说中的神农尝百草说起,至少有四五千年的历史了,中医、中药可以说救人无数。"我接着说,"在五四运动以后,主张废除中医、中药的领军人物一共有两位,一位是当年大名鼎鼎的胡适博士,另外一位就是著名的北大教授陈独秀。胡适博士认为,中医是三没有。一是没有病理,二是没有病位,三是没有解剖。陈独秀先生则说,中医是三不知道。一是不知道化学,二是不知道科学,三是不知道病毒和病菌。专家先生,你认为他们说得有道理吗?"

专家连连点头:"当然,有道理。"

我接着说:"就在国民政府要废止中医、中药的时候,'汉医'在日本、韩国却大行其道。正是因为有这样的反调,新中国成立后中医、中药一直处于落后状态。日本是世界上数一数二的发达国家,韩国也是'亚洲四小龙'之一,两国的西医水平相当高超,可它们并没有因此而废止中医、中药,反而加大了开发力度。最近,据说韩国要就此申请世界文化遗产保护。英国也是西医发达的国家,甚至可以说是发祥地之一,可在英伦三岛上开设的中医诊所就有3000多家。在盛产得诺贝尔医学奖得主的美国,也有100多所学校里开设了中医课程。美国已经立法承认针灸,并准予办理营业执照,全美的针灸师就有 3000 多人。同时,也请大家注意这个数字,世界中药市场的金额大约是 350 亿美元。日、韩两国就占了 70%～80%,而中国却只占 5% 左右。作为一个制药厂的董事长,我为这个数字感到汗颜。"

会场还是一片寂静。

"中国历史悠久,从古到今想要废除的东西很多。比如说,佛教传入中国后,就遭到四次灭绝,先是北魏太武帝灭佛,接着是北周武帝也灭佛,继而是唐武宗皇帝再灭佛,最后是后周世宗皇帝斩和尚、烧寺庙、把全国寺院的铜佛全部收缴熔化铸币。可是,灭佛的结果呢?薪尽而火传。"

"从看到网上有了废止中医、中药的帖子,我就百思不得其解,现在的人都说要解放思想,但为什么对中医就如此苛刻。中医和西医只是两种不同的治病思想,两种思想殊途而同归,既然目的地相同,你管它走水路还是陆路,为什么一定要偏废其一?为什么要将思想固化统一?这真的有助于医学的发展吗?医学关系到生命健康,如果真的关爱生命就应该慎重看待中西医的关系,不能凭一时之意气就不负责任地说要废除。扪心自问,说废除之前你真的仔细研究过中医吗?真的从它的优缺点两方面探讨过吗?如果只看到了中医的缺点,那么西医也有其不可回避的缺点,是否趁此机会将西医也一并废除,以后凡是得病也都无须治疗了?那到底是为什么有些人对中医、中药如此深恶痛绝,一定要废止而后快呢?我实在找不出中医、中药让人憎恶的理由,更找不出一定要废止中医、中药的理由。想要废止中医、中药,只不过是某些人搞的一场'恶作剧'罢了。"

忽然,会场上响起一阵热烈的掌声。

待到掌声平息,我继续说道:"我可以告诉大家,自从我看到有人要废止中医、中药的帖子,我就下了决心,为了保护流传了几千年的中医、中药,为了传承中华民族的无价瑰宝,我要带领修正人尽其全力,投以重金,更大力度开发中医、中药。我们决定在全国开设上千家以卖中药为主的修正堂大药房,开设上万家以滋补养生为主的修养堂健康连锁店。我邀请有真才实学的中医坐堂看病,就是要最大程度地挖掘和利用中医、中药这个宝贵遗产!"

又是一阵掌声。

"为了更大规模地开发中草药材,修正药业集团已经开辟了双阳梅花鹿养殖和产品加工基地、通化修正人参产业园和长白山返魂草基地。请大家相信我,经过5年精选和提炼、5年临床和应用,中国的中医、中药一定会昂首阔步地走向世界,走向那些以西医占统治地位的国家,让他们在中医指导下,吃着中国的中药延年益寿!"

掌声热烈而经久不息。

中药、西药都源于民间,源于经验,甚至源于巫术,只是发展的路径不同。中医是从经验向理论发展。中医的存在是合理的、科学的,完全可以成为我国医疗体系的一部分。

中医的科学性不容怀疑,但不得不承认其还有很多缺陷和不足。中医必须在坚持主体地位不变的前提下,去接受和借鉴现代医学的进步因素。敢于正视自己的不足,敢于冲破封锁的藩篱,中医才能不断向前发展,立于不败之地。如果坚持走纯中医之路,只能把中医引进原始森林,与世隔绝,处于"盲人骑瞎马,夜半临深池"的绝境。相反,我们必须"尊古而不泥古,创新而不离宗"。

我给修正药业集团确立的第二个10年目标,就是要加快原创中药的开发。这是我们的战略目标,是企业发展的主线。我们建立了国家级新药研发中心,软件与硬件条件都属当前国内一流水平。我们建立了博士后工作站,吸引了大批国内一流人才,具备了打造世界中药品牌的软条件。在研发与创新方面,我们每年投入过亿元,用于原料种植、技术引进、设备购买和人才培训。目前,我们在人参、返魂草等中药现代化方面取得了实质性的进展。我们开发的不少新产品,如消糜栓、益肾安神口服液、益气养血口服液等产品，社会反映良好。

修正药业集团承担了国家中药标准的起草和制定工作，其中返魂草指纹图谱技术全国领先。在这一领域，修正的标准就是中国的标准，就是世界的标准。

传统的中药服用方法，是将整个草药放在锅里熬，汤药里面除了有效成分，还会有一些有害物质。而修正通过技术创新，采用低温分离技术、二氧化碳超链接萃取技术等方法保留了药物的有效成分，去掉了有害物质，生产出来的药物能够对症治疗，直达病灶部位，疗效非常明显。

古往今来，中医药不仅帮助病人解除了很多疾病的困扰，还治愈了很多西医无法解决的疑难杂症，挽救了很多病人的生命；同时，中医药本身是建立在系统论的哲学基础之上，强调因人而异、因时而异、因地而异，体现了哲学中具体问题具体分析的思想。从本质上说，中医药和西医药都是医学事业中的宝贵资源，医学事业的根本宗旨和做药人的责任，都是要治病救人。不管是中医药还是西医药，只要能治病救人，就是好医药。所以说，我们更应该考虑的是，如何做良心药、放心药、管用的药，让消费者真切地从医药事业的发展中受益，而不是"废"谁"立"谁。

2000 年，市场人员通过在对消费者的大量走访调查中了解到，患有宫颈阴道类疾病的女性高达 31.16％以上，市场上急需一种效果显著、用药方便又清洁卫生的妇科外用药产品。为此，修正的医药专家们全力投入此项技术创新项目，在短时间内成功开发出修正消糜栓。与市场上的同类产品相比，该消糜栓工艺更精良，技术水平更高，并专门配制了美国进口棉栓，为广大妇女患者用药提供了极大的方便和舒适。产品一经上市，立即赢得了消费者的青睐，短短几年时间，成为妇女外用药市场的龙头产品。根据销售系统的信息反馈，修正药业集团又在消糜栓的基础上，创新研制、开发了国家中药三类新药——消糜洗液，为患者的用药方式提供了一个更广阔的选择空间。

　　修正的医学专家们经多年研究发现,胃、十二指肠溃疡如果不及时治疗,会导致出血、穿孔、幽门梗阻和癌变等后果,严重危害身体健康。另据权威机构统计,胃、十二指肠溃疡癌变的概率逐年增高,而我国平均每年有30万人以上死于癌变。在"溃疡愈合质量"这一全新治疗理论指导下,修正药业集团独立开发出高科技新药——欣洛维,该药已于2006年上市。欣洛维的成功研制,开辟了除中药、西药之外治疗胃病的全新途径,被权威部门审核评定为国家一类生物新药。目前,欣洛维是溃疡药物中首个被批准为"一类新药"的天然生物药,修正拥有全部的自主知识产权,并且是唯一生产厂商。

　　现代人的生存环境与古人有很大的不同,如环境的污染、化肥农药的使用等都会造成很多现代病。中药研发必须做到思路与时俱进,理论合时而著,手段应运而生。这更需要致力于这个领域的所有企业能形成合力,打破门户之见,实现技术、信息共享。

　　中药现代化是中国制药企业的一次机会,这绝不是一企之事,而是一国之事;这也不是一时之事,而是需要不断摸索、探寻、积淀。修正将与医药界的同仁们共同携手,做良心药、放心药、管用的药,完成中药和中药文化的现代化转型,造福于全人类!

二　哈佛修正日

《道德经》写道："大道氾兮,其可左右。万物恃之以生而不辞,功成而不有。衣养万物而不为主,常无欲,可名于小;万物归焉而不为主,可名为大。以其终不自为大,故能成其大。"正因为有这种不自为大的"修德正心"的思想,修正终能成其大,于是有了哈佛之行。

2008年新年刚过,我收到一封来自哈佛大学校长吉尔平·福斯特(Gilpin Faust)女士的邀请函,她邀请我参加第11届哈佛大学中国年会。

哈佛大学中国年会是由哈佛大学主办的高规格年度盛会。自1998年创办以来,每年春季召开一次,为期两天。该年会旨在通过邀请世界政界、商界、学术界等领袖,与哈佛师生深入交流,促进沟通、理解、合作和进步。

哈佛年会对邀请到场并发表演讲的嘉宾筛选条件极为苛刻,中国前外交部部长李肇星、央行行长周小川、著名经济学家吴敬琏以及中国国际航空公司董事长李家祥等都曾受过邀请并在论坛上发表演讲。

年会的主办方对我的邀请理由是:修正药业集团作为中国医药行业的领跑者,致力于人类健康事业,在中药现代化和现代生物制药领域已走在世界前列。修正药业集团倡导和践行的"做良心药、放心药、管用的药"的理念已获得医药界的高度认可。

我始终认为,责任是制药企业的本质。制药企业的责任源自对生命的敬畏,而对生命、法律以及自然规律的敬畏,是修正药业集团做大、做强的重要保证。我希望用修正这个个案向世界传递一个信息——用良心做药,遵守规律和法律,务必让消费者放心。

修正的企业文化始终以"仁、义、礼、智、信"为核心,融会现代管理理念,企业精神渗透到各个岗位,践行"在修正中成长,在成长中修正"。这极大地提高了企业的凝聚力,增强了员工的历史使命感和社会责任感,实现了员工素质的整体提升。每个修正人都深受这种企业文化的熏陶,正是有这样一批高素质的修正人,修正今天的强大也就成为顺理成章的事情了。

3月18日,哈佛年会组委会专门派人从美国飞到中国,代表组委会亲自邀请我。3月25日,我怀着所有修正人的梦想和所有中国医药人的期待飞往美国。

临行前,我给员工们写了一封信——《让世界因修正而美丽》。

修正全体员工、战友们:

梅英疏淡,冰澌融泻,东风催绿年华。

时逢草长莺飞、春色满园之际,也正值我全体员工努力进取、上人上量之时,我接到美国哈佛大学的邀请,将于25日飞赴大西洋彼岸,到世界最高学府——哈佛大学宣讲我们的"良心药、放心药、管用的药"。此时此刻,我的心情十分激动。我首先想到的是,"百姓买药,首选修正",是我们全体修正人共同努力的目标!是"良心药、放心药、管用的药"理念的心血结晶!这份荣誉不仅属于我个人,更属于你们——为百年修正梦想而辛勤工作的全体员工们!

俗话说得好,小龙总傍大龙飞,家运每随国运盛。近几年来,中国的和平崛起和经济的快速发展,吸引了世界的目光。"中国"正在成为世界的热门词语,一个负责任的大国得到了世界各国的尊重。身为中国人,身为修正人,我们感到自豪和骄傲。而修正的成长得益于国家的中兴,得益于国家的改革开放政策,得益于"修元正本,造福苍生"的核心理念,得益于每一个修正人的努力。

正道直行

修涞贵自述创业心路和人生感悟

这些天来，我一直在想：中药产业一直不为西方人认可，而我们修正这样一个正宗的中药生产企业，为什么会接到世界最高规格的年度盛会的邀请？我想起了我的母亲，她老人家生前常对我说："药品是治病救命的，良心不好的人不能当医生、不能卖药。"十几年来，我觉得她一直在看着我、督促着我、嘱咐着我用良心做药。所以，我和全体修正人一样，一直在坚持"做药就是做良心"和"做良心药、放心药、管用的药"。我想，这也是哈佛邀请我、邀请修正的原因。

战友们，作为药品生产企业，我们必须承担起让消费者放心用药的责任，我们必须捍卫药品质量，捍卫每一个生命的尊严，坚持不合格的药品坚决不出厂，坚持疗效不确切的药品坚决不生产。

我的战友们，我和大家一样，始终怀有一个挥之不去的情结——传承中医、中药这块瑰宝；始终怀有一个永续追求的梦想——让修正站在世界制药领域之巅；始终怀有一个永远执着的信念——修元正本，造福苍生；始终怀有一个永远不变的目标——企业发展，员工致富。

哈佛邀修正，修正在中国。现在，世界的目光已经聚焦到了我们，我坚信我的员工们会和我一样，在骄傲的同时，更加感到责任的重大。我们要努力、努力、再努力，踏实、踏实、再踏实，让修正的形象光耀神州，让修正的品牌誉满全球，让中国因修正而自豪，让世界因修正而美丽。

哈佛年会于3月28日召开。我被安排在29日上午和下午分别做两场演讲，上午的主题是"责任是制药企业的本质"，重点阐释修正"做良心药、放心药、管用的药"的制药理念，从道德、技术和疗效三个层面进行剖析；下午的主题是"真理始终与修正为友"，从哲学的角度阐述修正的企业管理理念。主办方把那天称为"哈佛修正日"。

我开始演讲前，时差调整就出现了状况，不失时机地向听众们"诉下苦"，"我十分后悔的一件事，就是没随身带着我们自己生产的益肾安神口服液。喝上一支,不出10分钟就能睡着。昨天半夜一两点钟翻来覆去睡不着觉,那才难受呢,大家记住是益肾安神,益肾不伤身,安神不依赖"。在场的人听了不禁笑声连连,气氛一下子就轻松了很多。

4月5日,耶鲁大学盛情邀请我去做了"修正哲学"的专题演讲。美联社、《纽约侨报》《星岛日报》《侨报》、网络电视台USWTV等媒体竞相报道,修正哲学思想一时成为美国公众的热点话题。美国纽约州众议员杨爱伦女士为我颁发了褒奖状,并授予我"纽约州荣誉市民"的称号。

回国不久,美国传来了一个好消息,已有73名议员联名提案要求在美推广中医药。而首倡者正是杨爱伦女士,她十分认可"责任是制药企业的本质"这一说法。

在美国推广中医药的念头已经形成好几年了,但由于这样那样的原因,时机尚不成熟,而我的这次演讲成了一剂催化剂,这个提案也就顺理成章了。

哈佛大学是世界最著名的高等学府之一,一向以严谨治学和追求真理而闻名于世,其对登上哈佛讲坛的企业家的筛选是极其严格的,之前,中国仅有海尔张瑞敏一人。可以说,修正药业集团重塑了中国制造的形象。

图书在版编目（CIP）数据

正道直行：修涞贵自述创业心路和人生感悟 / 修涞
贵著. —杭州：浙江大学出版社，2017.10
ISBN 978-7-308-17392-6

Ⅰ.①正… Ⅱ.①修… Ⅲ.①修涞贵—传记 ②制药工
业—工业企业管理—经验—长春 Ⅳ.①K825.38
②F426.7

中国版本图书馆 CIP 数据核字（2017）第 221754 号

正道直行——修涞贵自述创业心路和人生感悟

修涞贵　著

责任编辑	曲　静	
责任校对	田程雨	
封面设计	卓义云天	
出版发行	浙江大学出版社	
	（杭州市天目山路 148 号　邮政编码 310007）	
	（网址：http://www.zjupress.com）	
排　　版	杭州中大图文设计有限公司	
印　　刷	杭州钱江彩色印务有限公司	
开　　本	710mm×960mm　1/16	
印　　张	19.75	
字　　数	255 千	
版 印 次	2017 年 10 月第 1 版　2017 年 10 月第 1 次印刷	
书　　号	ISBN 978-7-308-17392-6	
定　　价	48.00 元	